戴维·米特兰尼
功能主义国际关系理论研究

郭海峰·著

时事出版社
北京

本书出版受山西省2020年度《奖励博士毕业生及博士后研究人员来晋工作实施办法》中的科研经费资助。

前　言

　　战争与和平是全人类共同面对的一个关乎生死存亡的重要问题，实现永久和平是全人类最美好且永恒的共同价值追求。自威斯特伐利亚体系建立以来，局部冲突和世界战争此起彼伏，战争与和平问题已无法简单地通过国家内部的最高权威得以解决；伴随科学技术的迅猛发展，尤其是核武器的产生，战争成为了全人类的不可承受之痛。实现永久和平是近现代政治学研究的核心课题，不仅是近现代政治思想家埋头钻研的方向，而且在某种程度上主导着近现代政治思想的发展。

　　戴维·米特兰尼在近现代国际思想界是一位独树一帜的学者，他自称是左翼自由主义者或相对中左的自由主义学者，以其功能主义构建有效和平体系的理论而著称于世。肯尼思·汤普森将米特兰尼列入《国际思想大师——20世纪主要理论家与世界危机》一书中的十八位国际思想大师行列，肯定米特兰尼功能主义为观察初级性社会经济地区的国际合作提供了一个有用的框架，为世界秩序问题和弥合国际无政府与世界共同体之间的鸿沟提供了一个合理的思路，为局限于政治的、外交的和法律的问题之上的传统的国际思想拓展了一种全新的思考维度，并盛赞米特兰尼为"'以功能主义超越政治学'的世界秩序理论家"，为当代国际思想增添了独具特色的思想理论，也为当代全球治理提供了有效的理论路径。在不同的历史时期和思想语境下，思想家以各自不同的方式对实现永久和平进行着理论思考和实践尝试。思想家的理论思考不会凭空而出，其不仅受构建思想家思想的理论变迁的影响，而且受思想家自身所处的具体的情势和语境的制约和影响，是思想家对特定社会政治的历史语境的思考，是思想家所处的特定的社会、政治、经济和文化条件下的产物。本书从社会意识形态对理论塑造和理论指导政治实践的角度，对米特兰尼功能主义国际关系理论进行学理意义上的系统研究，具体呈现出米特兰尼功能主义政治哲学的产生背景、思想渊源、逻辑起点、本质内涵、价值追求和当代价值。

米特兰尼功能主义萌芽于第一次世界大战期间，发展于两次世界大战的间歇期，形成于第二次世界大战末期。米特兰尼功能主义的产生不是历史的偶然，而是由米特兰尼的个人经历、所处的社会历史背景和思想理论背景等多方面条件共同促成的。作为经历过两次世界大战的欧洲政治思想家，米特兰尼深刻地认识到安全的重要性，现代主权国家已很难满足民众的安全、物质和精神的需求，尤其是极端民族主义成为了主权国家间冲突和战争的根源。米特兰尼批判极端民族主义，否定现代主权国家的作用，肯定国家共同体的衰落，提出构建能够满足民众的安全、物质和精神需求的全新世界秩序。

第二次世界大战末期，欧洲盛行以联邦主义指导国际体系组织化建设，深受英国新自由主义、英国费边社会主义、美国实用主义等思想学派影响的米特兰尼并不认同当时的主流思想，1943年米特兰尼发表《有效和平体系》，以国际体系组织化为逻辑起点，一方面批判国际联盟的失败，指出联邦主义的缺陷；另一方面提出以功能主义替代联邦主义指导第二次世界大战后国际体系组织化建设，构建以功能性国际组织逐渐取代国家共同体进而构建世界共同体的理论路径，以期彻底改变国际体系的无政府状态，为即将从世界大战漩涡中走出来的民众提供独具一格的能够实现永久和平的理论路径。虽然米特兰尼所提出的功能主义并未得到当时英国政府的认可，却为第二次世界大战后联合国的建设和欧洲一体化的启动提供了切实有效的理论指导。米特兰尼毫无遮掩地将实现永久和平诠释为功能主义的价值追求，无疑是人类追求实现永久和平的一次重要的努力和探索。

功能主义国际关系理论是米特兰尼为实现永久和平提出的一种有关方法和实践的理论，其理论主旨主要体现在为什么和如何实现永久和平的客观分析和理性选择上，其凝聚着人类为实现永久和平所作出的努力和探索。米特兰尼功能主义国际关系理论研究是对在米特兰尼探索实现永久和平基础上的总结、反思、提炼和升华所作出的哲学表达，是对米特兰尼探索实现永久和平这一哲学命题的具体表现、理性思考和本质探究。米特兰尼功能主义国际关系理论研究具有重要的理论意义和实践价值，因此，对这一主题的研究就是要全面阐释米特兰尼功能主义形成和发展的历史情境，进一步追问米特兰尼功能主义的价值追求与人文关怀，深入挖掘米特兰尼功能主义超越历史情境、经得起时间考验的理论遗产和实践价值，总结米特兰尼功能主义的理论进路及当代价值，还原米特兰尼功能主义生动形象的真实面貌，其最终目标不仅要重新诠释功能主义的理论意义，而且要深入挖掘功能主义的实践价值，为推动构建人类命运共同体提供切实有效的理论养分。

目 录

引 言
  第一节　选题的意义及研究目的 / 1
  第二节　国内外研究现状 / 7
  第三节　研究内容及创新之处 / 17

第一章　米特兰尼功能主义国际关系理论的产生背景
  第一节　生平和著述 / 24
  第二节　社会历史背景 / 28
  第三节　理论思想背景 / 32

第二章　米特兰尼功能主义国际关系理论的思想渊源
  第一节　伦敦政治经济学院的启蒙 / 39
  第二节　自由主义国际思想的熏陶 / 45
  第三节　美国实用主义的影响 / 56

第三章　米特兰尼功能主义国际关系理论的逻辑起点
  第一节　国际体系 / 67
  第二节　联邦主义与国际体系组织化 / 75
  第三节　功能主义与国际体系组织化 / 81

第四章　米特兰尼功能主义国际关系理论的本质内涵
  第一节　共同体思想的理论演进 / 93
  第二节　国家共同体的衰落 / 100
  第三节　构建世界共同体 / 107

第五章　米特兰尼功能主义国际关系理论的价值追求
  第一节　构建有效和平体系思想的理论溯源 / 118
  第二节　构建有效和平体系思想的理论特质 / 125
  第三节　构建有效和平体系思想的理论贡献 / 131
  第四节　对构建有效和平体系思想的反思 / 136

第六章　米特兰尼功能主义国际关系理论的当代价值
  第一节　构建人类命运共同体思想的内涵 / 142
  第二节　功能主义与构建欧洲命运共同体 / 145
  第三节　构建中欧命运共同体的全新样板 / 150
  第四节　功能主义对推动构建中欧命运共同体的实践价值 / 160

结　语 / 164

参考文献 / 170

后　记 / 198

引　言

第一节　选题的意义及研究目的

一、选题意义

　　思想家不仅对人类社会的永恒问题不断尝试解答，而且对人类社会中不断产生变化的问题也不断尝试着解答。任何一个思想家的理论和著述都不会凭空而出，其不仅受构建思想家思想理论变迁的影响，而且受思想家自身所处的具体的情势和语境的制约和影响，即任何一个思想家的理论和著述都是其所处的特定的社会、政治、经济和文化条件下的产物，体现出对特定社会政治的历史语境的思考。回溯自威斯特伐利亚体系建立以来的世界历史，国际社会的时代背景和东西方不同制度的国家所面对的世界性问题，塑造了近现代政治思想家的理论工作。战争与和平是全人类始终共同面对的一个矛盾和问题，在不同的历史时期和政治语境下思想家以各自不同的方式对其进行着理论思考与实践探索。自威斯特伐利亚体系建立以来，局部冲突和世界战争此起彼伏，战争与和平问题已无法通过国家内部的最高权威得以解决。与此同时，伴随科学技术的迅猛发展，尤其是核武器的产生，战争已成为全人类的不可承受之痛，实现永久和平成为了近现代政治学研究的核心课题。从 17 世纪的胡果·格劳秀斯和约翰·洛克、18 世纪的伊曼努尔·康德、19 世纪的杰里米·边沁、20 世纪的约翰·阿特金森·霍布森和托马斯·伍德罗·威尔逊到 21 世纪的约翰·罗尔斯，这些身处不同时代背景下的政治思想家为实现永久和平提出了各具时代特征的理论进路，实现永久和平不仅成为近现代政治思想家埋头钻研的核心课题，而且在某种程度上主导着近现代政治思想的发展。昆廷·斯金纳强调："如果我们希望去解释为什么在特定时间会选择特定的政治，并以特定的方式去追求与表达，我们就不可避免地要去研究这些原则。"① 如果探究这些以实现永久和平为目标的理论进路，就需要对蕴含在这些理论进路背后的政治思想进行研究，深化对政治思想与特定的政治经济时代背景之间复杂的相互作用方式的理解。

戴维·米特兰尼是一位以其最为著名的功能主义国际关系理论来实现永久和平的卓越的政治理论家。肯尼思·汤普森将米特兰尼列入《国际思想大师——20世纪主要理论家与世界危机》一书中的十八位国际思想大师行列，盛赞米特兰尼为"'以功能主义超越政治学'的世界秩序理论家"。② 汤普森在该书中从三个方面肯定了米特兰尼功能主义的突出贡献："它为观察初级性社会经济地区的国际合作提供了一个有用的框架；它对世界秩序问题和弥合国际无政府与世界共同体之间的鸿沟提供了一个合理的思路；它为国际思想补充了一种新的思考维度，传统的国际思想局限于政治的、外交的和法律的问题之上。"③ 功能主义是米特兰尼为实现永久和平所提出的一种有关于方法和实践的理论，其理论主旨主要体现在为什么和如何实现永久和平的客观分析和理性选择上，其凝聚着人类为实现永久和平而作出的努力和尝试。米特兰尼功能主义国际关系理论研究是对在米特兰尼探索实现永久和平基础上的总结、反思、提炼和升华所作出的哲学表达，是对米特兰尼探索实现永久和平这一哲学命题的具体表现、理性思考和本质探究。

米特兰尼功能主义国际关系理论研究具有重要的理论意义和实践价值。在理论意义方面，米特兰尼深受英国新自由主义、英国费边社会主义和美国实用主义的影响，在功能主义的各个方面无不散发出其独特的理论气息。因此，米特兰尼功能主义国际关系理论研究，有助于深化对西方国际关系理论的研究，有助于深化对西方国际政治思想的研究，有助于深化对欧洲一体化理论的研究。在实践价值方面，让·莫内和罗伯

---

① [美] 昆廷·斯金纳著，李宏图译：《自由主义之前的自由》，上海三联书店2004年版，第74页。

② [英] 肯尼思·W. 汤普森著，耿协峰译：《国际思想大师——20世纪主要理论家与世界危机》，北京大学出版社2003年版，第233页。

③ [美] 肯尼思·W. 汤普森著，耿协峰译：《国际思想大师——20世纪主要理论家与世界危机》，北京大学出版社2003年版，第235页。

特·舒曼深受米特兰尼功能主义的影响，从低层政治领域合作入手进而推进高层政治领域合作是早期欧洲一体化的进程逻辑，欧洲煤钢共同体、欧洲原子能共同体和欧洲经济共同体都是早期欧洲一体化的成果，也是实践功能主义的最佳典范。因此，米特兰尼功能主义国际关系理论研究，有助于增强对功能主义为当代全球治理提供全新的实践路径的研究，有助于增强对功能主义为当代全球政治整合提供可行的实践路径的研究，有助于增强对功能主义为当代中国推动构建人类命运共同体提供可借鉴的实践路径的研究。

（一）理论意义

第一，米特兰尼功能主义国际关系理论研究有助于深化对西方国际关系理论的研究。马丁·怀特提出，"国际关系理论是国际关系的政治哲学"，并将国际理论的思想传统归纳为现实主义传统、理性主义传统和革命主义传统，这三大思想传统构成了国际关系的政治哲学基础。分析米特兰尼功能主义进而挖掘米特兰尼功能主义所遵循的国际理论思想传统正是本书的主要目标之一。米特兰尼功能主义的产生受到英国新自由主义、英国费边社会主义和美国实用主义的影响。米特兰尼功能主义的政治哲学基础，即功能主义的哲学内核，根源于英国新自由主义、英国费边社会主义和美国实用主义。米特兰尼功能主义国际关系理论研究就是要探寻功能主义的哲学内核，演绎出这一哲学内核对功能主义国际关系理论的形成所提供的内动力和科学基础，深化对西方国际关系理论的研究。

第二，米特兰尼功能主义国际关系理论研究有助于深化对西方国际政治思想的研究。国际政治思想不等同于国际关系理论，国际政治思想为国际关系理论的提炼升华提供最原始的思想素材。中国学者王逸舟认为，"总体而言，中国国际关系学界对于本体论、认识论和方法论的争鸣极少。'理论的理论'在这个新拓展的学科领域里属于最少开掘的角落"。[①] 当代中国目前仍旧缺少一部完整的国际政治思想史，梳理和填充国际政治思想

[①] 王逸舟：《试析中国国际关系学的"进步"：几点批评与思考》，《外交评论》2006年第3期，第40页。

的完整谱系对国际关系理论的深入发展具有重要意义。米特兰尼功能主义的产生从西方国际政治思想中获得了丰富的思想素材，米特兰尼功能主义国际关系理论研究作为深入研究西方国际政治思想的切入点，既要挖掘西方国际政治思想对于米特兰尼功能主义的产生所提供的最原始的思想素材，也要梳理西方国际政治思想演变发展进程，还要比较西方国际政治思想内部不同流派之间的异同点，拓展研究西方国际政治思想的理论视野，深化对西方国际政治思想的研究。

第三，米特兰尼功能主义国际关系理论研究有助于深化对欧洲一体化理论的研究。米特兰尼功能主义是国际关系理论中功能主义学派的有机组成部分，也是早期欧洲一体化进程的指导思想，还是欧洲一体化理论的重要组成部分。米特兰尼未曾设想功能主义会成为早期欧洲一体化的指导思想，也未曾提出将功能主义国际合作的最终目标指向一体化，却因功能主义对莫内和舒曼的深刻影响，指导了欧洲煤钢共同体、欧洲原子能共同体和欧洲经济共同体的成立和发展。然而，到了20世纪70年代，米特兰尼功能主义已经不足以解释和指导欧洲一体化的进程，厄恩斯特·哈斯将米特兰尼功能主义的核心概念直接转化为一种国际合作和区域一体化的实证分析理论——新功能主义。此后，伴随欧洲一体化进程的不断深入，政府间主义、新制度主义等欧洲一体化理论应运而生。米特兰尼功能主义国际关系理论研究作为分析欧洲一体化理论的起点，不仅要梳理欧洲一体化理论的演变进程，而且要比较新功能主义、政府间主义和新制度主义的理论内涵，深化对欧洲一体化理论的研究。

（二）实践价值

其一，米特兰尼功能主义国际关系理论研究是要强调功能主义为当代全球治理提供了一个全新的实践路径。国际组织的产生和发展是伴随全球化浪潮而出现的。第一次世界大战之后的国际联盟和第二次世界大战之后的联合国就是政府间国际组织的最佳范例，它们更多的是关注高层政治。但是，国际联盟并未能有效制止第二次世界大战的爆发，联合国也未能有效解决第二次世界大战后东西方两大阵营之间的阶级对立和南北区域之间的贫富差距。特别是进入21世纪，全球性问题日益严峻，联合国不仅未能很好地解决高层政治问题，而且日渐丧失管控低层政治问题的能力。米特兰尼功能主义将解决之道放在功能性国际组织之上，例如，联合国教科文组织、万国邮政联盟和世界自然基金会等政府间组织和非政府间组织，通过功能性国际组织将来自世界不同国家或地区的专业人士聚集起来，让他们脚踏实地地探讨和研究人类共同面对的全球性问题，再通过功能性国际组织将他们的研究结果予以贯彻和实施，这比那些野心勃勃的又过于理想化的诸多理论思想要更实际可行。米特兰尼功能主义为当代全球治理提供的不是理想化的理论思想，而是秉持实用主义的实践路径。

其二，米特兰尼功能主义国际关系理论研究是要强调功能主义为政治整合提供了一个可行的实践路径。政治整合是伴随全球化浪潮而出现的另一个趋势，也将是人类社会发展的必然阶段。政治整合是指占优势地位的政治主体，将不同的社会力量，有机纳入一个统一的中心框架的过程，例如，欧盟、东盟和非盟等区域合作组织所进行的一切活动都可称为政治整合。政治整合分为国家内部的横向整合和国家之间的纵向整合，政治整合的核心和难点在于国家之间的纵向整合，即国际整合。面对国家主权的神圣不可侵犯、不可分割以及极端民族主义影响的愈加深刻，国家之间的纵向整合，即国际整合变得愈发困难，尤其是深陷冷战思维下的东北亚国家，安全困境已经成为困扰和影响东北亚区域合作发展的主要障碍，消除这种安全困境成为东北亚区域政治整合的首要目标。米特兰尼功能主义明确和肯定了功能性合作的分叉效应，强调在国家间某一功能性领域进行功能性合作，必将导致这种功能性合作向这些国家间的其他领域转移，即从低级政治向高级政治转移，并逐渐拓展和加强国家间的政治整合，最终实现区域整合，而这种整合路径正适合处于政治和安全高度敏感时期的东北亚区域的政治整合。因此，米特兰尼功能主义通过功能性合作拓展和加强国家间政治整合的方法，为现实世界尤其是深陷安全困境的东北亚区域提供了一个可行的政治整合的实践路径。

其三，米特兰尼功能主义国际关系理论研究是要强调功能主义为推动构建人类命运共同体提供了一个可借鉴的实践路径。2014年3月习近平主席在联合国教科文组织总部演讲时提出："当今世界，人类生活在不同文化、种族、肤色、宗教和不同社会制度所组成的世界里，各国人民形成了你中有我、我中有你的命运共同体。"① 即一个存在着诸多差异的国家、民族所组成的命运攸关、利益相连、相互依存的国家集合体。构建人类命运共同体思想是全新的国际观，是要树立世界眼光，更好地把国内发展与对外开放统一起来，把中国发展与世界发展联系起来，把中国人民利益同各国人民共同利益结合起来。米特兰尼假定，"物质上的满足可以带来国内和平与安宁，如果所发展的联合单位的规模与人类的社会经济需要相称的话，也能够带来国际和平。正如家庭让位于国家一样，国家也必将让位于更大的国际行为体，以满足人类迫切的经济社会需求"。② 米特兰尼功能主义"为塑造更美好的世界提出了方法；它与任何意识形态都没有必然的关联，它只与世界秩序中涉及公共福利和国际服务的生动现实相关"。③ 中国推动构建人类命运共同体是为了实现人类的整体利益，米特兰尼功能主义对构建功能性国际组织和欧洲命运共同体的实践路径，及其背后的理论逻辑，为中国推动构建人类命运共同体思想及其实践提供了一个可借鉴的实践路径。

二、研究目的

实现永久和平已成为当今政治学学科的一个重要研究对象，米特兰尼功能主义在政治学界受到了高度的认可和好评。本书研究主题聚焦于米特兰尼功能主义国际关系理论，将在政治哲学视阈下，理解功能主义的历史情景，追问功能主义的价值追求与人文关怀，挖掘功能主义超越历史情境、经得起时间考验的理论遗产，以阐释功能主义的理论进路及当代价值。

但不可否认的是，虽然功能主义在关注人类福祉、推崇多元化等方面有着理论进步性，但受时间空间的限制，米特兰尼在功能主义的理论构建上存在着诸多的学术局限性，还有待补充和完善。在此，笔者充分肯定米

---

① 《习近平在联合国教科文组织总部的演讲》，新华网，2014年3月27日，http://news.xinhuanet.com/politics/2014-03/28/c_119982831.htm。
② [美]肯尼思·W.汤普森著，耿协峰译：《国际思想大师——20世纪主要理论家与世界危机》，北京大学出版社2003年版，第245页。
③ [美]肯尼思·W.汤普森著，耿协峰译：《国际思想大师——20世纪主要理论家与世界危机》，北京大学出版社2003年版，第244—245页。

特兰尼丰富的人生阅历、广阔的知识储备和充满预知的判断能力，正是这些独特优势，塑造出具有独特的理论体系和理论价值的功能主义，不仅继承和延续了西方国际关系理论体系的理论特色，而且深化发展了西方国际关系理论体系的多样化和复杂性。因此，笔者研究米特兰尼功能主义国际关系理论，既是为了分析米特兰尼功能主义国际关系理论的哲学基础和规范价值，也是为了挖掘米特兰尼功能主义国际关系理论的理论特质和当代价值，这也正是本书独特的学术价值之所在。

第二节 国内外研究现状

一、国外研究现状

米特兰尼被尊称为"功能主义之父"，其功能主义对早期欧洲一体化的发展发挥了指导作用，西方政治学者对于米特兰尼及其功能主义的研究是比较丰富的。

一是关于米特兰尼个人经历和学术成长的研究。弗雷德里克·佩德勒在米特兰尼去世之后写了一篇纪念文章，对米特兰尼的一生进行了回顾，尤其是米特兰尼与美国学界和商界之间的密切交往，肯定了米特兰尼与众不同的个人价值和为联合利华所作出的重要贡献，为读者和研究米特兰尼的学者提供了重要的参考线索。[①] 多萝西·安德森也以时间为顺序，对米特兰尼的一生进行了客观详细的梳理，强调了对米特兰尼有深远影响的关键年份或事件，突出了米特兰尼的学术兴趣和毕生追求，为读者还原出一个生动具体的米特兰尼形象[②]。格哈德·迈克尔·安布罗西以约翰·梅纳德·凯恩斯和米特兰尼为研究对象，通过凯恩斯与米特兰尼之间的学术交流，用比较的方法研究二人对欧洲治理的观点和举措的异同点，及他们对

---

① Frederick Pedler, "Mitrany in Unilever," Millennium Journal of International Studies, Vol. 5, No. 2, 1976, pp. 196–199.

② Dorothy Anderson, "David Mitrany (1888–1975): An Appreciation of His Life and Work," Review of International Studies, Vol. 24, 1988, pp. 577–592.

欧洲治理的贡献，将米特兰尼研究的相关范畴有效地扩大了。[1] 威尔·班扬以米特兰尼早期在英国求学、工作为研究对象，描述了米特兰尼同英国自由主义学者之间的交流，强调米特兰尼深受英国自由主义的影响，并自封为自由主义者，为读者和研究米特兰尼的学者提供了不同的研究视角，有助于深入挖掘支撑米特兰尼功能主义的政治哲学基础。[2] 卢西恩·阿什沃思以米特兰尼对东南欧的研究为主题，强调米特兰尼作为罗马尼亚人对家乡的热爱，虽然在青年时期远赴他乡求学，未曾长期生活在罗马尼亚，但是对于米特兰尼而言，东南欧是最重要的学术旨趣之一，并且从对东南欧研究中获得了巨大的收获，为读者和研究米特兰尼的学者描绘出一个胸怀抱负的青年形象。[3]

二是关于米特兰尼国际思想的研究。马克·因贝尔提出米特兰尼功能主义为国际组织研究提供了卓有成效的研究路径，但是，信奉实用主义的国家主权增加了国际组织决策的复杂性，米特兰尼对国家主权的巧妙性、保守性和现实性表现出了欣赏而不是批判，突出了米特兰尼对国家主权的认识和理解。[4] 珀尔·阿克塞尔·哈姆莱德采用比较研究的方法，对理查德·科布登、米特兰尼和大前研一的国家观进行比较，强调正是这三个人迥然不同的国家观才塑造出他们各自独特的国际关系理论。运用比较研究的方法将三个人横向比较，不仅需要大量的理论素材，而且需要合适的切入点，为读者和研究学者提供了一个有趣的研究思路。[5] 约翰·卡尔松认为国际主义需要一种全球性政治秩序来实现国际主义的既定目标——一个

---

[1] Gerhard Michael Ambrosi, "Keynes and Mitrany as Instigators of European Governance," Research Gate, February 2004, https：//www.researchgate.net/publication/228927385.

[2] Will Banyan, "Fabian, Fellow Traveler or Free Agent? The Strange Case of David Mitrany," Conspiracy Archive, April 19, 2015, https：//www.conspiracyarchive.com/2015/04/19/fabian-fellow-traveller-or-free-agent-the-strange-case-of-david-mitrany.

[3] Lucian M. Ashworth, "David Mitrany and South-East Europe: The Balkan Key to World Peace," The Historical Review, Vol. II, 2005, pp. 203–224.

[4] Mark F. Imber, "Re-Reading Mitrany: A Pragmatic Assessment of Sovereignty," Review of International Studies, Vol. 10, Issue 2, April 1984, pp. 103–112.

[5] Per A. Hammarlund, "Liberal Internationalism and the Decline of the State: The Thought of Richard Cobden, David Mitrany, and Kenichi Ohmae," NY: Palgrave Macmillan, 2005, pp. 1–226.

多边、多元的全球秩序,但是如何实现这种全球秩序,联邦主义者和功能主义者有截然不同的观点。值得强调的是,将功能主义归属在国际主义范畴中是一种全新的界定,世界秩序、政治目标、国家观成为重新认识米特兰尼和思考功能主义的突破口,是对米特兰尼及其功能主义的一次全新界定。① 奥尔·罗森鲍姆将研究定格在20世纪40年代,认为米特兰尼将国际合作视作一个全新世界秩序的基石,并创造"功能主义"一词,代表着合作从非公共领域向公共领域的扩散,同时,这个全新世界秩序使国界变得毫无意义。它强调米特兰尼不仅在理论上大肆宣讲,而且在实际行动中验证所创理论的可行性,因此,这个国际合作成为米特兰尼功能主义的国际思想基础,并对欧洲一体化产生了积极影响。② 珍斯·施特费克将米特兰尼国际关系理论的思想基础作为研究对象,强调米特兰尼对国际组织的重视,将此定义为功能性世界主义。这一理论强调个人需求的平等,同时,是国际组织而不是国家能够满足这种个人需求的平等,功能转移成为限制和重新分配公权力的唯一路径,充分展示了米特兰尼对个人需求的平等以及通过满足个人需求实现世界和平的重视,凸显米特兰尼功能主义的特色。③

三是关于米特兰尼功能主义国际关系理论及其对欧洲一体化影响的研究。亚瑟·约翰·理查德·格鲁姆(罗)和保罗·泰勒反映了功能主义在20世纪70年代的新一轮光芒,功能主义是一种理论,也是一种方法,指导联合国及其特别机构、国际非政府组织、跨国公司等所有类似的政治经济体系的行为。"功能主义就如同一种再复发的疟疾,它与国家主义和国家主权是天然的敌人,当一方甚嚣尘上,另一方必定销声匿迹。"④ 托马

---

① Johan Karlsson, "The Stability and Feasibility of a Cosmopolitan Political Order: Functionalism Versus Federalism," International Studies Association Annual Convention, February 17, 2010, https: //mothugg.se/wp – content/uploads/2010/04/CosmoFedFunc.pdf.

② Or Rosenboim, "From the Private to the Public and Back Again: The International Thought of David Mitrany 1940 – 1949," Les Cahiers Europeens De Sciences Po, n°02, 2013, pp. 1 – 25.

③ Jens Steffek, "The Cosmopolitanism of David Mitrany: Equality, Devolution and Functional Democracy beyond the State," International Relations, July 2014, pp. 1 – 22.

④ A. J. R. Groom and Paul Taylor eds., "Functionalism: Theory and Practice in International Relationship," London: University of London Press, 1975, pp. 1 – 354.

斯·韦斯强调，功能主义是一种支撑性框架，但如何解释国际组织为什么没有发挥有效的作用？是因为功能主义虽然可以指导国际组织，但无法消除官僚体系的存在，而这正是功能主义必须加以改进的地方和未来的方向。① 罗杰·图兹将功能主义视作一种政治意识形态，而不是一种理论，是因为功能主义不能如同理论一样来预测未来，同时，阐释了功能主义作为意识形态的来源、内涵和主要问题领域，评估了功能主义在全球政治中的价值和作用，具有一种新颖的研究视角。② 罗伯特·麦克拉伦全面阐释了功能主义的内涵、特点和现实价值，肯定了国际合作在功能主义国际关系理论的核心价值和作用，增强国际合作将有利于国家之间冲突乃至战争的减少。然而，功能主义也存在着诸多不足，对于世界秩序的美好期许往往忽视了现实的政治，过于一厢情愿。③ 卢西恩·阿什沃斯和戴维·隆以论文集的形式推出了当时著名政治学者对米特兰尼功能主义的欣赏和批判，展现了一种新的视角，其主要体现在功能主义对于全球治理的新价值和新启示。虽然米特兰尼功能主义主要体现在《有效和平体系》中，但纵观当下，功能主义作为一种方法，在推动国际组织发展的问题上也有重要意义，这也正是功能主义在全球治理领域可以发挥重要作用的原因。④ 乔治·沃斯科普洛斯批判功能主义在欧洲主权债务危机时已经无法适应欧洲一体化的深化，虽然在功能主义看来，欧盟可以作为一个在国家内部推动社会变革和民主化的机构，但欧洲主权债务危机证明了欧盟的乏力和无能，向功能主义推崇的跨国合作挑战，正逐渐将民众推回到国家疆界之内，充分表达了对于功能主义理论价值的质疑和否定。⑤ 威尔·班扬回归到米特兰尼功能主义的代表作《有效和平体系》，强调米特兰尼作为功能

---

① Thomas G. Weiss, "International Bureaucracy: The Myth and Reality of the International Civil Service," International Affairs, Vol. 58, No. 2, 1982, pp. 287 – 306.

② Tooze R., "The Progress of International Functionalism," British Journal of International Studies, Vol. 3, No. 2, 1977, pp. 210 – 217.

③ Mclaren Robert I., "Mitranian Functionalism: Possible or Impossible," Review of International Studies, Vol. 11, No. 2, 1985, pp. 139 – 152.

④ Ashorth L. M. and Long D. eds, "New Perspectives on International Functionalism," London: Macmillan Press, 1999, pp. 1 – 180.

⑤ Voskopoulos G., "The EU as an Agent of Social and Institutional Changes: The Greek Fiscal Crisis as A Case Study," Proceedings, Vol. 50, n. 5. 2, pp. 7 – 10.

主义的创始人不仅为地区一体化提供了有益的建议，而且为全球治理提供了可行的方案，同时，米特兰尼的政治目标并不是单纯的一体化，而是实现国际社会的永久和平。① 米哈伊·亚历山德雷斯库首先分析了产生功能主义的历史环境，强调国际政治、经济环境的极大变化激发了米特兰尼的国际思想，将功能主义诠释为全球治理的一种方式，合作是其中的关键，功能主义的终极目标就是构建有效和平体系，实现人类社会的长治久安。同时，联邦主义与功能主义有着本质区别，联邦主义无法脱离国家领土和主权的限制，而功能主义是可以超越领土疆界和分享主权的政治理论，为人类构建全新的世界秩序提供了可行性方案。② 米特·库尔特通过介绍1951年欧洲煤钢共同体的成立和发展，解释欧洲煤钢共同体是如何在功能主义的指导下成立和发展的。此外，在欧洲一体化的起步阶段，功能主义被视作一种方法，成为了指导欧洲一体化早期发展的理论框架，强调功能主义对欧洲一体化起步阶段的重要意义和独特价值。③ 阿德里安－克劳迪奥·波波维奇乌将米特兰尼功能主义国际关系理论的产生视作20世纪30—40年代英国社会主义和多元主义争论的结果，米特兰尼将国际公共组织和国际私营组织统合进其功能主义的政策施行中，强调功能主义的核心是现代合作在当代工业世界中的快速发展和重要价值，从国际组织与国际合作的角度来解读功能主义国际关系理论。④

二、国内研究现状

国内政治学者对米特兰尼功能主义的研究是伴随着对欧洲一体化理论

---

① Will Banyan, "Outflanking the Nation–State: David Mitrany and the Origins of the 'Functional' Approach to the New World Order," Conspiracy Archive, March 13, 2015. https://www.conspiracyarchive.com/2015/03/13/outflanking-the-nation-state-david-mitrany-functionalism.

② Mihai Alexandrescu, "David Mitrany: From Federalism to Functionalism," Transylvanian Review, No. 1, 2007, pp. 20–33.

③ Ümit Kurt, "Europe of Monnet, Schumann and Mitrany: A Historical Glance to the EU from the Functionalist Perspective," European Journal of Economic and Political Studies, Vol. 2, No. 2, 2009, pp. 41–60.

④ Adrian-Claudiu Popoviciu, "David Mitrany and Functionalism: The Beginning of Functionalism," Revista Română de Geografie Politică, No. 1, 2010, pp. 162–172.

的关注和认识而不断深入的，主要集中在对米特兰尼功能主义与其他一体化理论的比较研究和米特兰尼功能主义对欧洲一体化的影响及其借鉴的研究，目前尚缺乏深度研究。

其一，关于对米特兰尼功能主义与其他一体化理论的比较研究。郇庆治、胡瑾阐述了20世纪50—60年代欧洲政治家和政治学者阐释欧洲一体化起源、动力机制和发展目标的两个主要流派，即联邦主义和功能主义，对欧洲一体化实践两个主要方面即目标与动力机制的阐释。但其实联邦主义和功能主义并没有发展成两个相互对立的理论流派，而是相互补充，为反思早期欧洲一体化的发展过程和审视当前及未来一段时间的欧洲一体化发展提供了理论视角。① 房乐宪将功能主义理解为第二次世界大战后欧洲一体化的重要指导理论之一，强调了功能主义是从制约主权国家以便实现和平的宗旨出发，主张建立功能性国际组织，认为功能性国际组织的结构随功能而定，合作会自动扩展，即某一功能部门的成功合作会进一步刺激其他功能部门的合作，同时，充分肯定了功能主义影响和塑造早期欧洲一体化进程的重要作用。此外，功能主义不充分的理论假设、关于技术性和政治性功能的僵硬划分，以及过分强调技术专家的智慧等问题，决定了功能主义具有一定的理论局限性。② 周雷认为联邦主义、功能主义和新功能主义作为三种重要的一体化理论，其内容既有联系又有区别，对欧洲一体化实践的影响在时间上和结果上也存在差异，所以，没有任何一个理论对欧洲一体化所提供的单个解释与分析框架是充足的和全面的。同时，欧洲一体化的进程作为主权国家间的一种联合，本身是复杂的和不确定的，推动其进程的动力应来自不同理论、不同实践角色在共同作用下产生的合力，同时也应考虑到诸如国际政治经济环境等外在的推动因素，新的现实又有着新的挑战，当欧洲联盟走向更为紧密高级层次时，又将面临着理论上和现实上的困境。③ 陈颖谊运用比较方法对影响和指导欧洲一体化发展

---

① 郇庆治、胡瑾：《联邦主义与功能主义之争：欧洲早期政治一体化理论》，《欧洲研究》1999年第6期，第5页。

② 房乐宪：《欧洲一体化理论中的功能主义》，《教学与研究》2000年第10期，第37页。

③ 周雷：《欧洲一体化的理论发展及现实困境》，《理论学习》2001年第8期，第60—62页。

的功能主义与新功能主义的理论模式进行研究，一方面，概括性地阐述了功能主义与新功能主义的理论内涵；另一方面，提供了可行的理论路径让民众考察和反思欧洲一体化理论，充分展示当今国际关系发展的一个重要趋势。① 刘华系统阐述了在欧洲一体化过程中影响和指导一体化进程的几个重要理论——功能主义、新功能主义、政策趋同理论和国际政治经济影响理论。一方面，根据这几个一体化理论来评价欧洲一体化的发展；另一方面，根据欧洲一体化的现实情况反思这几个一体化理论，反映出每个一体化理论在欧洲一体化的不同发展阶段和领域均产生过不同的价值和影响，也为世界其他地区一体化发展提供了理论选择。② 刘艳指出，莫内是欧洲一体化的设计者和实践者，强调莫内的一体化思想的理论来源是米特兰尼功能主义，实践来源是国际联盟和欧洲经济合作组织，这两方面深刻影响着莫内的一体化思想，也主导了早期欧洲一体化的实践和发展，肯定了功能主义对于早期欧洲一体化的理论价值和指导意义。③ 刘险得在理论演进和内在机理两方面对功能主义与新功能主义进行了比较研究，强调在第二次世界大战后，功能主义与新功能主义只是欧洲一体化理论的两个重要流派，功能主义对20世纪50年代的欧洲一体化和新功能主义对20世纪70年代以来的欧洲一体化的发展具有重要的理论价值和指导意义，然而，功能主义与新功能主义在阐释区域一体化运动中存在一些理论上的不足，阻碍了其理论的解释力，但功能主义与新功能主义仍不失为重要的一体化理论，同时，区域合作已然或必将成为时代潮流。④

其二，关于对米特兰尼功能主义对欧洲一体化的影响及其借鉴的研究。严骁骁将结构化理论作为一种分析方法，从行为体和结构的作用以及它们之间生成性关系等方面分析功能主义在欧洲一体化过程中存在的问题与不足，并对当前欧洲一体化理论构建提出新的问题。运用不同研究视角

---

① 陈颖谊：《国际一体化理论中的功能主义与新功能主义的比较分析》，《温州职业技术学院学报》2004年第4期，第76—78页。

② 刘华：《欧洲一体化理论研究》，《国际关系学院学报》2004年第1期，第8—12页。

③ 刘艳：《让·莫内欧洲一体化思想探源》，《湖州师范学院学报》2005年第5期，第69—72页。

④ 刘险得：《欧洲一体化理论：新旧功能主义评析》，《华中师范大学研究生学报》2006年第4期，第25—28页。

来分析一体化理论是一次全新的尝试，拓展了一体化理论研究的理论视野和分析方法。①施爱国、陈文雅认为欧盟作为现今比较成功的一体化范例的象征，在其60余年的发展过程中体现了由经济向政治、社会、文化等领域的溢出效应。溢出理论是针对欧洲一体化的各种理论中诠释功能主义的最主要理论，分析溢出理论即是对功能主义与新功能主义异同点的比较研究，同时，在新功能主义之后产生的新－新功能主义则是一个全新的理论假说。溢出是对欧洲一体化中合作领域不断扩大、合作部门不断增多的最有力的解释，也是功能主义、新功能主义与新－新功能主义影响和指导不同时期不同阶段的欧洲一体化发展的关键要素，如何更好地实现溢出，成为欧洲一体化在当前、未来深化和发展的核心问题。②曾怡仁、吴政嵘认为米特兰尼对个人价值以及人文关怀的强调是其功能主义国际关系理论的核心，而非一般所认为的只是一种区域整合的理论，从功能主义的主要内涵、目标和方法论等方面详细完整地思考米特兰尼功能主义，运用比较方法厘清其与理想主义和现实主义之间的异同，并考察功能主义对战后科学主义研究方法以及新功能主义批评之响应，阐明了功能主义在第二次世界大战前后国际关系理论大辩论中的学术立场，为深入研究功能主义国际关系理论提供了富有意义的线索。③吴晓林将功能主义放在了整合理论研究之中，强调对政治整合的研究主要围绕国家之间的横向整合与国家之内的纵向整合两个内容展开，自20世纪中叶至今，先后经历了初创时期、扩展时期、转变时期三个阶段，形成了沟通主义理论、功能主义理论、新功能主义理论、治理理论等较为成熟的理论主张。但是，对政治整合的研究兴趣显然在国际整合，特别是在欧洲一体化的议题上，对主权国家内部的纵向整合研究缺乏关注，无法回应当前欧洲一体化所面对的新问题。功能主义作为其中的一种重要理论，需要顺应时代要求，加强对纵向政治整合的

---

① 严骁骁：《从结构化理论看功能主义欧洲一体化理论》，《安徽工业大学学报》（社会科学版）2009年第5期，第165—167页。

② 施爱国、陈文雅：《试论欧盟发展的溢出效应》，《社科纵横》2009年第9期，第58—60、62页。

③ 曾怡仁、吴政嵘：《米特兰尼功能主义国际关系理论——一种比较的观点》，《台湾国际研究季刊》2009年第4期，第144—167页。

研究，才能回应不断变化的政治现实，推动区域整合的深入发展。① 张振江认为，米特兰尼功能性国际合作的思想成形于欧洲区域合作实践之前，却对西欧一体化运动产生了直接影响，但西欧一体化实践以及在此基础上形成的一体化理论与米特兰尼原本的思想有很大距离，而且也遭到他本人的反对。米特兰尼功能主义不同于事后诸葛亮式的旨在解释和描述西欧一体化实践的各种理论流派，而是为了通过国际合作满足人类需求从而实现世界和平的国际思想，欧洲一体化并不是米特兰尼的期望，建立一个永久和平的世界共同体才是米特兰尼的终极追求。抛开那些将功能主义定义为服务于欧洲一体化的声音，而认为早期欧洲一体化跟随了米特兰尼的国际思想，通过国际合作实现国家主权的让渡，同时为世界其他区域的一体化发展提供了现实参考，才是国内研究米特兰尼功能主义国际关系理论最为实际和贴切的文章。② 李泽生认为"欧洲化"成为过去10年欧洲研究最大的增长点之一，但自"欧洲化"概念登上欧洲一体化研究的舞台以来就争议不断。当功能主义与政府间主义成为衡量"欧洲化"的横纵坐标之际，功能主义就无法避免地被赋予了另外一种理论功能，为研究欧洲一体化发展带来一种不同的分析视角。③ 宋新宁强调欧洲一体化不仅是世界范围内发展程度最高的区域一体化，而且其本身为国际关系理论提供了实践源泉，同时，围绕一体化进程而展开的一体化理论探讨，即一体化理论也在实践中不断丰富和发展，并与欧洲一体化的现实更加贴近。欧洲一体化理论主要有三个学派，即联邦主义、功能主义和制度主义。联邦主义理论经历了从最初对欧洲联邦的制度设计到关注治理。功能主义经历了从早期功能主义的理论推演到新功能主义的解释性理论，再到后功能主义的操作性设计的发展演进。制度主义本身就是欧洲一体化理论流派的理论构建与欧洲一体化实践密切关联、相互促进的产物。欧洲一体化理论流派之间既相互争论，又彼此借鉴，形成一种在争鸣中共同发展的联系互动关系，既反

---

① 吴晓林：《国外政治整合研究：理论主张与研究路径》，《南京社会科学》2009年第9期，第65—71页。

② 张振江：《米特兰尼的国际合作思想及其对东亚合作的启示》，《外交评论》2009年第2期，第67—79页。

③ 李泽生：《欧洲化概念和欧洲一体化理论》，《苏州科技学院学报》（社会科学版）2013年第1期，第7—12、35页。

映出当前欧洲一体化理论的最新发展，也体现出欧洲一体化现实的深化发展。①

三、简要评析

综上所述，国外学界对于米特兰尼功能主义的研究已经进入了挖掘其政治哲学的层面，虽然尚缺乏系统研究，但已引起了一些学者的兴趣和关注；国内学界对于米特兰尼功能主义的研究尚处于描述其理论内涵和总结其实践意义的层面，基本没有对米特兰尼功能主义的系统研究，缺乏对米特兰尼功能主义研究的升华。具体表现在以下三个方面。

第一，缺乏对米特兰尼功能主义国际关系理论进行系统理论研究。功能主义的萌芽、发展和形成是在一定的社会历史环境下、基于米特兰尼在不同时期的研究重心所积累形成的。但是，目前国内外学者更多的是限定于某时间段来研究米特兰尼功能主义，未能结合米特兰尼的个人经历和学术发展，系统全面地梳理功能主义的发展脉络。

第二，缺乏对米特兰尼功能主义国际关系理论升华到政治哲学层面进行研究。国际关系理论是国际关系的政治哲学，米特兰尼已经出色地完成了其对于国际关系的研究。但以米特兰尼功能主义为研究对象的国内外学者，尚未能选取政治哲学的研究视域系统分析米特兰尼功能主义，这也是一项非常具有难度的研究工作。

第三，缺乏对米特兰尼功能主义国际关系理论为推进全球治理所作出的理论贡献研究。米特兰尼的理论逻辑是，如果能够满足人类的基本需求，那么就能避免战争的发生。主权国家已经不能更好地服务于满足人类的基本需求，需要借助于功能性国际组织，开展国际合作来实现满足人类基本需求的目标。然而，国内外学者未能深刻思考功能主义对于推进全球治理的价值和意义，如何在民族主义和国家主权甚嚣尘上的当代国际社会中避免国家间人为地割裂和敌对，如何推进全球治理来实现和满足新时代人类的基本需求，这些问题仍然是当代国际社会急需解决的现实问题。

---

① 宋新宁：《欧洲一体化理论：在实践中丰富与发展》，《中国人民大学学报》2014年第6期，第2—9页。

第三节 研究内容及创新之处

一、研究内容

本书从社会意识形态对理论塑造和理论指导政治实践的角度，对米特兰尼功能主义的哲学基础和规范价值进行学理意义上的系统研究，具体呈现出米特兰尼功能主义国际关系理论的产生背景、思想渊源、逻辑起点、本质内涵、价值追求和当代价值。因此，本书主要从以下六个方面展开研究。

第一章主要分析米特兰尼功能主义国际关系理论的产生背景。人类从两次世界大战的惨烈斗争中侥幸逃脱后，强烈地意识到战争伴随着迅猛发展的科学技术已成为全人类不可承受之痛，实现长期的乃至永久的和平成为全人类的共同理想和追求。在这样一个非常特殊的时代背景下，一个在英美两国之间度过大部分学术生涯的罗马尼亚籍国际思想家——米特兰尼，在两次世界大战的深刻影响下，将学术志趣放在了设计和平的议题上。1943年米特兰尼发表《有效和平体系》，正式提出功能主义，与同时代的以权力政治为核心的现实主义不同，米特兰尼功能主义以功能性合作为核心，意在构建有效和平体系，阻止世界战争的再次发生，实现人类社会的永久和平。因此，米特兰尼功能主义无疑是人类探索实现永久和平的一次伟大尝试，但其产生、发展和形成的过程并不是一蹴而就的，而是在人类社会经历前所未有的两次世界大战的剧烈阵痛下日趋完善的。米特兰尼功能主义，萌芽于第一次世界大战，发展于两次世界大战的间歇期，形成于第二次世界大战，其产生不是历史的偶然，而是由米特兰尼的个人经历、所处的社会历史背景和思想理论背景等多方面共同促成的。因此，探究米特兰尼功能主义的产生背景，有助于深刻理解米特兰尼功能主义国际关系理论产生的独特社会历史环境和思想理论潮流。

第二章主要分析米特兰尼功能主义国际关系理论的思想渊源。米特兰尼在近现代国际思想界是一位独树一帜的学者，他自称是左翼自由主义者或相对中左的自由主义学者。米特兰尼学术思想的来源离不开米特兰尼学习、工作和生活的实际经历——除了英国新自由主义传统影响外，里奥纳德·特里劳尼·霍布豪斯、格雷厄姆·华莱士、伦纳德·伍尔夫、凯恩斯等近现代思想家和英国费边社会主义、美国实用主义等思想学派也对米特兰尼功能主义政治哲学的形成产生了重要影响。米特兰尼功能主义既是时代前进的激流，也是前代理论思想发展到20世纪中叶，尤其是在经历两次世界大战那种社会独特条件下的集中表现。20世纪50年代，早期欧洲一体化设计者和实践者所组建的欧洲煤钢共同体深受米特兰尼功能主义的影响，功能主义理论作为"一种社会构建的概念"，① 被莫内和舒曼等人"错误地"用来指导欧洲一体化的启动。从此，世人将米特兰尼功能主义视作欧洲一体化理论的重要流派，并对欧洲一体化启动和国际关系变革产生了重大的影响。但是，米特兰尼功能主义的最终目的并不是实现欧洲一体化，而是要永久解决战争问题，寻找能够构建有效和平体系的可行性理论路径。米特兰尼功能主义的产生深受英国新自由主义、英国费边社会主义和美国实用主义的影响。因此，对米特兰尼功能主义国际关系理论的思想渊源的探究，有助于深刻理解这位独树一帜的国际思想大师的思想理论特色和他所处社会独特的思想理论时代。

第三章主要分析米特兰尼功能主义国际关系理论的逻辑起点。国际体系是国际关系理论的核心概念，国际体系变革都是由暴力和战争所主导，威斯特伐利亚体系、维也纳体系、凡尔赛—华盛顿体系和雅尔塔体系的确立无不是在国家间实力的此消彼长中通过暴力和战争完成的。人类在饱受第一次世界大战的战火摧残后，为了有效维护国际体系的稳定与实现国际体系的和平变革，在威尔逊的倡议下，人类历史上第一个普遍性国际组织——国际联盟成立，然而，20世纪30年代经济大萧条和第二次世界大战的爆发宣告了国际联盟的失败。欧洲大陆在第二次世界大战末期盛行以联邦主义指导国际体系组织化建设的思想——以联邦取代联盟。但是，与当时的主流思想不同，米特兰尼以国际体系组织化为逻辑起点，不仅批判国际联盟的失败，而且指出联邦主义的缺陷，进而提出功能主义指导国际体系组织化建设。虽然，米特兰尼功能主义并未得到当时英国政府的认可，但对第二次世界大战后国际体系组织化建设提供了丰富的理论指导。

---

① 宋新宁：《欧洲一体化理论：在实践中丰富与发展》，《中国人民大学学报》2014年第6期，第5页。

为了有效维护国际体系的稳定与实现国际体系的和平变革，米特兰尼提出功能主义指导国际体系组织化建设，构建一种可能的全新的国际体系，主张通过国家主权从主权国家向功能性国际组织的自愿转移，形成取代主权国家体系的功能性国际组织体系，建立一种全新的世界秩序。没有任何思想理论可以有效脱离与其有本质关联的历史情境，米特兰尼功能主义亦是如此。因此，阐述米特兰尼功能主义与国际体系组织化的内在逻辑，有助于理解米特兰尼功能主义国际关系理论的逻辑起点。

第四章主要分析米特兰尼功能主义国际关系理论的本质内涵。共同体是政治学和社会学长期关注的研究主题。共同体是某种程度合作的联合体，从公元前4世纪的古希腊城邦到21世纪的欧洲联盟，共同体的存在范围囊括了小到两个个体所组成的小组、家庭、村落和某一政治、经济、文化和安全等领域的共同体，大到全球范围内某一次区域甚至是全球性的共同体，并在人类合作的形式和内容不断深化的基础上得到进一步的丰富和发展，因此，共同体成为了人类赖以存在和繁衍的方式。共同体思想最早可以追溯到古希腊罗马时期的柏拉图和亚里士多德，文艺复兴时期的尼可罗·马基雅维利从性恶论的角度论述了他对于新型政治共同体的观念，近代的托马斯·霍布斯、洛克和让－雅克·卢梭基于对现实社会中人与人之间关系的讨论对共同体进行了不同程度的系统论述和分析，当代的罗尔斯和迈克尔·桑德尔更是进一步充实和完善了共同体思想。作为经历过两次世界大战和20世纪30年代经济大萧条的欧洲政治思想家，米特兰尼深刻地感受到安全的重要性，伴随科学技术的迅猛发展和国际社会相互依赖的日益增强，现代主权国家已经很难满足其成员的安全、物质和精神的需求，尤其是极端民族主义成为了国家间冲突和战争的产生根源。米特兰尼批判极端民族主义，否定现代主权国家的作用，肯定国家共同体的衰落，提出构建能够满足民众安全、物质和精神需求的功能性国际组织，并以功能性国际组织逐渐取代国家共同体而构建起世界共同体。世界共同体思想是米特兰尼功能主义的核心内容。因此，阐释米特兰尼的世界共同体思想将有助于深刻理解米特兰尼功能主义国际关系理论的本质内涵。

第五章主要分析米特兰尼功能主义国际关系理论的价值追求。永久和平是人类社会最为美好而永恒的共同价值追求，因为它最为美好，所以才会成为人类社会永恒的共同价值追求，才会让全人类不懈追求甚至以最为激烈的战争方式来捍卫。对永久和平的探究可回溯至在战争与和平的永恒冲突中近代欧洲先贤们对战争的否定和对和平的向往，从圣·皮埃尔和卢梭，到边沁，再到康德，这些划时代的思想家基于他们所处的历史时期和思想积淀为探究永久和平书写出如史诗绝唱般的作品，不仅为解读人类的冲突和战争提供了丰富多样的理论视角，而且为实现人类社会的永久和平指明了独特的实践路径，构建起连续的探究永久和平的理论脉络。米特兰尼是20世纪以其最为著名的功能主义来实现永久和平的卓越思想家，汤普森将米特兰尼列入《国际思想大师——20世纪主要理论家与世界危机》一书中的十八位国际思想大师行列，并盛赞米特兰尼为"'以功能主义超越政治学'的世界秩序理论家"。1943年米特兰尼发表《有效和平体系》，功能主义为刚从世界大战中走出来的民众提供了独具特色的构建有效和平体系的理论路径，霎时间功能路径成为了民众谈论的话题，米特兰尼则更是毫无遮掩地将实现永久和平诠释为功能主义的价值追求。

第六章主要分析米特兰尼功能主义国际关系理论的当代价值。构建人类命运共同体是中国积极引领全人类建设一个互利合作、共享共赢的新世界的选择，也是中国主动担负起大国重任的选择。构建人类命运共同体不可能是一蹴而就的，而是一个漫长艰难的前进过程，构建人类命运共同体的关键在于切实有效的行动。2013年习近平主席提出共建"一带一路"倡议作为推动构建人类命运共同体的具体行动和重要实践平台。欧洲身处欧亚大陆最西端，既是共建"一带一路"倡议的重要沿线区域，也是共建"一带一路"倡议的终点，共建"一带一路"倡议推进中欧互联互通，实现中欧合作共赢，对构建中欧命运共同体发挥着重要作用。欧盟是欧洲一体化的产物，也是中国最重要的战略伙伴之一，1975年中国与欧洲经济共同体建交，2004年欧盟成为中国第一大贸易伙伴、中国成为欧盟第二大贸易伙伴，中欧关系经历了从建设性伙伴关系到全面伙伴关系，再到全面战略伙伴关系的稳步发展。尤其是2014年习近平主席在访欧期间提出，在中欧之间共同努力建设和平、增长、改革、文明四座桥梁，打造中欧"和平、增长、改革、文明"四大伙伴关系。中欧对世界发展具有共同的利益、对中欧合作具有共同的诉求，这构成了构建中欧命运共同体的现实基础。但中欧意识形态分歧、价值观念差异、文明模式冲突和社会制度矛盾也成为构建中欧命运共同体的现实障碍。因此，中国可以借鉴欧洲区域合作的丰富经验，积极深化互利共赢的中欧全面战略伙伴关系，推动构建中欧命运共同体，为推动构建人类命运共同体提供切实有效的理论养分。

二、研究思路

本书以米特兰尼功能主义国际关系理论为研究对象，第一，采用文献法对文献资料进行查阅、分析、整理和归纳，从而批判性地继承已有的研究成果，为后续研究工作奠定扎实基础；第二，采用历史分析法，不仅阐述米特兰尼功能主义产生的时代背景，而且分析英国新自由主义、费边社会主义和美国实用主义等理论思想对米特兰尼构建功能主义的深刻影响，深入挖掘米特兰尼功能主义国际关系理论的时代特征和思想基础，也就是米特兰尼功能主义国际关系理论的产生背景和思想渊源；第三，采用比较分析方法，将米特兰尼功能主义国际关系理论的主要观念放置于国际政治思想的比较研究中，凸显米特兰尼功能主义国际关系理论的理论特质和理论缺陷；第四，理论联系实际，阐释米特兰尼功能主义国际关系理论的本质内涵，从对米特兰尼功能主义国际关系理论的剖析中总结出米特兰尼功能主义国际关系理论为推进全球治理所作出的理论贡献，挖掘米特兰尼功能主义国际关系理论的当代价值。基于上述研究思路，本书不仅要重新诠释功能主义的理论意义，而且要深入挖掘功能主义的实践价值，为推动构建人类命运共同体提供切实有效的理论养分，是具有重要的理论意义和实践价值的学术探索。

三、创新之处

第一，在政治哲学视阈下研究米特兰尼功能主义。笔者深入挖掘米特兰尼功能主义国际关系理论的产生背景、思想渊源、逻辑起点、本质内涵、价值追求和当代价值，尤其是对其逻辑起点、本质内涵和价值追求进行哲学解读，并运用比较研究的方法分析米特兰尼功能主义国际关系理论的理论特质和理论缺陷，全面系统还原米特兰尼功能主义国际关系理论，客观展现米特兰尼功能主义国际关系理论蓝图，填补国内学界在此研究主题上的空白。

第二，提出功能性世界主义。米特兰尼功能主义着重强调功能性合作和功能性国际组织的重要性和必要性，为人类实现永久和平提供独特的理论路径。基于此，笔者借鉴国外最新研究成果将米特兰尼功能主义界定为功能性世界主义，并系统阐述作为功能性世界主义的米特兰尼功能主义的理论特征，丰富米特兰尼功能主义国际关系理论的理论价值，这在国内尚属首次。

第三，不仅讨论米特兰尼功能主义国际关系理论对早期欧洲一体化的实践意义，而且站在推动构建人类命运共同体的战略高度，尝试从米特兰尼功能主义中寻找到新的思考和解决之道。

第一章 米特兰尼功能主义国际关系理论的产生背景

战争不是从来就有的,也并不是随着人类社会的产生而产生的,只有人类社会发展到一定的历史阶段,产生了私有制和阶级之后,才产生了战争这种特殊的社会现象。同时,近代科学技术的迅猛发展也给人类社会进步带来了一把双刃剑——"生存,我们伟大的科学智慧无法改变的结果,已使我们所有人组成一个不可分割的共同体,面对着同样的命运——要么共同生存,要么共同灭亡"①。人类从两次世界大战的惨烈斗争中侥幸逃脱后,强烈地意识到战争伴随着迅猛发展的科学技术已成为人类不能承受之痛,实现长期的乃至永久的和平成为全人类的共同理想。在这样一个非常特殊的时代背景下,米特兰尼将其学术志趣放在了设计和平的议题上。米特兰尼发现,科学技术的迅猛发展不仅使战争升级,而且为人类融合提供了条件,"一个基于人类共同生活和共同交易而不是基于国家之间协议的国际社会正在逐渐形成","功能合作将成为为了实现和维持和平,促使国家放弃坚持主权观念并作出更大主权牺牲的有效法宝"。因此,一个有效的在不同主权国家、不同国际组织、不同跨国企业和不同民族之间的和平体系终将建立。在这个有效和平体系中,"共同生活和共同交易的持续增强将使国界变得没有意义,一个迅速拓宽的国际活动和国际组织的网络将使政治决策重叠化,而这样一个网络体系将使国家利益和民众生活渐趋一体化"②。

1943年米特兰尼发表《有效和平体系》,正式提出功能主义。与同时代的以权力为核心的现实主义和以制度为核心的理想主义不同,米特兰尼

---

① Frederick Pedler, "Mitrany in Unilever," *Millennium Journal of International Studies*, Vol. 5, No. 2, 1976, p. 197.

② Frederick Pedler, "Mitrany in Unilever," *Millennium Journal of International Studies*, Vol. 5, No. 2, 1976, p. 197.

功能主义以功能性合作为核心，意在构建有效和平体系，阻止战争的再次发生，实现永久和平。米特兰尼功能主义无疑是人类探索实现永久和平的一次伟大尝试，但其产生、发展和形成的过程并不是一蹴而就的，而是在人类社会发展的前所未有的剧烈阵痛下——两次世界大战中日趋完善的。米特兰尼功能主义的产生不是历史的偶然，而是由米特兰尼的个人经历、所处的社会历史背景和思想理论背景等多方面共同促成的。

第一节 生平和著述

1888年米特兰尼出生在罗马尼亚布加勒斯特的一个犹太人家庭。在19世纪末—20世纪初的罗马尼亚，除履行兵役义务外，当时的政府限制犹太人接受高等教育和从事某些职业的权利。为了获得接受高等教育和从事理想职业的机会，1908年米特兰尼在服满兵役后，不得不离开罗马尼亚，只身来到德国汉堡，在汉堡度过了一段半工半读的日子。二十岁刚出头的米特兰尼热衷于社会学研究，为此，1912年他远赴英国，考入伦敦政治经济学院，师从于霍布豪斯和华莱士学习社会学，这两位学者的思想深刻地影响着米特兰尼终其一生的学术研究。

1914年第一次世界大战爆发，米特兰尼毅然决然地暂停在伦敦政治经济学院的学习，先是加入罗马尼亚驻伦敦公使馆，之后又为英国政府从事情报工作。第一次世界大战期间，满怀热忱的米特兰尼多次主动申请加入空军部队，但始终未能实现。与此同时，米特兰尼加入乔治·普洛特罗爵士担任主编的《和平手册》工作中，并成为国际联盟协会成员，在英国各地宣传和介绍新国际联盟。作为国际联盟协会的活跃分子，米特兰尼通过同国际联盟协会主要领导人和英国费边社重要成员伍尔夫频繁的工作联系，给伍尔夫留下了深刻印象。1918年伍尔夫邀请米特兰尼加入英国工党的国际问题咨询委员会，然而，为了不加入英国工党而保持自身对于政治立场的中立性，1931年米特兰尼退出了该机构。米特兰尼认为，这个决定正是为了保证他的写作和议政活动"始终保持在英国自由主义传统的最佳状态下"。[①]

[①] Dorothy Anderson, "David Mitrany (1888 – 1975): An Appreciation of His Life and Work," Review of International Studies, Vol. 24, 1988, p. 578.

第一次世界大战结束后，米特兰尼受主编查尔斯·普雷斯特维奇·斯科特的邀请，于1919—1922年在《卫报》负责国际事务方面的编辑工作。在《卫报》，"米特兰尼的对外政策俨然成为了《卫报》的对外政策"，这不仅使米特兰尼的声誉逐渐在英国社会中传开，而且让米特兰尼有机会亲身参与战后世界和平的重建工作，为谋划构建一个有效的世界和平机制提供了事实依据。① 虽在《卫报》的工作仅维持了3年，但米特兰尼与斯科特却建立了深厚的友谊。1924年在米特兰尼的陪同下，斯科特一家在欧洲大陆开启了一场奇妙的旅行，米特兰尼丰富而专业的欧洲知识，尤其是对于东欧国家的熟悉，使得斯科特一家有机会分别同意大利墨索里尼和罗马尼亚国王进行了两场对话采访。这场奇妙的旅行不仅使斯科特全家对战后欧洲大陆的认识更为客观，而且促成了米特兰尼在其后一生未曾间断地在《卫报》上发表时政意见和学术观点。米特兰尼在《卫报》的工作获得了英国社会的广泛关注，但是，他在《卫报》上对于不参与任何具有国家主义意识形态的组织和拒绝加入支持以色列国家成立活动的宣言，使其彻底脱离了英国政治思想的主流，并始终不被英国学界所接受。

1922年米特兰尼辞去《卫报》的编辑职务，加入由卡内基国际和平基金会的詹姆斯·肖特维尔主编的"战争的经济和社会史"系列丛书的编辑出版工作，米特兰尼主笔东南欧两卷——《罗马尼亚的土地与农民：战争与土地改革（1917—1921）》与《东南欧战争的影响》。米特兰尼的工作不仅使其获得肖特维尔的高度好评，而且使其延续了对东南欧的研究，并在此后得到不断的深化和发展。米特兰尼将他的东南欧研究视作其最重要的学术成果，并自认"农民专家"米特兰尼比"功能主义创始者"米特兰尼更为出色。② 此外，米特兰尼对东南欧的研究也为功能主义构建奠定了思想基础。③ 在卡内基国际和平基金会工作的这段经历，不仅使米特兰尼立志在此后的学术生涯中"再不拘泥于教条主义的条条框框，将更多地关注

---

① David Mitrany, "The Functional Theory of Politics," New York: St. Martin's Press, 1975, p. 10.

② Dorothy Anderson, "David Mitrany (1888 – 1975): An Appreciation of His Life and Work," Review of International Studies, Vol. 24, 1988, p. 581.

③ Lucian M. Ashworth, "David Mitrany and South – East Europe: The Balkan Key to World Peace," The Historical Review, Vol. II, 2005, pp. 203 – 219.

于和平组织的发展，而不是关注于由什么人和什么方式将我们带向那一目标"，而且为米特兰尼的学术生涯打开了"另一扇充满希望的大门"。①1924—1925 年，米特兰尼作为卡内基国际和平基金会的客人首访美国，并接受于 1931—1933 年到哈佛大学做为期两年的客座教授的邀请。1932 年米特兰尼在耶鲁大学道奇讲座讲授他对于国际背景下国家间政治的观点，首次提出"功能"的概念，并在 1933 年将此次系列讲座编册出版——《国际政府的进展》。美国学界对米特兰尼的学识渊博和非凡的欧洲事务知识高度认可，给予米特兰尼本应在英国所获得的学术地位。1933 年普林斯顿大学聘任米特兰尼为经济与政治学院高级研究所的教授，他是这个学院的第一位聘任教授，而且是非美籍人士。这家高级研究所没有学生、没有讲座，只有充裕的时间留给教授们去思考和研究，爱因斯坦和奥本海默等学界巨匠都在此接受过聘任，这也是美国打造学者天堂的一次具体尝试。20 世纪 30 年代中后期，美国经济大萧条、罗斯福新政和美国社会剧变给米特兰尼提供了丰富的观察和研究文本——《美国解读：四篇政治论文》，在该书中米特兰尼高度赞赏了罗斯福新政，通过对田纳西河流域管理局的研究提出形式遵循功能的概念。②

1939 年第二次世界大战爆发，米特兰尼临危受命回到英国，加入总部设在牛津大学贝利奥尔学院的对外事务研究和出版服务机构。在此后的 3 年中，米特兰尼为英国政府上呈一系列研究成果。在英国政府看来，这些成果并不是为眼前的战争，而是为将来的和平服务的，因此并未给予重视。1942 年米特兰尼退出这一机构，专心于学术研究，1943 年一本仅有 21 页却能够改变战后人类发展轨迹的小册子——《有效和平体系》应运而生。战争的爆发在政治思想家中迸发出充满活力的创新，碎裂的欧洲亟须实现和平的方式，国际联盟的失败使世界更加需要一个全新的秩序。"国家主权和民族自决对未来的繁荣会起到破坏作用"，在欧洲大陆互相猜忌、英国光荣孤立和世界相互依赖愈加凸显的背景下，功能路径提供了不同寻常的重构世界秩序的研究路径，这本小册子在欧洲广泛流传，大获好评。

---

① Dorothy Anderson, "David Mitrany (1888 – 1975): An Appreciation of His Life and Work," Review of International Studies, Vol. 24, 1988, p. 578.

② David Mitrany, "American Interpretations: Four Political Essays," London: Contact Publications London, 1946, p. 23.

第一章 米特兰尼功能主义国际关系理论的产生背景

战争期间，米特兰尼同许多政治思想家一样，不厌其烦地讨论、发表和讲演对于和平和战后秩序的见解，恳切地希望"这一和平进程不再是基于僵硬框架的制度方式，如1919年的《凡尔赛和约》，而是基于实现欧洲乃至整个世界繁荣的切实可行的方式，这种方式应该是功能性和社会性的"。1945年战争结束、和平回归，国际合作和国际组织如新笋般层出不穷。在《有效和平体系》再版导论中，米特兰尼认可联合国的优势远大于国际联盟，同时，米特兰尼功能主义成为联合国特别机构成立的指导思想，以发挥国际组织的经济和社会功能。

在米特兰尼的工作生涯中，还有一件特别值得追忆的事情。1943年米特兰尼加入英国跨国公司联合利华担任国际事务顾问，一方面，缘于米特兰尼富有活力和敢于挑战的性格；另一方面，他既能自由出入英国得以照顾体弱多病的妻子，又能继续他在普林斯顿大学的事业，直至1960年退休。米特兰尼身体力行地告诉民众"战后经济与政治的分离已经不再可能，经济与政治的相互影响成为世界政治常态"。[1] 20世纪50—70年代，米特兰尼往返于英美两国工作和研究，不断发表关于国际社会功能组织和东南欧研究的学术成果。1957年米特兰尼出于保护个人权利反对国家干预的想法，对瑞典巡视官体系产生了浓厚的兴趣，希冀将这种制度引入英国政治体制。1958年米特兰尼发起一项研究课题来探究英国贸易联盟与英国工党之间的关系，直至20世纪60年代末，这种关系的事实发展验证了米特兰尼研究的可预见性。20世纪50年代中期至60年代中期，欧洲煤钢共同体的成立、《罗马条约》的签订和欧洲共同体的草创，使得民众对于功能主义"趋之若鹜"，同时，产生了一个号称继承了米特兰尼功能思想的新学派——新功能主义。恩尼斯·克劳德将功能主义作为一整章放入其编写的《化剑为犁：国际组织的问题与进展》，此后有关功能主义的信件和文章从世界各地向米特兰尼纷至沓来。1966年世界服务联合会协助米特兰尼出版发行了一个论文集，其中包括由汉斯·摩根索作序的《有效和平体系》；1967年米特兰尼在美国学术中心区域——哈佛大学、耶鲁大学和哥伦比亚大学开展了近3个月的学术旅行活动，借此向世人表达和传播他对

---

[1] Frederick Pedler, "Mitrany in Unilever," Millennium Journal of International Studies, Vol. 5, No. 2, 1976, pp. 196 – 199.

功能主义的理解。1969年在由卡内基国际和平基金会和萨塞克斯大学共同资助、在贝利奥尔学院召开的功能主义学术研讨会上，米特兰尼公开发表的论文总结了过去40多年他反复解释的理论，并期望将其应用在未来政治和社会发展中。1975年格鲁姆和泰勒共同撰写的《功能主义：国际关系理论与实践》对米特兰尼功能主义进行了一次全面的检验，并收入米特兰尼新作《全新社会的政治理论》。1975年米特兰尼逝世。为了纪念这位对世界和平作出突出贡献的学者，伦敦政治经济学院收集了米特兰尼在世时的大部分著作，以及个人回忆录和工作笔记后出版发行了《政治的功能理论》。[1]

纵观米特兰尼一生，他做过记者、时政评论家、编辑、教授和国际顾问，亲历过两次世界大战，也亲历过美国罗斯福新政，还亲历过欧洲一体化；他充满活力、渴望知识的品性使他备受赏识，机遇不断；他富有主见、不惧非议的个性使他四面受敌、孤立无援；他经历丰富、学识渊博的特性使他著作等身、享誉世界。作为国际思想大师，米特兰尼功能主义是"讲求实际、具体有形和完全可行的"[2]，"与人合作、为民服务，合作带来统一而不是分裂，通过功能而不是形式来寻求方法，考虑民众的共同利益而无论他们的国籍、种族和宗教，通过切实可行的方法一步一步解决问题而不是通过合法性、宪章和政治协议的刚性解决方案"[3]。因此，"他的功能主义与其说是一种理论，不如说是一种方法，充满了同情和忍耐"[4]。

第二节 社会历史背景

米特兰尼功能主义的产生既不是源自米特兰尼如获山峰上天启之光的

---

[1] David Mitrany, "The Functional Theory of Politics," New York: St. Martin's Press, 1975, p. 202.

[2] Frederick Pedler, "Mitrany in Unilever," ORBIS, the Special Spring 1976, p. 198.

[3] Dorothy Anderson, "David Mitrany (1888–1975): An Appreciation of His Life and Work," Review of International Studies, Vol. 24, 1988, p. 582.

[4] Dorothy Anderson, "David Mitrany (1888–1975): An Appreciation of His Life and Work," Review of International Studies, Vol. 24, 1988, p. 582.

第一章　米特兰尼功能主义国际关系理论的产生背景

偶然，也不是源自米特兰尼构想国际政治科学发展核心的尝试，而是源自米特兰尼顺应时代潮流的信念。米特兰尼强调，"社会转型带来剧烈的社会阵痛"①。两次世界大战不仅带来了前所未有的惨痛代价，而且改变了人类社会发展的轨迹，将世界带入愈发矛盾的处境之中：一方面，社会和经济的相互依赖不断增强；另一方面，主权国家不断强化主权意识。20世纪上半叶的时代特征之一就是无政府状态下的国家体系亟须有效的国际治理。第一次世界大战前的欧洲协调没能成功处理好塞尔维亚的民族自决问题，第二次世界大战前的国际联盟也没能有效遏制德国、意大利和日本的法西斯主义和纳粹主义等极端民族主义，导致了两次世界大战的爆发。米特兰尼指出，"探究第二次世界大战爆发的根本原因，有人抱怨小国的不负责任，有人指责大国的利己主义，还有人批判国际联盟的乏力表现——《国际联盟宪章》的'超脱'和国际联盟干预的软弱，国际联盟既不能阻止战争，也不能创建和平，因此，构建一个全新的有效的国际治理体系成为第二次世界大战中民众的共识"②。

20世纪上半叶的另一时代特征就是主权国家间相互依赖愈发增强，国际组织的发展愈发迅猛。国家间相互依赖的增强引发了一系列主权国家间的共生问题，互联和互通成为亟待管理和控制的最紧迫问题。因此，在无政府状态下的国家体系中产生了一系列管理和控制主权国家间共生问题的国际组织，例如，1865年的国际电信联盟、1874年的万国邮政联盟和1919年的国际劳工组织等。在自愿和平等的基础上，主权国家作为主体参与其中，共同制定并实施国际规则和政策，国际组织管理和控制主权国家间共生问题的能力和效率得到提升，国际组织和主权国家的互动逐渐改变了19世纪以来的国际体系——大国政治和权力均势依旧存在并未见衰落，国际和谈和国际仲裁日益频繁并方兴未艾。20世纪上半叶，在以主权国家为主体的国际体系中，国际组织的发展为国家利益的协调和世界和平的实现提供了

---

① David Mitrany, "A Working Peace System," Chicago: Quadrangle Books, 1966, p. 113.
② David Mitrany, "A Working Peace System," Chicago: Quadrangle Books, 1966, p. 94.

一种可能,但是,"1914年的欧洲到处充斥着赤裸裸的民族主义"①,而四国主导的巴黎和会却维护了民族自决权,1939年的欧洲更是绥靖政策和纳粹主义横行,国际组织一定程度上有效地满足了主权国家及其民众的需求,但并没能有效地遏制极端民族主义的蔓延和猖獗,导致了两次世界大战的爆发。

主权国家的数量增多和经济相互依赖增强也是20世纪上半叶的时代特征之一。20世纪上半叶,民族自决权刺激了殖民地和半殖民地的解放和独立,霎时间主权国家的数量剧增,科学技术的迅猛发展为经济相互依赖的增强提供了有利保障,同时,民众对于主权国家的执政能力提出了新要求,经济大萧条迫使主权国家不再能够施行自由放任的自由主义经济政策,扮演守夜人角色的时代一去不返,民众希望并要求主权国家满足他们的需求,主权国家不得不施行凯恩斯主义而渗入国家社会治理的所有方面,"安全、经济和社会发展,当下的所有要求,无论组织的形式,将计划和控制集中"②,主权国家从守夜人变成了全权国家。③ 经济相互依赖不仅改变了主权国家依靠本国资源独立解决民众需求的状况,而且经济大萧条验证了经济相互依赖的巨大破坏性,主权国家不得不共同挽起手来,从崇尚19世纪的自由主义转向推崇20世纪的集体主义,从维护个人权利转向保障集体优先。④ 20世纪上半叶,无政府状态下的国家体系亟须有效的国际治理,社会和经济的相互依赖、民族主义的蔓延和猖獗、主权国家数量的增加和国际组织能力的增强及主权国家的转型充分体现出了20世纪上半叶的时代特征。因此,米特兰尼强调,"一种新秩序,既不以联邦主义者所提倡的僵硬的宪章文本为基础,也不以国家主权、民族平等、国家独立等政治信条为准则,而是基于第一次世界大战期间国内经济管理和国际合作所表现出的特质,因为这些特质可以对需求和环境的改变作出更灵活

---

① Per A. Hammarlund, "Liberal Internationalism and the Decline of the State," NY: Palgrave Macmillan, 2005, p. 17.

② David Mitrany, "A Working Peace System," Chicago: Quadrangle Books, 1966, p. 96.

③ 张振江:《米特兰尼的国际合作思想及其对东亚合作的启示》,《外交评论》2009年第2期,第71页。

④ Per A. Hammarlund, "Liberal Internationalism and the Decline of the State," NY: Palgrave Macmillan, 2005, p. 17.

和更适应的回应"①。

现实的残酷、民众的期望和未来的美好成为米特兰尼思索构建一种新秩序的不竭动力源泉。他开始探究既是顺应时代潮流又是切实可行的实现路径。第二次世界大战末期,即将从残酷的战火硝烟中走出来的民众,迫切需要一种切实可行的保障未来世界和平的国际安全机制,但第二次世界大战的爆发宣告了国际联盟的彻底失败,也使得如何构建一种全新的国际安全机制具有了突出的紧迫性,而在当时的情况下,联邦成为了唯一可以替代联盟的选择。马凯指出,"联邦主义是一种分配政府权力的方法,以使得中央和地方政府在一个有限范围内是独立的但又是相互合作的。对这一原则的检验是,它是否体现了相互独立的中央和地方政府之间的权力分配?这一原则的最好应用被认为是在美国、澳大利亚、加拿大和印度"②。联邦被应用在国际层面,可以依据民主方式聚合独的主权国家,形成一种比联盟更为紧密的联合———一种根据宪章所形成的范围较小而联系较强的联合,这种联合可以根据宪章积极明确地共同开展行动,行动的相关协议和章程是联邦有效运作的必要前提,因此,越来越多的共同行动将会更加明确。相较于联邦,联盟的失败是注定的,虽然国际联盟在制裁方面着力较多,但缺乏有力的施行手段。同时,国际联盟缺乏推进国际体系和平变革的能力,因此,即使联盟为了阻碍战争和维护和平的行动充满大无畏精神,联盟也很难依靠自身力量给予国际体系持久和旺盛的生命力。因为,联盟的主权国家成员的联系过于松散,很难管理和控制那些原由联盟国家成员所掌控的诸多重要领域,最终不过成为一个警察机构。

联邦在宪章明确的范围和方式下可以完成联盟无法完成的事情,并具有明显的优势,被视作在第二次世界大战后替代联盟的不二选择。但是,米特兰尼基于20世纪上半叶的时代特征却对联邦产生了疑问和不信任:其一,以联邦为基础的国际体系是以主权国家为主体的联邦,从聚合主权国家直接演变为国际组织所产生的不稳定性和危险性要比从聚合省、州、部

---

① Per A. Hammarlund, "Liberal Internationalism and the Decline of the State," NY: Palgrave Macmillan, 2005, p. 17.

② 郇庆治、胡瑾:《联邦主义与功能主义之争:欧洲早期政治一体化理论》,《欧洲研究》1999年第6期,第5页。

落等次级政治体直接演变为联邦国家更为剧烈,因为前者缺乏地缘、血缘和历史的天然连接;其二,联邦在国际层面的优势是否突出,如果引发冲突和战争的根本原因是原本一体的世界分裂为相互竞争和对抗的独立政治体,那么当政治重组再次分裂为各自独立的政治体,冲突和战争势必无法避免,而此时联邦已难以重构成一个一体的世界以抑制分裂再现。但是,惨痛的历史教训和鲜活的时代特征告诉我们,只有两种路径可以实现这个目标:一是通过世界政府强制性结束政治分裂;二是通过将不断拓展的国际活动和国际组织的网络叠加在政治分裂上,逐渐实现所有主权国家的利益和生活的一体化——功能路径,这种功能路径将通过鼓励和刺激国际政府同国际活动的完全融合彻底改变原有国际体系,但联盟因为太过松散而无力作为,联邦因为太过紧密而无处开展。① 第二次世界大战末期,当人类再次处于重要的历史转折期时,米特兰尼没有固步自封,而是大声呼吁劝告民众放弃传统的政治观念——既有领土上的现代主权国家的主权观念,顺应时代潮流,尝试功能路径,满足和实现所有主权国家的利益和生活一体化,构建一种不仅将超越现有主权国家体系,而且将根据经验不断进行调整的全新的国际体系,塑造未来的世界共同体。

第三节 理论思想背景

米特兰尼功能主义的产生离不开米特兰尼所处时代特定的理论思想的影响。1919年5月英国威尔士大学建立第一个国际政治教席,标志着国际关系学在第一次世界大战后作为社会科学的一门独立学科正式形成,然而,国际关系学的早期研究聚焦于帝国主义研究,而不是关于世界秩序研究。30年战争之后,威斯特伐利亚体系作为近现代国际关系的开端,明确了主权国家的地位,"传统的政治哲学,尽量把注意力集中于国内政治,但在广泛而且重要的意义上同国际关系研究者有关"②。伴随着国家间交往与冲突的加剧,许多自由主义思想家开始从讨论传统政治哲学问题的基础

---

① David Mitrany, "A Working Peace System," Chicago: Quadrangle Books, 1966, p. 96.

② [美]肯尼思·华尔兹著,倪世雄等译:《人、国家与战争:一种理论分析》,上海译文出版社1991年版,第10页。

第一章 米特兰尼功能主义国际关系理论的产生背景

上深入思考国家间战争与和平等世界秩序的问题，例如，17世纪胡果·格劳秀斯的国际法与正义战争观、霍布斯的现实主义思想、洛克的战争与和平思想，18世纪康德的永久和平论，19世纪边沁的永久和平思想、科布登的理性和平观等。1815年拿破仑战争之后，在维也纳和会主导下的维持欧洲和平的均势体系确立，然而，第一次世界大战彻底打破了这个维持欧洲和平的均势体系，20世纪初期，一大批在国际组织和国际法基础上探索构建实现永久和平世界新秩序的学者脱颖而出，以霍布森、阿尔弗雷德·齐默恩和威尔逊等最为著名，并被爱德华·卡尔称之为理想主义。从20世纪初期到第二次世界大战爆发前，理想主义成为国际关系学的主导理论，国际联盟的建立、国际法的创制、国际组织的增加和裁军的开展都是在理想主义的影响下付诸实践。第二次世界大战的爆发和国际联盟的彻底失败使民众感受到理想主义乌托邦色彩的无力，到20世纪30年代末期，以卡尔和摩根索为代表的现实主义强调国家对权力的追求、国家军事力量的重要性和国家间冲突的必然性等观念，提出将权力均势作为国际冲突和战争的调节机制，并引发国际关系理论的第一次大论战——在理想主义与现实主义之间，也正是在这个特定的理论思想背景下，米特兰尼宣告了功能主义的产生。

"自由主义远不止是一种连贯一致的哲学，它的概念已经远超对于它的明显的广泛和天然的理解。"[①] 19世纪末—20世纪初的欧洲均势已无法遏制帝国主义之间的恶性竞争，一种强调反对帝国主义的自由主义观念在欧洲大陆产生重要影响——自由国际主义，"自由国际主义提倡个人经济和政治自由的正当性和在国内外遵循道德和法规的重要性，为国际合作的产生和深化提供了道德准则和行为框架"[②]。第一次世界大战爆发，战争与和平再一次引起民众的深刻思考，各种各样的战时和平组织倡导和宣传反战思想，号召通过国际法与国际组织来约束和改善帝国主义国家之间的无序竞争和战争行为，从而实现和维护世界和平，霎时间自由国际主义与和平主义洛阳纸贵。理想主义在继承和发展了格劳秀斯、洛克和康德等人的

---

① Per A. Hammarlund, "Liberal Internationalism and the Decline of the State," NY: Palgrave Macmillan, 2005, p. 3.

② Per A. Hammarlund, "Liberal Internationalism and the Decline of the State," NY: Palgrave Macmillan, 2005, p. 5.

自由主义思想基础上，直接汲取了19世纪末—20世纪初期的自由国际主义与和平主义的核心观念，在第一次世界大战末期具体演化为威尔逊的"十四点计划"并指导了构建第一次世界大战后的世界新秩序。威尔逊是20世纪初期理想主义的集大成者，这充分体现在其表达的关于第一次世界大战后欧洲秩序的重建和推动建立国际联盟来促进集体安全并维护世界和平的观点，国际联盟的建立直接得益于著名的威尔逊"十四点计划"，"尽管维持和平是国际联盟最重要和最显著的工作"①。1918年威尔逊在赴巴黎参加和会之前对美国国会发表演讲，提出"十四点计划"作为构建战后世界秩序的纲领，包括公开外交、公海航海自由、自由贸易、全面裁军、公正处理殖民地、民族自决和建立国际联盟等基本原则和具体意见。威尔逊的理想主义思想看似蔚为壮观，实则简单明晰：一是道德律令，道德应当是一切外交政策的出发点；二是多边律令，多边主义应当是实现外交政策目标的基本手段；三是民主律令，在美国领导下实现世界的民主是实现永久和平的前提条件；四是民族自觉律令，任何民族都有权决定自己的政府统治形式。②威尔逊怀抱着"美国有义务用自由拯救万国和万民"的使命感，宣扬了"美国享有完成其命运和拯救世界的无限特权"的信念，③为建立实现和维护和平的世界新秩序指明了充满乌托邦色彩的道路，也为20世纪理想主义知识谱系的丰富多彩增添了绚丽的一笔。

古典现实主义是20世纪30年代末期产生的西方国际关系理论，其思想渊源可以追溯至修昔底德、马基雅维利和霍布斯，现实主义在第二次世界大战期间得到发展和完善，从第二次世界大战结束到20世纪80年代，始终占据着西方国际关系理论的主导地位。卡尔是古典现实主义的奠基人，1939年卡尔发表著作《20年危机（1919—1939）：国际关系研究导论》，在批判当时处于主导地位的理想主义的基础上，以权力为中心提出了现实主义的核心观点：第一，国际政治中的政治权力分为军事的力量、经济的力量和支配舆论的力量，权力是一个不可分割的整体，道德是权力

---

① [英]爱德华·卡尔著，徐蓝译：《两次世界大战之间的国际关系（1919—1939）》，商务印书馆2009年版，第86页。

② [美]罗·麦克纳马拉、[美]布莱特著，张立平译：《历史的教训：美国国家安全战略建言书》，世界知识出版社2015年版，第10页。

③ 刘仲敬：《威尔逊主义与世界秩序》，《新世纪周刊》2015年第2期，第73页。

第一章　米特兰尼功能主义国际关系理论的产生背景

的产物；第二，权力是国际政治的核心，政治在很大程度上就是权力政治，权力既是手段也是目的；第三，国际关系必须建立在权力和道德相互协调的基础上，没有有效的权力便没有有效的道德。《20年危机（1919—1939）：国际关系研究导论》的主要贡献"在于'第一次科学地论述了现代世界政治'，不但揭露了自由主义的虚伪性，而且为推动建立一门学科和一种大有前途的规范性方法奠定了基础"。[①] 至此，卡尔将国家关系研究的重点成功地从理想主义转向了现实主义，也宣告了现实主义的诞生。摩根索是20世纪上半叶古典现实主义的集大成者，1948年摩根索在《国家间政治——权力斗争与和平》中提出了"政治现实主义六项原则"：其一，像社会的一般现象一样，政治受到根植于人性的客观法则的支配；其二，以权力界定的利益概念是帮助政治现实主义找到穿越国际政治领域的道路的主要路标；其三，以权力所界定的利益这一概念是普遍适用的客观范畴，但是它并不赋予这个概念一个永久固定的含义；其四，政治现实主义明白整治行动的道德意义，它也清楚在道德要求和成功的政治行动的需要之间存在着不可避免的紧张状态；其五，政治现实主义拒绝把特定国家的道德愿望等同于普天之下适用的道德法则；其六，政治现实主义和其他学派之间的差异是真实的、深刻的，无论政治现实主义理论受到多大的误会和曲解，它对政治问题所抱的独特的思想态度和道德态度是毋庸置疑的。[②]《国家间政治——权力斗争与和平》确立了以"政治现实主义六项原则"为基本框架的国际关系理论体系，标志现实主义国际关系理论的形成和崛起，古典现实主义正式成为第二次世界大战后国际关系理论主导范式。

第二次世界大战爆发和国际联盟失败使理想主义遭受致命打击，现实主义是在批判理想主义的基础上产生的，并引发了国际关系理论第一次大论战。其一，对人性的看法。理想主义的理论前提是人性不是恶的，人性可以通过客观环境的变化而变化，通过教育可以使人避免误入歧途，并向不断进步和美好的方向发展；现实主义从哲学和宗教的角度出发，强调人

---

① 梁军：《现实主义国际关系理论的滥觞——〈二十年危机〉与爱德华·卡尔的国际关系思想研究》，《历史教学问题》2005年第5期，第29页。

② ［美］汉斯·摩根索著，徐昕等译：《国家间政治——权力斗争与和平》，北京大学出版社2006年版，第28—41页。

性本恶，教育和智慧的增长并不能解决人性恶的问题。其二，对冲突与战争的看法。理想主义基于对人性的认识，认为国家间战争是可以避免的，国家间战争的根源是国际政治体制的不完善和人类教育水平不发达所导致的人类文明进步的不足，通过完善国际政治体制和提升人类教育水平，教育和改造人类变得更为理性，战争就可以避免；现实主义强调人总是为了自身利益和人是自私的，决定了人和人之间的关系是一种冲突关系，而国家是人的集合体，因此就决定了冲突和斗争是国际关系的最基本特征。其三，对维护和平手段和方式的看法。理想主义认为战争可以避免的时期尚未到来，但为了阻止战争和维护和平，应该依靠民众舆论、国际法和国际公约及国际组织来保证和平，通过在国际社会机制性建设，世界和平就有希望得到保证，国际联盟的建立就是理想主义从理论走向实践的重要尝试；现实主义强调国家之间的关系是一种权力关系，国际社会处于无政府状态，阻止战争和维护和平的最好办法是有实力和采取正确的外交手段，而不是把道德、公众舆论、国际法置于外交的重要地位，国际道德的实施要同国家具体情况相结合，道德要受到国家利益的限制。其四，对社会和世界的看法。理想主义秉持乐观主义思考国际社会应该是什么样和怎么样构建的问题，并侧重于强调公众舆论、道德、国际法和国际组织在构建国际新秩序的重要性；现实主义信奉实证原则，强调人类应当面对争斗的现实，不可陷入和谐的空想。其五，对未来的看法。理想主义不仅否定国家间存在根本利益冲突，批判国家对于国家利益的强调是一种不道德的行为，认为国家利益在国际社会中是可以和谐一致的，而且指出国家矛盾的根源是权力，国家间相互追逐权力导致现实战争的发生，主张发挥道德、国际法和国际公约构建国际新秩序的积极作用；现实主义强调国家是国际体系主要的行为体，其他任何国际行为体都不能代替国家，国家利益在国际政治中是分析国家行为的路标，在国际政治中具有非常重要的地位，维持世界和平最好的办法是依靠均势，维也纳体系下的百年欧洲和平就是最好例证。理想主义与现实主义是20世纪上半叶最主要的国际关系理论，这场论战不仅向民众展示了两种理论前提、逻辑假设和主要内容完全不同的理论思想，而且为民众提供了两种不同的认识国际政治和理解国际政治未来发展的理论路径，这一论战持续了近半个世纪，产生了深远的影响。米特兰尼功能主义是在国际关系理论第一次大论战的理论思想背景下产生的，虽然功能主义被归入理想主义，"事实上，功能主义的理论位置并不是单纯地处于理想主义一端，也非完全和现实主义互相扞格",① 而是独具特色的实现永久和平的理论路径。

---

① 曾怡仁、吴政嵘：《米特兰尼功能主义国际关系理论——一种比较的观点》，《台湾国际研究季刊》2009年第4期，第151页。

第二章 米特兰尼功能主义国际关系理论的思想渊源

米特兰尼功能主义是依赖于自由主义政治哲学思想的理论,其哲学核心是"个体之间可以形成宗教的、政治的、学术的、社会的和文化的各种关系,这种关系又将个体带入不同领域、不同层面的组织之中,包括国际层面。个体簇拥着'功能性忠诚'进而在自由观念下构建起的世界共同体仅仅成为在国家社会和群体之间的延伸和加强"。[①] 米特兰尼功能主义不是要用自由主义观念来彻底改变国家,也不相信在世界共同体成立之前所有国家都会变得自由民主,功能主义是要将无数个体的忠诚集合起来,通过共同行动将那些忠诚放置到可以解决社会保障和军事安全等问题的功能性国际组织之中。因此,米特兰尼强调,功能主义国际关系理论是"实用主义的、技术引导的和灵活适应的",它将"建立一个国家间相互依赖的网状结构,在这样一个结构中所有国家的民众和利益将被逐渐推向'一致性'","搅乱国家与国际、公共和私人、政治与非政治的界限,功能性组织将形成,主权国家的作用将减弱",最终,"以功能性组织为主体的新型国际关系将形成"[②]。20世纪50年代,早期欧洲一体化设计者和实践者所组建的欧洲煤钢共同体深受米特兰尼功能主义的影响,功能主义作为"一种社会构建的概念",[③] 被莫内和舒曼等人"错误地"用来指导欧洲一体化的启动。但是,米特兰尼功能主义的目的并不是为了指导欧洲一体化,

---

① A. J. R. Groom and Paul Taylor eds., "Functionalism: Theory and Practice in International Relationship," London: University of London Press, 1975, p. 67.

② David Mitrany, "A Working Peace System," Chicago: Quadrangle Books, 1966, pp. 93–94.

③ 宋新宁:《欧洲一体化理论:在实践中丰富与发展》,《中国人民大学学报》2014年第6期,第5页。

而是要永久性地解决战争问题，寻找构建有效和平体系的可行性理论路径。

第一节 伦敦政治经济学院的启蒙

19世纪末—20世纪初期，英国从自由资本主义阶段过渡到垄断资本主义阶段。在英国社会内部，阶级矛盾尖锐，工人运动此起彼伏，政府政策很难呼应时代发展的要求；在英国社会外部，英国不断扩张海外殖民地，刺激殖民地独立运动的兴起，布尔战争揭开了英国海外殖民体系瓦解的序幕。在这样的时代背景下，英国古典自由主义——在16世纪—17世纪为了反对专制王权和保障个人权利而产生，经过18世纪—19世纪不断发展的英国主流意识形态，已经无法提出有效的改革方案和理论路径。因此，一方面，以托马斯·希尔·格林和霍布豪斯为代表的英国新自由主义学者对古典自由主义进行了修正，将自由放任和政府干预相结合，提出了新自由主义。另一方面，极权主义、极端民族主义和社会主义等新兴意识形态在英国甚嚣尘上，各自在不同程度上为英国社会的改革和发展提供了明确的改革方案、理论路径，以及各具特色的实践方式。

1895年伦敦政治经济学院由费边社领导人韦伯夫妇、华莱士和萧伯纳共同创建成立。学校创始人相信，"通过在经济和政治学科中'传授知识'，可以使民众认识到社会重构是必要的社会化过程"，尤其是"各个阶层的不同官员更应该有机会来学习这些经济和政治知识"，这所学校"不仅要成为讲授专业知识的学术中心，而且要指导和支持学生投身创新性工作"，让学生在"耳濡目染"中逐渐理解和接受社会主义信条。伦敦政治经济学院"在当前讲授社会主义政治经济要比其他学派更多，同时它也是一所高级商科学校"，但是，"作为一项基本原则，学校并不禁止任何政治观点的表达"[①]。这一原则不仅对于信奉社会主义的费边社成员如此，对于信奉其他学说的老师和学生亦是如此，其中，米特兰尼的两位启蒙导

---

① Will Banyan, "Fabian, Fellow Traveler or Free Agent? The Strange Case of David Mitrany," Conspiracy Archive, April 19, 2015, https://www.conspiracyarchive.com/2015/04/19/fabian-fellow-traveller-or-free-agent-the-strange-case-of-david-mitrany.

师——霍布豪斯和华莱士就是费边社大本营——伦敦政治经济学院之中的异类。

一、来自霍布豪斯政治思想的启蒙

霍布豪斯出生于英国，作为一名政治思想家和社会学家，霍布豪斯的政治和社会思想成熟于第一次世界大战，其代表作《自由主义》集中体现了霍布豪斯的新自由主义理论，并使他成为英国新自由主义的领军人物。霍布豪斯是20世纪英国新自由主义思想史上最具影响力的人物之一，他从历史的和实证的角度来思考"自由"思想的发展演化。霍布豪斯认为，"无论什么时候，人总是生活在社会里，每一种社会组织都以亲属关系和简单的邻居关系为基础，而国家的产生，则意味着社会秩序的扩大和改进，但这种扩大在某种程度上也促进了中央集权的产生，在这样的形势下，自由主义应运而生，成为了反对专制和特权的先锋"[1]。现代国家的产生是基于一种权力主义制度，而自由主义作为一种否定的批判力量，从政治、经济、社会和宗教伦理等方面对现代国家提出各种各样的抗议作为其历史性开端，但是，作为一种否定的批判性力量，自由主义在消除阻碍人类社会进步的障碍后，并没有提出充满前景的社会重构方案，"而且目前社会状况的发展已经从原来单纯追求个人自由转向了其反面，这种情况使新的重建更加迫在眉睫"[2]。因此，霍布豪斯以逐一阐释自由主义诸要素之间的联系为开端，逐步构建起新自由主义理论。

自由主义诸要素包括：公民自由、财政自由、人身自由、社会自由、经济自由、家庭自由、民族自由和国际自由，其中，公民自由、财政自由和人身自由偏重于个人，社会自由、经济自由、家庭自由、民族自由和国际自由偏重于集体。[3] 霍布豪斯将法律和自由的联系作为展开阐释新自由主义的前提和基础，认为在现代社会之中，"普遍自由的第一个条件就是

---

[1] 李宏图主编：《欧洲近代政治思想史论》，天津人民出版社2012年版，第277页。

[2] 李宏图主编：《欧洲近代政治思想史论》，天津人民出版社2012年版，第277页。

[3] ［英］霍布豪斯著，朱曾汶译：《自由主义》，商务印书馆2009年版，第1页。

一定程度的普遍限制。没有这种限制,有些人可能自由,另一些人却不自由"①。法律就是这一普遍限制,公民可以依据法律行使权利就是公民必须争取的第一自由。在霍布豪斯看来,保障上述自由的前提是依据法律这一限制,而依据法律这一限制的前提则是法律面前人人平等,要保证王子犯法与庶民同罪,而不是"刑不上大夫",否则,法律就无法使个人解除对恣意侵犯或压迫的恐惧,就无法保障每个人都享有自由的权利,因此,法律面前人人平等是确保整个社会能够获得自由的唯一方法和唯一意义。在法律这一普遍限制的前提下,霍布豪斯将偏重于个人的自由与社会联系起来。例如,在思想自由方面,思想是一种社会性产物,思想自由的前提是言论自由、著作自由、出版自由与和平讨论自由,若是没有这些自由保障思想交流的自由,思想自由就没有任何意义;在宗教自由方面,宗教信仰是在实际的社会生活中生成的,是个人内心最深处的情感表达,也是个人对社会生活和世界认识的最具体的表现形式,"言论和信仰只要是表达个人的虔诚,就都是自由的。一种宗教灌输的仪式如果侵犯他人的自由,或者更广泛地,侵犯他人的权利,这种仪式就不配享有绝对的自由"②,并会对社会秩序的稳定产生负面的消极意义;在财政自由方面,个人财政的自由需要个人与行政权力之间订立一种契约,个人将给予行政权力某种资金支持,反过来,行政权力不得干涉个人的财政自由,这种契约就是法律,法律既规定个人义务,也限定行政权力,并通过社会的广泛监督来维护。

当个人自由与社会之间产生关系,身处社会之中的个人就无法脱离某种组织或团体而获得自由,由此,霍布豪斯进一步考察个人与集体的关系,并提出契约自由和联合自由。霍布豪斯认为,"与契约自由紧密连在一起的是联合自由。如果民众依据共同利益缔结一项协议,只要不损害第三方,他们显然会同意永远以同样条件对任何一个具有共同利益的目的采取一致行动。也就是说,他们可以组织联合"③。当自由成为组织联合的共同利益的时候,组织联合既可以成为保障民众权益,也可以成为限制民众

---

① [英]霍布豪斯著,朱曾汶译:《自由主义》,商务印书馆2009年版,第9页。
② [英]霍布豪斯著,朱曾汶译:《自由主义》,商务印书馆2009年版,第14页。
③ [英]霍布豪斯著,朱曾汶译:《自由主义》,商务印书馆2009年版,第16—17页。

权益的有效工具。所以，霍布豪斯在支持组织联合保障个人自由的同时，也表达了对其的担心，"一种联合可以强大到形成国内之国，并在绝非不平等的条件下同政府抗争"，"除此之外，一种联合可能压迫其他联合，甚至压迫自己的成员。自由主义的职责与其说是保护联合的权利，反对法律的限制，倒不如说是保护个人，抵制联合的力量"[1]。至此，霍布豪斯又将个人与集体的关系放置在法律之下，通过法律来明确个人之间在集体中的关系，从而规范和限制集体，反过来说，如果集体突破法律，势必会对社会自由造成破坏。在社会之中，家庭、民族、地方和国家都是个人以不同的形式而组成的联合。对于家庭自由，需要为妇女和儿童争取物质和精神上的关怀，保障他们有选择教育的权利；对于民族自由，任何民族都有从民族压迫下争取自由的权利，民族自治需要考虑历史环境切实可行的自治方案；对于国际自由，霍布豪斯提出，"自由主义的真髓是反对使用武力，武力是一切暴政的基础"[2]。

霍布豪斯在系统论述了自由主义诸要素后，开始思考自由主义在当时的英国社会已经变得愈发消极，英国社会亟须自由主义的新观念来建设一个全新的秩序。因此，面对当时英国社会的境况，霍布豪斯将研究旨趣投向社会，将自由与平等联系起来，寻求构建起一个既有自由，又有平等的和谐社会。霍布豪斯认为，和谐社会需要具有三个基本特征：其一，建立在感情基础之上的一致性；其二，承认和包容人与人之间的差异性，鼓励差异性的发展；其三，实现人与人之间的相互合作。霍布豪斯的和谐社会理论突破了英国传统自由主义的樊篱，不仅将和谐视作社会进步的标志，而且鼓励在构建和谐社会的过程中，国家应更多地分担责任，发挥更大的作用，打破守夜人的观念，成为保障社会自由、维护社会平等的有力武器。霍布豪斯不仅继承了英国传统自由主义的衣钵，而且在面对当时英国社会发展矛盾时，与时俱进地改进了自由主义，并汲取了社会主义的积极观点，将国家干预放置在一个全新视角，为现代福利国家的产生和发展奠定了理论基础。

---

[1] [英]霍布豪斯著，朱曾汶译：《自由主义》，商务印书馆2009年版，第17页。
[2] [英]霍布豪斯著，朱曾汶译：《自由主义》，商务印书馆2009年版，第21页。

二、来自华莱士政治思想的启蒙

华莱士是英国政治学家和社会学家，是19世纪末英国费边社的主要领导人之一。1902年在英国关税政策上，华莱士与费边社的其他主要领导人产生巨大分歧，为了保持自己观点的独立性，华莱士决意退出费边社。1914年华莱士开始执教于伦敦政治经济学院，直至1923年退休，也正因此，华莱士的思想给青年米特兰尼的学术成长带来了深刻的影响。综观华莱士的学术生涯，他并不是一个多产的学者，但他的学术影响却是独一无二的。1908年华莱士撰写的《政治中的人性》一书出版，在那个时代，华莱士首创性地将心理学方法引入政治学研究。华莱士批判民众对于智识主义的过分信奉，智识主义将政治家和政治学者带入选举结果基于理性自利选择的错误观点中，民众并不一定是在理性下行动，政治家们将民众的行为视作理性选择的结果是非常幼稚的，相较于理性选择，那些非理性因素——偏见、风俗、突发事件等势必会影响政治决策，许多人在半意识下形成的政治观点是非理性的，对于潜在的非理性推论的深层次研究应是政治实证主义的主要内容。因此，华莱士将心理学方法引入政治学研究，关注非理性对于政治的影响，帮助和指导政治家们思考和预判民众的政治行为。此外，华莱士对智识主义进行了猛烈批判，但他并没有完全否定智识主义，"如果要彻底废除战争和不平等，民众必须要用理性选择来替代盲目无知的情绪，如柏拉图和弗洛伊德所倡导的，实现情感的和谐是对理性和直觉的最佳使用，最终，战争不再发生，理性成为胜利者"[1]。

继《政治中的人性》之后，华莱士陆续出版《伟大的社会》《我们社会的遗产》和《思维的艺术》。在华莱士看来，伟大社会并不是指现代福利国家，而是指一个将权力、民众心理学、不断增强的相互依赖和非人性化社会生活相集合的现代工业社会。现代国家为民众提供安全，但剥离了人的主动性和创造性，使民众越发难以获得快乐，面对这一境况，华莱士是无能为力的，他否定了非理性政治行为的不可改变，他相信人性可以改

---

[1] Arnold A. Rogow, "Graham Walls," International Encyclopedia of the Social Sciences, April 15, 2024, http: //www.encyclopedia.com/people/social-sciences-and-law/political-science-biographies/graham-wallas.

变，而且能够越变越好。华莱士——一个卢梭式的人物形象出现在世人面前。华莱士相信人性可以改变，也肯定了环境的变化可以提升人的理性和自我实现能力。但是，不同于弗洛伊德。华莱士强调环境改变可以使所有人都具有提升理性和自我实现能力的可能。①虽然华莱士没能构建起系统的学科体系，也没有实际解决当时英国社会的主要矛盾，但是华莱士将心理学方法引入政治学研究的首创性工作，为政治心理学和社会心理学的形成和发展奠定了基础，为人类行为的实证研究的长远发展指明了方向。哈罗德·拉斯基对此给予了高度认可，"无论在英国还是美国，在政治研究的方法论上，这就是一场革命。这是第一次有一个非常熟悉心理学研究的人来重新解读民主；它的新鲜、幽默、具有现实洞察力的不可思议的力量，给科学思维带来了一种全新的、意义深远的刺激"②。

米特兰尼于1912—1914年在伦敦政治经济学院师从霍布豪斯和华莱士研修社会学和政治学，"毫无疑问，关于社会和政治的'功能性'观点的第一个曙光来自于我在伦敦政治经济学院的两位老师"③。米特兰尼认为伦敦政治经济学院虽然规模很小，但充满活力，而且有真正的思想自由的学术氛围，不仅没有将他灌输为费边社会主义的忠实信徒，而且为他提供了自由遨游知识海洋的无限空间。他也因此更感激这两位启蒙导师——"真正的探索者，对于丝毫的教条主义都会感到厌恶"④。米特兰尼强调，"霍布豪斯和华莱士并没有在具体问题上指导过功能主义的理论构建，但他们影响并推动我朝着那个方向（构建功能主义理论）走去；尤其是二者教导

---

① Arnold A. Rogow, "Graham Walls," International Encyclopedia of the Social Sciences, April 15, 2024, http://www.encyclopedia.com/people/social-sciences-and-law/political-science-biographies/graham-wallas.

② Arnold A. Rogow, "Graham Walls," International Encyclopedia of the Social Sciences, April 15, 2024, http://www.encyclopedia.com/people/social-sciences-and-law/political-science-biographies/graham-wallas.

③ Will Banyan, "Fabian, Fellow Traveler or Free Agent? The Strange Case of David Mitrany," Conspiracy Archive, April 19, 2015, https://www.conspiracyarchive.com/2015/04/19/fabian-fellow-traveller-or-free-agent-the-strange-case-of-david-mitrany.

④ Will Banyan, "Fabian, Fellow Traveler or Free Agent? The Strange Case of David Mitrany," Conspiracy Archive, April 19, 2015, https://www.conspiracyarchive.com/2015/04/19/fabian-fellow-traveller-or-free-agent-the-strange-case-of-david-mitrany.

我要将'政治视作科学',要努力去发现'事物之间的关系',而不是简单地预测,这些观念正是构建功能主义的哲学核心"①。在伦敦政治经济学院的这段时间,米特兰尼不仅亲身感受到英国社会的深刻变化所带来的英国意识形态领域的百家争鸣,而且身处一个相对自由和宽松的学习环境中,可以同时接触英国新自由主义和费边社会主义的最新理论成果。虽然无法断定青年米特兰尼已经成为一名自由主义者,但是伦敦政治经济学院为他在此后的深入学习和接受英国新自由主义,乃至成为新自由主义者打开了启蒙之门。

第二节 自由主义国际思想的熏陶

自由主义作为一种学说、理论和意识形态,是近代西方特定历史条件下的政治、经济、社会和文化的产物。自由主义起源于古希腊时期,兴起于文艺复兴和宗教改革时期,自由主义以个人权利作为哲学基础,将个人放在政治经济生活的首要位置,提倡个人自由、政治参与、私人财产权、机会平等、民主等。在经济上,自由主义是以市场的主导性和市场竞争的自然协调为基础;在政治上,自由主义是以限制政府权力为基础,避免这只"看得见的手"对经济社会生活进行破坏性的干预。因此,"简单地说,自由主义既是一种学说,一种意识形态,又是一种运动,而且在许多国家成为一种占主导地位的制度"②。自由主义不仅包含一系列有关政治观点、政治价值和政治信仰的固定和抽象的观念,而且包含一系列有关政治实践、政治行为和政治生活的观念,自由主义一方面要求管理制度的最小化,另一方面要求干涉主义的强有力,自由主义就是在这一矛盾下不断进行着妥协的历史进化。因此,在一定程度上,自由主义关注的是如何保障个体同意或执政者创造出一个有约束力的正义的法律体系,个体自由与主权之间的现实困境成为了自由主义的核心问题,主权完整、国家独立和安全是保障和实现个体安全和自由的手段,而不是目的。

---

① Will Banyan, "Fabian, Fellow Traveler or Free Agent? The Strange Case of David Mitrany," Conspiracy Archive, April 19, 2015, https://www.conspiracyarchive.com/2015/04/19/fabian-fellow-traveller-or-free-agent-the-strange-case-of-david-mitrany.

② 李强:《自由主义》,中国社会科学出版社1998年版,第8页。

在自由主义学说发展的不同阶段，其内涵有着不同的变化，但是，自由主义从未改变对于内部秩序的确立和外部安全的维护——自由主义关注的两大主题。自由主义不仅关注个人权利、个人自由、私人财产权和代议制政府所限定的国内理论，而且关注战争与和平、国家与国际体系所界定的国际关系理论。自由主义国际关系理论起源自文艺复兴和启蒙运动时期所兴起的理性主义和自由主义传统，格劳秀斯的自然法与国际法思想、战争与和平思想和国际社会观念，霍布斯的现实主义思想，塞缪尔·普芬道夫的折中观念，洛克的正义与非正义战争思想，亚当·斯密的自由放任与自由贸易原则，康德的永久和平论等早期自由主义国际思想，在继承古希腊和古罗马哲学先贤有关于战争与和平思想的基础上，从不同角度论述了早期自由主义思想家对于国际关系不同侧面的思考，并逐步形成古典自由主义国际思想。

法国大革命和英国工业革命打开了19世纪时代的大门，民族主义兴起和自由主义登上国际政治舞台从政治价值和意识形态上彻底改变了世界。进步主义和功利主义继承和延续17—18世纪的理性主义和自由主义传统，边沁的国际法和永久和平思想、科布登的不干涉和自由贸易原则、朱塞佩·马志尼的干涉主义、自由民族主义和战争观念等19世纪自由主义国际思想，在批判和发展古典自由主义国际思想的基础上，不断强化对于人类理性与科学的信仰以及自由和平的追求，并尝试将科学方法带入国际关系研究中，并始超越政治哲学、国际法、外交学和军事学等传统学科和领域。

19世纪末—20世纪初，西方资本主义国家纷纷进入了帝国主义阶段，克莱门斯·梅特涅的欧洲协调已经无法维系欧洲和平下的均势体系，第一次世界大战彻底打破了梅特涅体系。与19世纪的自由贸易和自由竞争相比较，20世纪的主权国家在国内外开始发挥越来越重要的作用，第一次世界大战前的自由主义者面对着一个战争一触即发的不稳定世界，第一次世界大战后的自由主义者又面对着一个战后千疮百孔的无秩序世界，20世纪的自由主义者开始憧憬一个全新的和平稳定的世界秩序。理想主义在延续和发展19世纪自由主义的"乐观"和"天真"的基础上应运而生，在西方国际关系理论的发展过程中占据着重要的历史地位。霍布森的自由国际主义思想、齐默恩的国际联盟和世界共同体观念，以及威尔逊的国际联盟与

第二章 米特兰尼功能主义国际关系理论的思想渊源

集体安全观念等理想主义国际关系理论关注世界政府、国际组织、国际法和集体安全，希冀通过集体安全和国家利益的和谐来避免战争，并在这种新秩序下实现永久和平。在那个波诡云谲的战争时期，"自由国际主义的变迁是自由主义本身逻辑的危机及其后的修正的产物"①，理想主义对国际法和集体安全充满信心，对超越国家权威或政府形式的世界政府和国际组织充满期待；理想主义对现实世界的理性解释缺乏深度和说服力，却对世界应该怎么样、应该怎么样建设提出了充满乌托邦色彩的独特观念。

一、来自伍尔夫国际思想的熏陶

第一次世界大战使民众对于战争产生了一种前所未有的深恶痛绝，民众又不禁开始思考战争与和平的问题。自由主义国际关系理论家们将目光投向实现和平的原则和过程上，因为这些理论家相信人类理性的力量，他们的思想中包含了过多的理想主义色彩，所以又被称为理想主义者或是乌托邦主义者。在理想主义者的强大阵营中，英国出版商、新闻工作者、政治活动家和费边社成员伍尔夫作为20世纪初期的重要代表人物之一，他的"光彩熠熠总是被他的妻子弗吉尼亚·伍尔夫的盛名所遮蔽"，②但是，这种遮蔽却未阻碍伍尔夫努力实现个人价值。由于费边社创始人比阿特丽丝·韦伯和西德尼·韦伯都不擅长于国际问题研究，1914年比阿特丽丝·韦伯邀请伍尔夫加入一项由费边社研究小组主导的研究项目，1915年伍尔夫独立完成研究报告。伍尔夫经过4个月废寝忘食的研究向费边社提交了一份有关实现世界和平的研究报告——《国际政府》，1916年第一次世界大战激战正酣，伍尔夫却拒绝加入医疗部队服役，转而从事政治活动和社会学研究，他加入英国工党和费边社，成为《新政治家》的定期撰稿人，积极地活跃于英国社会，他的个人思想和成就不仅对英国文学和政治思想产生了积极意义，而且对第一次世界大战后国际联盟和第二次世界大战后联合国的诞生产生了重要影响。

1916年《国际政府》出版发行，该研究报告包括两部分：第一部分是

---

① [美]肯尼思·W.汤普森著，梅仁等译：《国际关系中的思想流派》，北京大学出版社2003年版，第125页。

② 张楠：《伍尔夫身边的暗星伦纳德》，《东方早报》2016年5月22日，http://help.3g.163.com/16/0522/12/BNM0GMD900964JN9.html。

阻止战争的建议,第二部分是在战争结束时国际会议上提出的建议。首先,伍尔夫强调,"阻止战争爆发的主要问题在于国际政府的发展,但是,在那个时代(第一次世界大战期间),民众不相信国际政府的存在,而且国际政府在主权国家之间也无法存在;然而,在经过相关研究之后,我反对这种看法,因为人类关系领域有许多是在国际政府的管理之下"①。《国际政府》的问世"就是在这个主题上做出一些有价值的工作,不仅为了阻止战争,而且为了国际关系"②。其次,伍尔夫将政府视作"一系列管理和控制行为的集合",无论是地方政府、中央政府还是国际政府,"它们都包含着根据一般规律而产生的对关系的规定,这种规定或多或少地被模糊理解为在共同体中正确关系的具体概念"③。政府的统治可以"管理和控制个人之间或是集体之间的关系,建立使民众为了共同目标更容易合作起来的组织,设置模式解决民众之间的冲突和差异",这种政府的统治包含着"风俗、道德、规则、组织的章程和法律"④。再次,通过对政府的界定,伍尔夫进一步阐释了国际政府的概念,"国际协议下邦联、国家和民族之间关系的管理和控制的集合"⑤。世界政府既不是一个单一国家,也不是一个新生事物,更不是一个中央集权下的活动,它是"19世纪初期在国际关系中发生的意义深远的变化,当民众一遍又一遍地重复国际政府是乌托邦和国际协议必将背弃国家利益的时候,民众轻蔑地闭上了眼睛来无视国际

---

① Peter Colin Wilson, "The International Theory of Leonard Woolf: An Exposition, Analysis, and Assessment in the Light of His Reputation as a Utopian," London School of Economics and Politics Science, 1997, p. 87.

② Peter Colin Wilson, "The International Theory of Leonard Woolf: An Exposition, Analysis, and Assessment in the Light of His Reputation as a Utopian," London School of Economics and Politics Science, 1997, p. 88.

③ Peter Colin Wilson, "The International Theory of Leonard Woolf: An Exposition, Analysis, and Assessment in the Light of His Reputation as a Utopian," London School of Economics and Politics Science, 1997, p. 111.

④ Peter Colin Wilson, "The International Theory of Leonard Woolf: An Exposition, Analysis, and Assessment in the Light of His Reputation as a Utopian," London School of Economics and Politics Science, 1997, p. 112.

⑤ Peter Colin Wilson, "The International Theory of Leonard Woolf: An Exposition, Analysis, and Assessment in the Light of His Reputation as a Utopian," London School of Economics and Politics Science, 1997, p. 112.

政府的业已存在"①。整个19世纪，国际利益在主权国家利益不断遭受破坏的情况下逐渐积聚起力量，在某一国的个人和团体的利益不断同其他国家个人和团体的利益相连接，国家利益和民众利益已经成为了国际利益，"国际利益俨然同国家利益融为一体，这正是一百年来最大的社会发现"②。最后，伍尔夫提出并讨论了三种国际政府的形式：1815—1914年的大国协调、天下大同型（非国家）组织和裁判型国际政府。同时，伍尔夫预判，在未来的国际关系中，管理将渐趋国际化、法律制定将渐趋一致化、标准化将在国际规模下增强、商业和工业将渐趋全球化，最终，基于国际关系的相互依赖将建立起一个愈加功能化、社会化、专业化的国际政府。

在20世纪理想主义者的阵营中，伍尔夫并不是那颗最璀璨的星，但是，他作为功能主义的开拓者对米特兰尼构建功能主义和国际联盟及联合国的诞生产生了重要影响。1916年米特兰尼加入国际联盟协会，在伍尔夫的直接领导下向民众宣传国际联盟及其在战后和平条约中确立的必要性，这是米特兰尼同伍尔夫建立起工作关系的开始。1918年米特兰尼应邀加入英国工党国际问题咨询委员会，这个委员会的秘书长正是伍尔夫，直至1931年米特兰尼主动退出该委员会，米特兰尼同伍尔夫在委员会保持了13年的紧密工作关系。米特兰尼在国际联盟协会和英国工党国际问题咨询委员会的工作经历，使他获得了近距离接触和理解伍尔夫的机会，在潜移默化中受到功能主义的熏陶。其一，米特兰尼汲取了伍尔夫的多元主义观念。伍尔夫关注多元群体的作用，"国家政府无处不在，但诸多群体的各种关系并未得到充分的社会划分。因此，某一国家对自发组织，例如，教堂、贸易联合会、工会、联合股份公司和俱乐部等的发展和工作要进行跟踪和研究。这些自发组织是政府的有机组成，它们联合政府规范民众关系。国际政府和阻止战争的所有问题也都存在于国际关系的类似组织规范

---

① Peter Colin Wilson, "The International Theory of Leonard Woolf: An Exposition, Analysis, and Assessment in the Light of His Reputation as a Utopian," London School of Economics and Politics Science, 1997, p. 112.

② Peter Colin Wilson, "The International Theory of Leonard Woolf: An Exposition, Analysis, and Assessment in the Light of His Reputation as a Utopian," London School of Economics and Politics Science, 1997, p. 113.

的细化之中"①。国际政府不仅要细化国际层次的诸多群体和政府机构,而且要分析他们的结构和功能,这些诸多群体已同政府机构一样融入了复杂的政府框架中。其二,米特兰尼汲取了伍尔夫的国家观念。伍尔夫对现代主权国家愈现民众需求的能力产生了怀疑,立法和行政机构的相互独立与复杂的现代物质世界和现代生活方式无法融洽,这种无法融洽迫使国际立法深化,并导致现代主权国家愈加孤立和封闭。因此,现代主权国家体系已不再符合历史潮流。其三,米特兰尼汲取了伍尔夫的技术自决原则观念。伍尔夫发现国际组织和国际政府机构具有技术自决的功能,国际组织和国际政府机构正在发挥功能满足国际需求,也因此逐步走向国际政府。其四,米特兰尼汲取了伍尔夫的现代民主政治观念。伍尔夫重视现代社会变化给代议制民主政治带来的冲击性破坏。代议制政府与自发组织存在巨大的差距,基于地理基础的代议制已无法适应复杂的现代社会生活,代议制已很难保障个人和群体的利益,而国际组织正在努力满足和实现个人和群体的利益诉求。其五,米特兰尼汲取了伍尔夫的国际化思想观念。国际组织正在影响和塑造民众观念,因此,国际化观念不断凸显,不仅影响国际协议的形成和签订,而且影响国际化官僚的形成。② 伍尔夫作为将功能主义理论概念带入国际关系的第一人,虽然未能像米特兰尼一样提出了明确系统的功能主义理论,但为米特兰尼构建功能主义提供了理论概念框架。因此,米特兰尼将第一部介绍功能主义的专著命名为《国际政府的进展》,并逐步迈入自由主义思想的殿堂。

二、来自凯恩斯国际思想的熏陶

凯恩斯是英国经济学家,1905年剑桥大学毕业后,曾在英国财政部、《卫报》、剑桥大学、国际货币基金组织及世界银行工作,终生致力于理论与实际相结合。1936年凯恩斯发表《就业、利息和货币通论》,论证国家

---

① Peter Colin Wilson, "The International Theory of Leonard Woolf: An Exposition, Analysis, and Assessment in the Light of His Reputation as a Utopian," London School of Economics and Politics Science, 1997, p. 163.

② Peter Colin Wilson, "The International Theory of Leonard Woolf: An Exposition, Analysis, and Assessment in the Light of His Reputation as a Utopian," London School of Economics and Politics Science, 1997, pp. 162–165.

干预经济的必要性，提倡国家通过货币政策和财政政策直接干预经济。凯恩斯的《就业、利息和货币通论》不仅彻底否定古典自由主义经济学自由放任的有效性，创建现代西方宏观经济学，而且为走出资本主义经济大萧条、恢复资本主义经济大繁荣指明方向，被后人称为"宏观经济学之父"。然而，与1936年的凯恩斯相比，20世纪初期的凯恩斯仍是一位信仰自由主义的西方经济学家，1919年发表《〈凡尔赛和约〉的经济后果》，在自由主义经济学视角下为第一次世界大战后建立一个有效和平体系提出方案，并在当时引起巨大的反响。

1919年1月，凯恩斯作为英国财政部代表参加第一次世界大战后的巴黎和会，负责和平进程中的金融事务。1919年3月，凯恩斯向大会提交了一份解决德国赔款、实现战后和平的报告，报告中指出，"如果在第一次世界大战期间发生的所有债务，以及战争赔款，都必须一分钱不少地严格支付，将毒化，甚至毁灭资本主义体系。当然，把所有的战争债务都一笔勾销是不可能的"，因此，"协约国可以让德国发行战争赔款债券"。作为实现凯恩斯方案的决定性力量，美国很快作出了回复，"从概念上讲是站不住脚的，从实际操作的角度看是不可行的"[1]。最终，凯恩斯的伟大方案未能实现。1919年5月，凯恩斯看到《巴黎和约》的草稿，他毫不客气地批判它，"这是一份充满悲观主义的协议，和约没有为战后欧洲的经济复苏提供出路——没有引导战败国制定睦邻政策，没有稳定欧洲新兴国家，没有感化俄国；没有推进协约国经济合作的巩固；没有重建法国和意大利混乱的经济体系的安排，没有协调新、旧世界体系的计划。四国委员会毫不顾及这些问题，只顾其他——乔治·克里孟梭要彻底压垮德国经济，劳合·乔治要带回一份一周内能够被英国议会通过的协议，威尔逊无所作为。在他们眼前的这个饥寒交迫、分崩离析的欧洲的根本经济问题无法激起四国的兴趣。赔款是协约国解决经济问题的主要手段，协约国将赔款视作宗教问题、政治问题、选举诈骗问题，而唯独没有从战败国的未来经济考虑"[2]。

---

[1] 何帆：《凯恩斯在1919》，凤凰网，2014年7月21日，https：//finance.ifeng.com/a/20140721/12759967_0.shtml.

[2] Gerhard Michael Ambrosi, "Keynes and Mitrany as Instigators of European Governance," Research Gate, February 2004, pp. 3 – 4, https：//www.researchgate.net/publication/228927385.

1919年6月，凯恩斯带着极大的失望和不满回到伦敦，潜心撰写《〈凡尔赛和约〉的经济后果》。凯恩斯在该书中指出："第一次世界大战毁灭了欧洲人民在1914年前赖以生存的那种脆弱的经济机制，而《凡尔赛和约》非但没有修复这些损害，反而将它送进了坟墓。其他的统治方法都已经行不通了，只有经济学家对社会福祉的看法，加上专业技术出类拔萃的标准，才能筑起一道防止动乱、制止疯狂和避免衰退的最后防线。然而，德国是欧洲大陆经济体的引擎，在巴黎和会上协约国一味追求对德国的惩罚，不仅会毁灭德国，而且会毁灭整个欧洲，巴黎和会不是一种好的和平安排，它的制定者们只是创造了一个'迦太基式的和平'。"[1] 面对这一严峻现实，凯恩斯在自由主义经济学视角下提出了一项超越现实主义观念的方案，"建立一个自由贸易联盟，成员国之间不能彼此征收保护性关税，德国、波兰还有从奥匈帝国和奥斯曼帝国分解产生的新国家都应该参加，而且希望英国能够参与创建"[2]。凯恩斯为第一次世界大战后建立有效和平体系提出了一项充满乌托邦味道的经济学方案，他竭力避免欧洲各国走回现实主义的权力对抗和再次爆发世界大战，虽然这一方案最终没能被巴黎和会所接受，但被40年后的欧洲经济共同体所采纳，在欧盟内部建立了自由贸易区。

1919年米特兰尼在斯科特的推荐下来到《卫报》工作，1921年在斯科特的建议下，担任《卫报》主编的凯恩斯创建以《欧洲重建》为主题的专栏，米特兰尼成为凯恩斯联络东南欧的通讯记者，直至1922年米特兰尼离开《卫报》。在这3年中，米特兰尼不仅亲身感受到战后欧洲和平的重建，而且充分表达了对战后欧洲的看法，"米特兰尼的对外政策俨然成为了《卫报》的对外政策"[3]，而这离不开凯恩斯对米特兰尼的青睐。此外，米特兰尼曾建议凯恩斯担任罗马尼亚的经济部长，体现出米特兰尼对凯恩

---

[1] 蒲实：《凡尔赛和平的经济及政治后果》，《三联生活周刊》2014年8月7日，http://www.lifeweek.com.cn/2014/0724/44734.shtml。

[2] Gerhard Michael Ambrosi, "Keynes and Mitrany as Instigators of European Governance," Research Gate, February 2004, pp. 3-4, https://www.researchgate.net/publication/228927385.

[3] David Mitrany, "The Functional Theory of Politics," New York: St. Martin's Press, 1975, p. 10.

斯的认可。但是，这种彼此青睐和认可并没有持续很久。1927年米特兰尼致信凯恩斯，信中提出建立一个"几百人站在专业和公共生活立场的非政党组织，对需要公共决策的事务进行调查研究并发表它的真实和公正的指导意见"，然而，"我们对凯恩斯失去了信任，当凯恩斯的影响最有力时，他并不认为公众意见可以通过'非政党组织'来制定和引导。事实上，他从没有走近民众，而是更喜欢有影响力的领导人"①。凯恩斯委婉地拒绝了米特兰尼的建议，"我担心一个所谓的'非政党组织'能够在任何情况下发挥作用。当下的自由党工业咨询委员会正在开展你所说的事业，从长远来看，最终将是徒劳的。我倾向给这种发展一个机会，因为现有组织之外的团体缺少发展空间。而这恰是在非政党组织和纯粹个人行为之间的选择"②。20世纪20年代末，凯恩斯放弃自由主义观点，强调国家干预。虽然米特兰尼的建议没有得到凯恩斯的肯定，但成为米特兰尼深化反国家和萌发功能性组织的思想契机，坚定了米特兰尼遵循自由主义思想。

三、来自英国费边社会主义国际思想的熏陶

1884年由一群知识分子发起、自称是社会主义团体的费边社在英国伦敦成立，不久，萧伯纳、韦伯夫妇、悉尼·奥利维尔和华莱士等先后加入费边社，并被称为费边社四巨头。在建社初期，费边社并没有一个系统完整的思想理论体系，1889年由萧伯纳主编的《费边社会主义论文集》出版发行，这部论文集第一次系统阐述了费边社的思想体系和政治纲领——费边社会主义，简称"费边主义"。费边社的名字来自于古罗马将军费边，费边采取避敌锋芒、循序渐进的策略打败了迦太基的汉尼拔，因此，费边主义成为缓步前进、谋定而后动的代名词。

费边主义提倡通过渐进方式，而不是马克思和列宁倡导的暴力革命，将社会主义逐步渗透给学界、媒体和政府的支持者和意见领袖，因为费边主义者认为社会民主不会像马克思主义理论倡导的那样在革命和暴力中实现，而是在缓慢和稳定的民主运动中实现。费边社之所以选择社会主义，

---

① David Mitrany, "The Functional Theory of Politics," New York: St. Martin's Press, 1975, pp. 37–38.

② David Mitrany, "The Functional Theory of Politics," New York: St. Martin's Press, 1975, p. 80.

是因为资本主义从根本上来说,对大多数民众是不公平的,且是一种不适宜现代社会的经济体系。面对这个问题,费边主义提出了解决方案——同所有社会主义者强调的一样——工人应该拥有生产资料,但是,不同于马克思和列宁选择暴力方式实现社会主义,费边主义选择了教育和渐进方式实现社会主义,并相信通过立法、保护和局部活动的方式既可以实现工人拥有生产资料的目标,也可以最大可能地解决无产阶级的困境。从19世纪末费边社建社至今,费边主义的战略和策略已被费边主义者和非费边主义者研究和讨论了一个世纪。罗伯特·苏利万认为,"费边主义选择的渗透方法是要发挥'蜂巢效应',即费边主义通过与工人阶级或者其他激进社会主义团体的结盟,而不是直接对抗。费边主义是要从内部改变体制,并通过渗透的过程实现这一目标。费边主义者相信他们的巨大的'智识力量'可以说服内阁大臣、政党领袖、政府官员和其他掌权者,让这些掌权者们认为改善社会中不幸人的境况是必要的正义事业"[1]。在费边主义者将社会主义通过渐进方式渗透到政府、工业、商业和政治的各个角落和缝隙的过程中,说服或教育是最主要的渗透方法,赫尔穆特·科尔认为,费边主义者采取说服或教育的渗透方法,因为"在所有领域,费边主义的策略都是渗透的,根据费边主义的连续性原则,费边主义着手通过渗透到那些能够影响政策制定的群体之中来发展和改善现存制度,例如,政务官、政党、大学、企业和地方政府等。在社会主义者和非社会主义者之间没有尖锐的界限,即使是对那些自称不是社会主义者的人,也可以'说服'和'教育'他们帮助推动实现社会主义的局部改革[2]"。费边主义是社会主义思想体系中的一种,是一种改良的、具有软弱性和妥协性的社会主义,在英国独特的政治社会文化下,费边主义选择了渐进方式,而不是革命和暴力方式,"就是使英国人皈依社会主义,从而用和平和立宪的办法来实现

---

[1] Will Banyan, "Fabian, Fellow Traveler or Free Agent? The Strange Case of David Mitrany," Conspiracy Archive, April 19, 2015, https://www.conspiracyarchive.com/2015/04/19/fabian-fellow-traveller-or-free-agent-the-strange-case-of-david-mitrany.

[2] Will Banyan, "Fabian, Fellow Traveler or Free Agent? The Strange Case of David Mitrany," Conspiracy Archive, April 19, 2015, https://www.conspiracyarchive.com/2015/04/19/fabian-fellow-traveller-or-free-agent-the-strange-case-of-david-mitrany.

社会主义"①。费边主义不仅成为20世纪初成立的英国工党的理论基础，而且深刻影响了20世纪的英国政治社会文化，时至今日费边主义仍然影响着英国社会。

从米特兰尼踏上英伦半岛开始，在此后的半个世纪中，米特兰尼在伦敦政治经济学院学习，在国际联盟协会、英国工党国际问题咨询委员会和《卫报》工作，还参加费边社的活动；华莱士、拉斯基和伍尔夫等费边主义者成为米特兰尼的良师益友。20世纪30年代，米特兰尼第一次参加了讨论成立费边社研究小组的会议。在这次会议上，费边社宣称只有国际主义在有助于实现社会主义的前提下，费边社才会关注国际事务，米特兰尼并不认同这一观点。他向费边社谏言在国际主义没有建立的前提下，社会主义将无法建立。这一谏言改变了费边主义者的认知，后者同意在研究小组中增设国际部门。1942年米特兰尼参加费边社讨论战后组织的秘密会议，他虽不是费边社成员，但在这次会议上公开谏言费边主义者，"国家计划，尤其是逐渐增强的国家对于经济的控制，将会削弱国际主义"，"国有化的第一件事情应该是国际社会主义运动本身"。会议之后，米特兰尼对费边主义做了进一步的评论，费边社"致力于工业和农业的国有化，但劳工运动从未思考它的政治意义——民享的增强伴随民治的弱化"。米特兰尼将费边社的国有化讽刺为滑稽的场面，"他们开始干预团体和个人的自由，仿佛个人脱离了控制就可以实行经济计划，或是政府的控制可以使团体和个人按政府的意愿行事"②。20世纪上半叶，费边社和费边主义者一直陪伴在米特兰尼的学习、工作和生活中，但米特兰尼庆幸，"我从未遭受到教条主义，我的兴趣是在和平组织中看到一些变化，我并不关心它是如何以及被何人完成的，因为只要我们被带到目标，它就会被完成"③。费边主义并没有束缚住米特兰尼的思想，也没能使米特兰尼成为费边主义者，却适得其反地推动米特兰尼迈入自由主义的殿堂。

---

① 中共中央马克思恩格斯列宁斯大林：《马克思恩格斯全集》（第37卷），人民出版社2020年版，第351页。

② Will Banyan, "Fabian, Fellow Traveler or Free Agent? The Strange Case of David Mitrany," Conspiracy Archive, April 19, 2015, https://www.conspiracyarchive.com/2015/04/19/fabian-fellow-traveller-or-free-agent-the-strange-case-of-david-mitrany.

③ Dorothy Anderson, "David Mitrany (1888–1975): An Appreciation of His Life and Work," Review of International Studies, Vol. 24, 1988, p. 578.

第三节　美国实用主义的影响

17世纪欧洲清教徒开始大批移民美洲大陆，与大洋彼岸的旧欧洲大陆相比，新美洲大陆的自然条件恶劣，地理环境艰苦，为了生存下去，移民者一切从现实出发，面对巨大的挑战不退缩、辛勤劳作。"在美国边疆的开拓过程中，种种艰难险阻使拓荒者不能不采取一种讲求实际、重视效率的态度和精神，……边疆开拓留给美国一份长达一个多世纪之久的创业、革新、务实的精神遗产，与宗教思想互为表里，成为推动美国发展的精神动力。"[①] 美国南北战争后，南方奴隶制被彻底废除，美国建立起世界上最为纯粹的资产阶级自由民主制度，"于是'开拓进取、注重实效、积极行动、乐观向上'的'美国精神'便得到了理论上的升华并脱颖而出，成为创业时期美国的民族精神"[②]。20世纪初期，美国崛起为世界第一强国，为了顺应时代的新发展和服务美国资本主义的新要求，美国社会开始反思和重新提炼传统"美国精神"的内涵——实用主义应运而生。黑格尔认为，"就个人而言，每个人都是他那时代的产儿。哲学也是这样，它是被把握在思想中的它的时代"[③]。实用主义来源于美国精神，同美国历史发展紧密相关，时至今日仍然影响着美国社会，被视为美国的半官方哲学。

实用主义是一个系统完整的哲学体系，查尔斯·皮尔士最先提出实用主义的基本原理，"正像实验科学家自然会着力去做的，作为一个这种类型的人，当我在阐述自己的看法时，我坚持这样一种理论：一个概念，亦即一个词或别的表达式的理性意义，完全在于它与生活行为的可设想的联系，这样，由于任何产生于实验的东西都明显地与行为有着直接的联系，当我们能够精确地定义一个概念的肯定和否定所包含的所有可设想的实验现象，则我们也就得到了该概念的完整定义，这个定义中也就再没有其他

[①] 王华荣、王丽云：《实用主义与罗斯福新政》，《思茅师范高等专科学校学报》2008年第2期，第75页。

[②] 王岩：《从"美国精神"到实用主义——兼论当代美国人的价值观》，《南京大学学报》（哲学·人文·社会科学）1998年第2期，第35页。

[③] [德]黑格尔著，范扬、张企泰译：《法哲学原理》，商务印书馆1961年版，第12页。

第二章 米特兰尼功能主义国际关系理论的思想渊源

意义。我把这种学说命名为'实用主义'"①。实用主义是实践领域和理论领域的融合，实践的功效不是为了再现实在，而是为了更有效地行动，实践效果构成了概念的全部意义。但是，"'实践'（Praktisch）和'实用'（Pragmatisch）之间可谓差之千里，绝大多数对哲学感兴趣的实验科学家也持有同样的看法。'实践'适用于这样的思想领域，在那里实验科学家的思想根本无法为自己建立坚实的基础，而'实用'则表达了与人类特定目的的联系。这种崭新的理论最引人注目的特征，在于它对于理论认识与理性目的之间不可分割的联系的确认。正是这种考虑决定了我对'实用主义'这个名称的偏爱"②。

威廉·詹姆斯在延续皮尔士观点的基础上将实用主义系统化并推向美国社会。关于世界本质的问题从古希腊罗马时期就已开始争论，形而上学的争论已无益于理解世界的本质，到头来仍旧是无休无止的争论。因此，詹姆斯强调，"实用主义的方法基本上是一个解决形而上学争论的方法，没有这个办法，那些争论可能永远没完没了"。"在这种情况下，实用主义的方法就是力图找到每一种见解的实际后果来说明这种见解。"③詹姆斯从对苏格拉底和亚里士多德等先贤的学习中认识到实用主义的方法绝无什么新奇之处，相较于形而上学，"实用主义代表哲学上为民众完全熟悉的一种态度，即经验主义的态度，在我看来，比经验主义历来所采取的形式更加彻底，而且没有多少可指责的地方"④。因此，实用主义完全是一种方法，一种可以依靠的工具，它不代表任何具体的结果，也不是解答谜团的答案，实用主义只是使所有理论变得灵活有效。同时，詹姆斯从心理学角度出发，将实用主义和宗教相调和，虽然詹姆斯的实用主义过分简单而缺乏思辨性，但避免了"形而上学的争辩"，超越传统哲学的体系框架，开创全新视角研究哲学。

---

① ［美］皮尔士，杜玉滨译：《实用主义要义》，载陈启伟主编《现代西方哲学论著选读》，北京大学出版社1992年版，第122页。
② ［美］皮尔士，杜玉滨译：《实用主义要义》，载陈启伟主编《现代西方哲学论著选读》，北京大学出版社1992年版，第122页。
③ ［美］威廉·詹姆斯著，李步楼译：《实用主义——某些旧思想方法的新名称》，商务印书馆2009年版，第27页。
④ ［美］威廉·詹姆斯著，李步楼译：《实用主义——某些旧思想方法的新名称》，商务印书馆2009年版，第30页。

约翰·杜威是继皮尔士和詹姆斯之后，美国实用主义的集大成者，"杜威的实用主义是一种实事求是的对待事物的方式，是一种讲究实际的哲学，与追求形式典雅、逻辑严密和最终实在的传统哲学有着很大的不同"①。杜威抛弃传统经验论，强调环境与生物的影响，"经验是多元的，是个人经验生活的一个单元，是个体在环境中对某一情景的整体反应，经验的内涵，除了认知的意义以外，尚有其他的性质在内，诸如无人感受到的喜悦、痛苦和作为"②，个人对于环境加以作为，环境对于个人加以施为，而经验的可贵之处在于它的工具性，可以替人解决生活中的实际问题。杜威从工具主义角度解释知识，生活本身就是一个充满冲突、疑虑、不安和不确定的情境，个体设身处地于这样的一个情境，自然有待于认知来祛除不安、疑虑和冲突，而欲使该情境趋向于和谐。知识是解决这些不安、疑虑和冲突的一种实验性的工具，因此知识的发生，必定是个体对某一情境所引起的疑惑使然，或者从实际的、偶然的作为中产生，真的知识就是有用的，有用的知识就是真的。杜威不仅将他的经验主义和工具主义引入发展实用主义的过程中，而且将实用主义哲学引入对于政治、道德和教育等不同社会领域的深度理性的思考和讨论中，扩展了实用主义的应用范围，强化了实用主义在美国的主导地位。

从皮尔士、詹姆斯到杜威，"美国精神"升华为实用主义哲学并构建起系统完整的理论体系，"务实、行动、实效、进取则是这种逻辑发展的主线并贯穿始终"③。米特兰尼以功能为其国际思想的核心，秉持实用主义的观念，重视实效，反对抽象的意识形态。米特兰尼将世界和平的实现与人类需求和公共福利的满足相结合，它既不是要构建一种完整的理论体系，也不是要预测国际关系的未来发展，而是要为实现永久和平提供切实可行的理论路径。米特兰尼构建功能主义没有凭借抽象的意识形态，而是秉持实用主义的观念，从人的实际需求出发，总结和汲取自东南欧土地改

---

① 宋斌、闫星宇：《杜威实用主义哲学的现实审视》，《求索》2013年第6期，第93页。
② 宋斌、闫星宇：《杜威实用主义哲学的现实审视》，《求索》2013年第6期，第93页。
③ 王岩：《从"美国精神"到实用主义——兼论当代美国人的价值观》，《南京大学学报》（哲学·人文科学·社会科学）1998年第2期，第42页。

革与战时政府研究以及美国罗斯福新政研究的理论内涵。因此，实用主义深刻影响着功能主义，而功能主义深度实践着实用主义。

一、来自东南欧研究的影响

1922年，米特兰尼加入由卡内基国际和平基金会发起和资助，肖特维尔主编的"战争的经济和社会史"系列丛书的编辑工作，主笔关于东南欧研究的两卷。在《罗马尼亚的土地与农民：战争与土地改革（1917—1921）》中，米特兰尼认为，第一次世界大战期间，东南欧处于社会转型，东南欧国家已无法满足民众的需求，东南欧土地改革促使农业生产采用一种既不同于资本主义经济模式也不同于共产主义经济模式的"功能特定的内生合作式方法"，[1] 直接验证了功能性合作的有效性。日渐式微的国家权力仍被掌握在罗马尼亚土地主手中，农民阶级和农会通过征收将农业经济形式由大规模庄园经济转向分散的小农经济。这种经济形式使东南欧的农村和城市之间产生了在西欧未曾出现的问题——农民回归土地，代表农民利益的政党又为农民获得更多的利益而斗争，使城市无法获得满足工业生产的廉价劳动力和生活供给。[2] 在这种情况下，握有大量资本的土地主不得不走进城市，成为城市精英的一部分，他们运用手中仅存的国家权力强行对农民增税，压制农产品的价格，迫使"罗马尼亚的农民阶级继续为资本主义经济发展买单"，[3] 加剧农村与城市之间的阶级矛盾。国家不仅成为统治者的手中玩物，而且成为社会发展的寄生虫，已无法为民众提供满意的服务。尤其是在20世纪，主权国家间的地理界限已无法阻挡不同国家民众之间的社会交往活动，主权国家无法为跨国界的民众交往提供必要的安全，反而不断企图阻止这种进步的发展，那个自给自足的国家体系正在解体，国家及国家体系的存在和发展已与时代发展背道而驰。[4]

---

[1] David Mitrany, "The Land and the Peasant in Rumania: The War and Agrarian Reform," London: Humprey Milford & Oxford University Press, 1930, pp. xxv – xxxi.

[2] David Mitrany, "The Land and the Peasant in Rumania: The War and Agrarian Reform," London: Humprey Milford & Oxford University Press, 1930, p. 462.

[3] Misha Glenny, "The Balkans, 1804 – 1999: Nationalism, War and the Great Powers," London: Granta, 1999, p. 445.

[4] David Mitrany, "The Land and the Peasant in Rumania: The War and Agrarian Reform," London: Humprey Milford & Oxford University Press, 1930, pp. 567 – 583.

农村的经济形式是小规模劳动密集型生产，城市的经济形式是基于资本主义经济理论的大规模工业企业生产。资本主义经济理论强调资本密集型大农场经济将会生产更多的产品，也将为城市提供更多的剩余产品和廉价食物。但在土地改革后的罗马尼亚，经济成本低、技术投入高的分散式小农经济比资本密集型大农场经济生产了更多更廉价的农产品。同时，随着北美小麦市场开放，愈加廉价的小麦导致罗马尼亚对于乳制品和蔬菜的需求日益增加，而乳制品业和商品蔬菜种植业又加速了小农经济的发展。小农经济的规模不断扩大，但尚缺乏一种有效的农产品分配体系，这就催生了个体农户之间的合作生产。罗马尼亚农业经济发展的模式同欧美主要国家农业经济发展模式不同，罗马尼亚地主阶级和大规模庄园经济模式的消失彻底改变了罗马尼亚经济社会发展模式。因此，米特兰尼一反教条的资本主义经济理论，强调现代人类社会活动的不同功能表现并不依赖于某种特定的逻辑，批判资本主义没有抓住农业生产的本质，资本主义服务于增进工业生产发展的经济理论并不适用于农业生产发展，农业生产规模化会出现低效率的反生产。东南欧土地改革的实践证明，生产资料私有制结合生产互助的农业生产模式才能最大限度地激发农民生产的积极性，实现土地的公共社会功能，发掘其对农业生产的功效。①

在《东南欧战争的影响》中，米特兰尼认为，东南欧战时政府表现出功能特质，并推动功能性合作。第一次世界大战期间，东南欧诸国都在执行着十分相似的政治安排，面对出现的社会组织问题，功能性战时政府被视为一种有效的解决途径。② 第一次世界大战期间，东南欧诸国执政当局施行政治安排的目的是增强军事和独裁的能力，经济措施不得不由民事机构来执行。1916—1917 年，东南欧国家的政治安排无法有效施行，但经济措施不断延伸出新功能。米特兰尼不满意战时政府的经济措施在扩展功能

---

① David Mitrany, "The Land and the Peasant in Rumania: The War and Agrarian Reform," London: Humprey Milford & Oxford University Press, 1930, pp. 567 – 583.
② David Mitrany, "The Functional Theory of Politics," New York: St. Martin's Press, 1975, p. 18.

第二章　米特兰尼功能主义国际关系理论的思想渊源

时所表现出的毫无计划，认为其所得结果纯属偶然。① 战时政府的根本目标是不惜牺牲所有经济资源以获得军事胜利，这一目标在一场短期战争中是可以实现的。一旦战争进入遥遥无期的对峙阶段，军事目标就不得不退居经济管理之后，当战争再不断拖延，战时政府能够统筹和管理经济资源的能力已经比为了战争目标能够动员牺牲所有资源的能力更为重要，战时政府军事部门的重要性逐渐弱化，民事部门政治地位却日渐上升。② 战时工业企业所有权仍归个体资本家所有，但战时政府有能力通过中央计划部门来管控它们。诺曼·安吉尔认为，"因为所有权的私有制形式，战争的征伐并没有增加国家的财富，财富仍集中在个人手中"③。米特兰尼没有直接驳斥安吉尔，却证明了战时政府是可以不通过没收的形式就能对经济进行全盘掌控，集聚国家财富服务战争的需要。

为了获得民众的大力支持，1917年罗马尼亚国王主导了一场充满实用主义色彩的战时土地改革，这场土地改革的再分配标准没有依据任何经济规则，完全依据罗马尼亚国王的政治需要来进行。罗马尼亚政府是独裁体制，为了获得民众的普遍支持不得不施行亲民政策，"即使对于一个武装到牙齿的国家而言，它的新功能增加了它对人民统治的能力，但功能的有效施行则更加依赖于人民的忠诚"④。即使如罗马尼亚一般脆弱的战时独裁政府也是有能力统筹国家资源实现政治目标的，但战时经济职能的失效则会成为战时政府失去人民支持的关键因素。东南欧诸国的战时独裁体制使民众仍将东南欧视作旧世界，但包含着许多新东西。战时政府在独裁体制下运作面临着诸多的失败，但战时政府的"经济功能"在政治实践中开辟了新天地，这种新颖的经济组合体，不仅没有依循僵硬的国家主义，也没有依循自由放任的资本主义。它们的组合是将不同方式和不同程度的公共

---

① David Mitrany, "The Effects of the War in South Eastern Europe," New Haven: Yale University Press, 1936, pp. 5-7.

② David Mitrany, "The Effects of the War in South Eastern Europe," New Haven: Yale University Press, 1936, pp. 98-99.

③ Norman Angell, "The Great Illusion: A Study of the Relations of Military Power in Nations to Their Economic and Social Advantage," New York and London: G. P. Putnam's Sons, 1910, p. 388.

④ David Mitrany, "The Effects of the War in South Eastern Europe," New Haven: Yale University Press, 1936, pp. 136-137.

管理与私人倡议和公共分享与私人所有相结合，尝试有效解决即将面对的经济和社会问题，也标志着米特兰尼与传统经济理论的彻底决裂。① 东南欧战时政府说明国家权力可以为社会和经济服务，能够很好地动员社会，因此，在和平时期开发一个让民众满意的福利政府的潜力将是巨大的。米特兰尼对东南欧战时政府的研究不仅使民众对未来战争性质的看法有了改变，而且验证了功能性组织和功能性合作在未来的无穷潜力。战争将包含人类的所有活动，政府组织和动员重要经济部门的能力成为决定国家发动战争的关键因素。同时，米特兰尼发现一种可能——存在一种可以使国家发动战争的经济部门国际化的经济管理方式。在国际化观念的影响下，20世纪50年代初期西欧六国筹划组建欧洲煤钢联营组织，开启欧洲一体化。

二、来自美国新政研究的影响

米特兰尼作为欧洲学者，却对美国情有独钟。1924年米特兰尼应卡内基国际和平基金会邀请第一次赴美，开启了他往返美英两国的工作与生活，直至逝世。1933年米特兰尼转赴普林斯顿大学任教，在美国的任教和生活使米特兰尼可以近距离观察和思考美国的内政外交。在此后的几年中，米特兰尼将研究主题放在美国研究上，并连续撰写和发表了四篇政治论文——《新政：对其起源和性质的解读》《有组织劳工的兴起》《西半球的美国》和《美国舆论与外交政策》，1946年这四篇政治论文以《美国解读：四篇政治论文》合辑出版。② 在《新政：对其起源和性质的解读》中，米特兰尼反思了1929—1933年美国大萧条和罗斯福新政。罗斯福新政不仅让米特兰尼大开眼界，而且使米特兰尼受到形式遵循功能的启发，进一步丰富和完善了米特兰尼功能主义。米特兰尼认为，罗斯福新政给美国的民众生活和社会结构带来了一场深刻的社会变革，这场社会变革的性质很难被归类，因为它没有被任何意识形态所主导，称之为革命却没有暴力，没有规划，没有革命队伍，更没有革命对象，只有深植于美国人内心的实用主义式的理想——走出大萧条和复兴美国。1933年富兰克林·罗斯

---

① David Mitrany, "The Effects of the War in South Eastern Europe," New Haven: Yale University Press, 1936, p. 99.

② David Mitrany, "American Interpretations: Four Political Essays," London: Contact Publication, 1946, pp. 1–115.

第二章 米特兰尼功能主义国际关系理论的思想渊源

福当选美国总统，美国已深陷大萧条之中，首先不得不面对的就是美国社会的混乱和失序。1400 万人失业，近 47% 的美国家庭和个人收入低于 1000 美元，银行不得不强制关门，许多州、市政府已经无法给职员支付薪水。更不幸的是，从美国独立战争以来，美国先贤们并没有提供一种能够有效解决美国经济大萧条的灵丹妙药，而罗斯福也没有足够的时间来寻找能够有效解决经济大萧条的理论。面对灾难式的现状，罗斯福并没有选择放弃，而是鼓励美国民众不要失去信心，民众所恐惧的就是恐惧本身，因此他抱着实用主义试错重来的观念开启局部的、有限的、不协调的改革：第一阶段为 1933—1935 年，新政施行稀缺经济、市政投资和减少外贸的政策，尝试复兴商业和解决失业；第二阶段为 1935—1939 年，新政施行全员就业、社会保障和鼓励对外自由贸易的政策。在这两个阶段中，复兴政策和实施手段明显不同甚至完全颠覆，唯独不变的是深植于罗斯福新政的实用主义功效。罗斯福新政愈加平稳、成熟，但在如何认识和帮助私营企业时产生了巨大分歧：新政支持者的资本主义说和反对者的专制主义说。大萧条中的私营企业逐步向集体主义转变，但罗斯福新政继承和延续了私营企业机会平等的美国传统，想要提出计划阻止这一趋势，恢复市场自由竞争。"联邦州通过立法保护贸易自由免受贸易工具和执行的约束，但贸易工具是根据美国立法者的'一致同意'而不是当代工人的赖以生存而设立，当代工人须在现代工业的集体企业中找到自己的位置。这一计划的目的就是固化集体企业的社会和经济责任，降低专制集权的危险。"[1] "罗斯福新政界定了改革政策和个人机会，社会财富聚集到个人手中，政治权力聚集到联邦政府，社会保障需要越来越广泛的集体行动，罗斯福新政带领美国走上了独特的国家管理和国家所有相结合的实用主义改革道路。"[2]

田纳西河流域管理局是罗斯福新政最为成功的范例之一，也是将国家管理和国家所有相结合的最为杰出的举措之一。1933 年 4 月，罗斯福向国会表达了建设田纳西河流域管理局的想法，"马斯尔肖尔斯地区的发展无疑仅仅是整个田纳西河潜在公共价值的小部分，假如预期潜在公共价值的

---

[1] David Mitrany, "American Interpretations: Four Political Essays," London: Contact Publication, 1946, p. 14.

[2] David Mitrany, "American Interpretations: Four Political Essays," London: Contact Publication, 1946, p. 15.

整体，超越单一的能源开发，它将包含防洪治洪、水土流失、造林、边缘土地农业使用的减少、工业分配和多样化等。简单地说，战时的能源开发顺理成章地将一项涉及多个联邦州和数以万计民众未来生计的河流整体开发列入国家计划"①。1933年5月，以开发田纳西河流域整体潜在价值、集多种功能为一体的田纳西河流域管理局正式成立，囊括从防洪治洪、航运建设、能源开发到水坝建设、保护工农业发展再到住房、教育等罗斯福新政在田纳西河流域的所有举措。作为新政试验的国有企业，一方面，田纳西河流域管理局的大部分举措都是长期性的，并伴随着一系列的调查研究工作；另一方面，田纳西河流域管理局不完全以营利为目的，它不仅要根据实际情况优先分配电力给联邦州、县、自治市和非营利的合作团体，而且要承担建设国家公园、公路、滑雪场等公共娱乐设施。田纳西河流域管理局是美国新政的一项独特举措，它的权力和组织形式是为了实现功效而不是扩张权力，它的权力源自联邦政府而不是国会，它的组织形式遵循功能而不是官僚主义的需要，这一特点成为了米特兰尼构建功能主义的核心观念之一；田纳西河流域管理局作为一个自治组织，将公权力和私有资源的公共开发相结合，同沿线联邦州、县和地方组织建立合作关系，彻底突破了美国原有政治结构，构建起一种无需国会授权的全新的管理维度。以功效为核心的实用主义既是一种哲学思想，也是一种社会实践活动，它贯穿在美国历史发展中，罗斯福新政同实用主义紧密结合，功效成为判断改革成功与否的唯一标准，也成为复兴经济的灵丹妙药。米特兰尼对罗斯福新政的研究给世人提供了一个解读美国发展的全新视角，不仅给予了罗斯福新政高度认可，而且总结了罗斯福新政有效经验，为构建功能主义奠定了理论基础。

---

① David Mitrany, "American Interpretations: Four Political Essays," London: Contact Publication, 1946, p. 19.

第三章 米特兰尼功能主义国际关系理论的逻辑起点

国际体系是国际关系理论的核心概念,"没有国际体系的概念,民众就很难证明国际关系作为一个学科存在有道理"①。怀特强调,国际关系理论,本质上乃是与国内政治理论相对应的理论,即有关"国际关系的政治哲学探究",而这点也意味着"对国际关系的任何理论探究也必定是有关道德性或规范性问题的探究"②。国际体系作为"一个界定模糊、相对宽泛的概念,与'国际环境''国际系统''世界体系'等概念内涵相近",③伴随时代的变化而被赋予不同的时代内涵,但时至今日,国际体系的本质仍旧是威斯特伐利亚体系的延续和发展。欧洲三十年战争以一系列国家间和约为基础的《威斯特伐利亚和约》签订而结束,《威斯特伐利亚和约》确立了世界近代第一个以主权国家为核心的国际体系——威斯特伐利亚体系。威斯特伐利亚体系是近现代国际关系的开端,国家主权至上原则和国际和谈解决国际争端模式成为此后国际社会的基本准则;拿破仑战争席卷欧洲大陆,拿破仑以暴力方式向欧洲输出革命,引发彼时欧洲封建君主们的无限恐惧,1815年在神圣同盟的基础上形成的四国同盟与法国在维也纳签订和约,维也纳会议开启国际和谈解决国际争端的先河,恢复和确定欧洲的封建统治秩序和国家体系——维也纳体系;第一次世界大战结束,巴黎和会和华盛顿会议建立战后帝国主义国家之间的和平体系——凡尔赛—华盛顿体系,建立人类历史上第一个由主权国家组成的普遍性国际组

---

① 李少军:《怎样认识国际体系?》,《世界经济与政治》2009年第6期,第13页。
② 吴征宇:《马丁·怀特与国际关系理论三大思想传统——兼论对构建中国国际关系理论的启示》,《世界经济与政治》2011年第5期,第14页。
③ 金灿荣、刘世强:《延续与变革中的国际体系探析》,《当代世界与社会主义》2010年第4期,第120页。

织——国际联盟，开启一次伟大的人类社会组织试验；第二次世界大战结束，在开罗会议、德黑兰会议、雅尔塔会议和波茨坦会议之后，雅尔塔体系确立，联合国取代国际联盟开始致力于维护战后世界和平与稳定。在现实的人类社会中，国际体系缺乏最高权威，呈现无政府状态，国际体系变革关系到全人类的安全与稳定。

在漫长的人类历史发展过程中，国际体系变革都是由暴力和战争所主导，威斯特伐利亚体系、维也纳体系、凡尔赛—华盛顿体系和雅尔塔体系的确立无不是在国家间实力的此消彼长中通过暴力和战争完成的。人类在饱受第一次世界大战的战火摧残后，为了有效维护国际体系的稳定与实现国际体系的和平变革，在威尔逊的倡议下，建立人类历史上第一个普遍性国际组织——国际联盟。国际联盟作为集体安全的一次制度试验以联盟的形式开启国际体系组织化建设——整合国际体系中各自独立且相互竞争的政治单元，构建"一种集功能性团体和制度安排于一体的静态实体与动态实体活动过程统一的政治组织"，① 彻底改变国际体系的无政府状态。然而，20世纪30年代经济大萧条和第二次世界大战的爆发宣告了国际联盟的失败，第二次世界大战末期，民众开始讨论以联邦主义指导国际体系组织化建设，以联邦取代联盟。与当时的主流思想不同，深受自由主义国际思想熏陶的米特兰尼以国际体系组织化为逻辑起点，不仅批判国际联盟的失败，而且指出联邦主义的缺陷，进而提出功能主义指导国际体系组织化建设。米特兰尼功能主义虽并未得到当时英国政府的认可，但对第二次世界大战后国际体系组织化建设提供了有效的理论指导。功能主义国际关系理论不是米特兰尼的凭空想象，而是米特兰尼对于20世纪上半叶的国际体系变革和国际联盟失败的深刻思考：一方面，国际体系呈现无政府状态，国家间缺乏实质平等；另一方面，国际联盟乏力，缺乏有效手段刺激合作和遏制战争，最终的结果必然是世界大战的再次爆发。为了有效维护国际体系的稳定与实现国际体系和平变革，米特兰尼提出功能主义指导国际体系组织化建设，构建一种可能的全新的国际体系——"通过功能与主权在国家和国际组织之间的持续转移，形成一种取代主权国家体系的功能性国

---

① 贾烈英：《国际体系、国际联盟与集体安全》，《中共中央党校学报》2010年第5期，第101页。

际组织体系",建立全新的功能性世界秩序。① "政治哲学的多样性最主要是历史处境的多样性作用的结果。……这就表明了,没有哪种政治哲学可以合理地宣称,它有效地超越了与其具有本质关联的历史处境。"② 米特兰尼功能主义亦是如此。因此,分析米特兰尼功能主义与国际体系组织化的内在逻辑有助于更深刻地理解米特兰尼功能主义国际关系理论的逻辑起点。

第一节 国际体系

国际体系是人类社会发展的产物,是国际行为体在不断的国际互动中逐渐形成的与自然社会迥异的人类体系,覆盖一个宏观的整体的人类社会范围,并将整个世界和所有国际行为体统统囊括在内。20世纪50年代,莫顿·卡普兰将科学行为主义中的系统论观点引入国际政治领域,使得国际政治研究脱离了对于旧有历史反复解读和思考的模式,为独立的、抽象的、综合的国际政治理论的形成奠定了坚实的基础,开启国际关系理论研究的新征程。在科学行为主义理论的影响下,许多政治学者纷纷走上国际体系理论研究道路,这其中也包括自由主义学者米特兰尼。因此,从国际关系理论学科建设的角度来说,阐释和辨析国际体系的内涵具有重要的理论意义,将有效地促进国际关系理论学科的发展。

一、国际体系

19世纪末期,当西方列强扩张到全世界的每一角落时,一个全球性的国际体系随之形成,但国际关系学界对国际体系的概念却莫衷一是。卡普兰认为,"国际体系可以被看作是一个没有约束力的政治系统"③,在国际体系中有一系列的行为者,它们被统称为国际行为者,同时,国际行为者

---

① Mihai Alexandrescu, "David Mitrany: From Federalism to Functionalism," Transylvanian Review, No. 1, 2007, p. 23.

② [美]列奥·施特劳斯著,李世祥等译:《什么是政治哲学》,华夏出版社2011年版,第52—53页。

③ [美]莫顿·卡普兰著,薄智跃译:《国际政治的系统和过程》,上海人民出版社2008年版,第49页。

根据主权属性被划分为两种角色,即国家行为者和超国家行为者。美国、英国和德国等主权国家是国家行为者;超国家行为者根据角色本身又被划分为集团行为者和全球行为者,其中,北约是集团行为者,联合国是全球行为者。同时,基于国际关系的历史和现实以及未来发展趋势,卡普兰又提出了国际体系的六个基本模式:均势体系、松散的两极体系、紧张的两极体系、全球体系、等级体系和单位否决体系,卡普兰的国际体系理论对国际关系理论的发展产生了较大的影响。查尔斯·麦克莱兰将一般系统理论应用到国际关系研究,他认为,国际体系"包含国际社会中各个组成部分或单位之间的所有互动关系",并对国际体系如何运转的问题进行了具体解答,"不过是一个事件相互作用模式的理论框架,或是确认、测量和调查系统内和子系统之间相互作用的方法"①。乔治·莫德尔斯基认为,国际体系就是"一个具有结构和功能要求的社会系统",这个系统"包含一组客体以及这些客体之间的关系及其特性之间的关系"②。斯坦利·霍夫曼认为,国际体系是一种分析的方案与假设,是世界政治的基本单位之间的关系类型。③ 米特兰尼认为,国际体系是将世界分裂为"相互竞争的独立的政治单位"(主权国家)之间的互动关系,而这些"相互竞争的独立的政治单元"正是国际冲突的根源。④ 比较上述观点,不难看出,单元之间的互动是形成国际体系的前提。因此,单元、互动和结构构成了国际体系的三个基本要素。在此基础上,此后的国际关系理论学派从对这三个基本要素的不同侧重程度来理解和诠释国际体系。

国际关系理论的主流学派,例如,新现实主义、新自由制度主义和建构主义基于各自独特的理论视角,对国际体系的概念进行了各自不同的理解和诠释。肯尼思·沃尔兹将"体系分为系统与单元两个层次","单元与互动是在单元层次,而由单元的位置和排列所体现的结构则是在系统层

---

① Glenn H. Snyder, "Book Reviews: Theory and the International System," The Journal of Politics, Vol. 29, No. 1, 1967, p. 201.
② 张历历等:《现代国际关系学》,重庆出版社1989年版,第65页。
③ [美]斯坦利·霍夫曼著,林伟成等译:《当代国际关系理论》,中国社会科学出版社1990年版,第150页。
④ David Mitrany, "A Working Peace System," Chicago: Quadrangle Books, 1966, p. 93.

第三章 米特兰尼功能主义国际关系理论的逻辑起点

次"①,"在构建国际政治的系统理论时,不能考虑国家有怎样的政治领袖、社会和经济制度、意识形态等,唯一需要关注的是国家在彼此联系中处于怎样的地位,因为单元的安排属于系统的特性"②。沃尔兹将关注放在系统上,"忽略单元的属性、行为和互动","强调的是单元在体系层面的排列结构,并且强调结构对单元行为的决定性作用,因此他的理论被称为结构现实主义"③。与沃尔兹的结构现实主义理论不同,以罗伯特·基欧汉和约瑟夫·奈为代表的新自由制度主义,一方面,不仅强调国际体系中的"单元能力的分布——结构",而且强调国际体系中的"单元互动的模式或相互联系的方式——进程";④ 另一方面,不仅关注国际体系中的国家行为体,而且关注国际体系中的非国家行为体,"正因为有这样的不同,新自由制度主义才有了以'相互依赖'为核心概念的体系理论"⑤。亚历山大·温特的建构主义是一种理念主义,温特的国际体系理论所关注的焦点与新现实主义所关注的物质力量分配所形成的结构不同,他假设三种文化结构——敌人、竞争对手和朋友,同时,把对国际体系中的行为体的关注放在国家行为体之上,并认为国家行为体在与国际体系的互动实践中形成共有观念,这种社会意义上的结构是由观念的分配所形成的。依据这三种国家行为体在与国际体系的互动实践中形成的共有观念,对应产生了三种模式的国际体系——霍布斯体系、洛克体系和康德体系。国际体系的文化结构是动态的,国际体系结构变化的根源是文化之间的竞争,文化之间的这种竞争又具有相对的稳定性。因此,国际体系的文化结构在国家行为体的互动过程中发生改变是非常困难的,国际体系的文化结构也并不一定实现进化性发展。⑥

除了美国国际关系理论,第二次世界大战后形成的并始终坚持独立发

---

① 李少军:《怎样认识国际体系?》,《世界经济与政治》2009年第6期,第14页。
② [美]肯尼思·华尔兹著,信强译:《国际政治理论》,上海人民出版社2008年版,第53—107页。
③ 李少军:《怎样认识国际体系?》,《世界经济与政治》2009年第6期,第14页。
④ [美]罗伯特·基欧汉、约瑟夫·奈著,门洪华译:《权力与相互依赖》,北京大学出版社2002年版,第339页。
⑤ 李少军:《怎样认识国际体系?》,《世界经济与政治》2009年第6期,第14页。
⑥ 秦亚青:《国际政治的社会建构——温特及其建构主义国际政治理论》,《欧洲》2001年第3期,第4—11页。

展的英国学派在21世纪也越来越受到国际关系学界的关注。英国学派"拒绝在传统的现实主义与自由主义二分模式之间作出非此即彼的选择,而是以理性主义为基调"①,以历史分析和比较分析为方法论,将国际体系作为理论研究的核心课题。赫德利·布尔非常重视国际体系中单元互动的程度与标准。布尔提出,"如果两个或两个以上国家之间有足够的交往,而且一个国家可以对其他国家的决策产生足够的影响,从而促成某种行为,那么国家体系或国际体系就出现了"②。巴里·布赞将国际体系研究与世界历史研究结合起来,布赞认为,国际体系包含三个基本要素——单元、互动和结构。其一,布赞认同多元主义,认为单元不只是国际行为体,而是"由各种次群体、组织、共同体和许多个体组成的实体,它们充分的凝聚力使其具有行为体的性质(即能够有意识地进行决策),它们充分的独立性使其与其他实体区分开来,并位居更高层次(例如国家、民族、跨国公司)"③。其二,布赞将互动视作"对于任何体系的概念化都是至关重要的"④,如果单元或部分之间缺少了互动,"各部分或诸单元便是分离的和独立的"⑤。其三,布赞认为,"部门划分是理解结构问题的钥匙",批判"沃尔兹过分强调结构层次上的权力及其分配的观点",并提出"深层结构"的概念。此外,布赞还强调"重视等级结构的组织性和权威性"⑥。基于上述观点,布赞"根据互动类型,将国际体系分为三个类型:包含了所有互动类型的完全国际体系;缺乏均势—政治互动、通常体现了经济和社会—文化交流的经济国际体系;主要是社会—文化互动(尽管其

---

① 石斌:《"英国学派"国际关系理论概观》,《历史教学问题》2005年第2期,第10页。
② [英]赫德利·布尔著,张小明译:《无政府社会:世界政治秩序研究》,世界知识出版社2003年版,第7页。
③ [英]巴里·布赞、理查德·利特尔著,刘德斌译:《世界历史中的国际体系:国际关系研究的再构建》,高等教育出版社2004年版,第89—90页。
④ [英]巴里·布赞、理查德·利特尔著,刘德斌译:《世界历史中的国际体系:国际关系研究的再构建》,高等教育出版社2004年版,第71页。
⑤ [英]巴里·布赞、理查德·利特尔著,刘德斌译:《世界历史中的国际体系:国际关系研究的再构建》,高等教育出版社2004年版,第80页。
⑥ 王存刚、桑修成:《布赞的国际体系理论析论》,《同济大学学报》(社会科学版)2010年第4期,第55—56页。

中包含有非商业贸易成分）的前国际体系"①。同时，布赞根据互动的结构，"又将国际体系划分为线性（或单维）和多线性纵坐标两种模式"②。布赞的国际体系理论不仅汲取了美国学派的理论营养，而且"大大拓展了民众研究和理解国际体系问题的视野，挣脱了主流理论的'威斯特伐利亚束身衣'"③。

无论是美国学派，还是英国学派，国际关系理论学派从各自不同的视角出发，对国际体系进行了系统阐释。虽然它们对于国际体系的理解和诠释各不相同，甚至相互对立，但国际关系理论学派仍在不断丰富和修正国际体系理论，不断打实国际关系理论的学科基础，为当代国际关系理论学科的拓展增添丰富的理论内容。

二、国际体系变革与国际体系组织化

国际体系变革是国际体系演进的基本形态，也是国际关系理论研究的核心命题。国际体系经历过多次变革，具有相对的稳定性和绝对的变革性。1648年威斯特伐利亚体系确立了国家主权至上原则和国际和谈解决国际争端模式，被西方国际关系学界视作近现代国际体系建立的开端。纵观历史，在漫长的人类历史发展过程中，国际体系变革都是由暴力和战争所主导，威斯特伐利亚体系、维也纳体系、凡尔赛—华盛顿体系和雅尔塔体系的确立无不是在国家间实力的此消彼长中通过暴力和战争完成的，国际体系变革关系到全人类的安全与稳定。

金灿荣认为，在人类的大历史观下国际体系发生过多次变革，"包括中国从先秦列国的并存竞争到秦始皇大一统的转变、欧洲从中世纪体系到近代国际体系的转型，以及现在民众讨论的威斯特伐利亚体系向后现代体系的转型问题"，"力量中心的变化、战争危机的影响和科学技术的突破使得国际体系的根本性变革成为可能，进而带来新的权势格局和行为规范"，

---

① ［英］巴里·布赞、理查德·利特尔著，刘德斌译：《世界历史中的国际体系：国际关系研究的再构建》，高等教育出版社2004年版，第84页。
② 王存刚、桑修成：《布赞的国际体系理论析论》，《同济大学学报》（社会科学版）2010年第4期，第56页。
③ 王存刚、桑修成：《布赞的国际体系理论析论》，《同济大学学报》（社会科学版）2010年第4期，第56页。

国际体系无政府状态导致国家行为体之间关于安全、权力、财富的争夺战,国际体系中的国家自助和相互猜疑决定国际关系的冲突逻辑,国家行为体的安全困境成为困扰国际体系稳定与和平的基本因素,而近现代历史上大国兴衰更替并没能彻底改变国际关系的冲突逻辑。因此,"力量结构的变动既是国际体系演进的根本动力,也是国际体系变革本身的重要内容"①。

莫德尔斯基提出并创立国际政治长周期理论。根据世界历史的发展,莫德尔斯基将1494年意大利战争爆发以来的国际政治体系分为五个周期,即葡萄牙周期(1494—1580年)、荷兰周期(1580—1688年)、英国周期Ⅰ(1699—1792年)、英国周期Ⅱ(1792—1914年)和美国周期(1914年至今),每个周期大致持续100—120年。莫德尔斯基的长周期理论重点关注各个世界领导国的盛衰更替和全球战争的周期性爆发,"对于前者,莫德尔斯基强调的是基于海上(空中)实力的全球伸展能力以及特定时期内领导国兴衰的不可避免;而对于后者,莫德尔斯基指出,其动因是全球政治体系的结构性危机,通常表现为对领导国的挑战和领导权的争夺,其结果是全球政治体系新领导结构的产生"②。莫德尔斯基的长周期"关注的是国际政治的规律性变动,引起这一变动的是国际体系内主要大国权势在一定时空里此消彼长,也表现为该时空内的权力分配结构、力量组合(即联盟情况)以及全球问题确定和处理等方面的变动"③。全球性战争规律性爆发,凸显国际体系在长周期内的变革表现出表面混乱、实则有序的状态,长周期理论为国际关系理论提供了一种思考国际体系运转和理解国际体系结构性变革的全新理论模式。

罗伯特·吉尔平认为,"同任何社会或政治制度一样,国际政治变革的进程最终反映的是个人或各种群体为谋求更多的利益而改变各种制度或体系的努力"④。当国际体系中国家行为体之间的政治经济发展出现不平衡

---

① 金灿荣、刘世强:《延续与变革中的国际体系探析》,《当代世界与社会主义》2010年第4期,第120—123页。
② 陈晓晨:《国际政治长周期与体系进化——莫德尔斯基长周期理论再解读》,《现代国际关系》2004年第12期,第56页。
③ 陈晓晨:《国际政治长周期与体系进化——莫德尔斯基长周期理论再解读》,《现代国际关系》2004年第12期,第57页。
④ [美]罗伯特·吉尔平著,宋新宁等译:《世界政治中的战争与变革》,上海人民出版社2007年版,第16页。

第三章 米特兰尼功能主义国际关系理论的逻辑起点

时,新兴大国崛起,其实力逐渐超越原来的大国力量,"从支配国的角度来看,保持国际现状的成本增加了,在拥有的权力与承担的义务之间产生了严重的落差。从上升国家的角度来看,改变国际体系的可见成本相对于这样做的潜在收益已经下降了。无论怎样看待这种失衡,业已发生变革的是体系之中的国家间权力的分配"[①]。"通过历史,解决国际体系结构与权力再分配之间不平衡的主要手段是战争,尤其是我们所称的霸权战争。"[②]这种争夺世界霸权的战争成为从威斯特伐利亚体系建立以来最为常见的国际体系变革方式,"霸权战争最重要的后果就是它改变了这一体系,以适应新的国际权力分配;它带来了对该体系基本组成部分的重新安排"[③]。同时,国际体系变革具有三种理想类型:第一种是"体系变更,指国际体系中行为体性质的变化";第二种是"系统性变革,指国际体系中控制和统治形式的变化,主要是'统治某个特定国际体系的那些居支配地位的国家或帝国的兴衰'";第三种是"互动的变化,指国际体系行动者之间有规律的进程或互动形式发生变化,或者说是'具体体现在国际体系中权利和规则的变化'"。在这三种国际体系变革的理想类型中,第一种是国际体系的本体转型,第二种和第三种只是国际体系的内部变化,"体系的变更同时也涉及系统性变革和互动的变化。而且国家间互动这个层次的变化……可能是系统性变化甚至是体系变更的前兆"[④]。

无论是金灿荣、还是莫德尔斯基,抑或是吉尔平,在他们看来,国际体系变革都是从量变到质变的过程,但从威斯特伐利亚体系确立以来的国际体系变革却一直无法避免争夺霸权的战争,人类的命运始终无法逃脱这一宿命的厄运,那么,国际体系和平变革是否可能?20世纪初期,欧洲权力格局失衡,席卷全球的第一次世界大战爆发,残酷无情的战争使民众深刻地意识到维护国际体系的稳定不能仅仅依靠强国之间的协调,更需要一

---

① [美]罗伯特·吉尔平著,宋新宁等译:《世界政治中的战争与变革》,上海人民出版社2007年版,第189页。

② [美]罗伯特·吉尔平著,宋新宁等译:《世界政治中的战争与变革》,上海人民出版社2007年版,第200页。

③ [美]罗伯特·吉尔平著,宋新宁等译:《世界政治中的战争与变革》,上海人民出版社2007年版,第200页。

④ 秦亚青:《国际体系的延续与变革》,《外交评论》2010年第1期,第2—3页。

种有效的国际制度的规制。在威尔逊的提议下,巴黎和会之后,建立了人类历史上第一个普遍性国际组织——国际联盟,国际联盟作为集体安全的一次制度试验,以联盟的形式揭开国际体系组织化建设的序幕。[①] 国际联盟的宗旨是减少武器数量、平息国际纠纷,针对改变国际体系的无政府状态。从国际制度层面来说,国际联盟的建立具有特殊的历史意义,尤其是对于从第一次世界大战中走出来的民众具有非常的吸引力,但是,当国际联盟开始真正地触碰现实政治后,国际联盟的乏力越发凸显,想要在国际体系之中发挥作用越发困难。其一,国际联盟没有反映出第一次世界大战后国际政治格局的权力分配——美国主动放弃入联,而苏德却不被接受,英国、法国、意大利、日本掌控国际联盟的实际权力。"按理说,它们应该成为制度的维护者。但是,意大利、日本觉得自己获利太少而耿耿于怀。获利最多的是英法,但彼此猜忌。英国重均势甚于集体安全,法国视个体安全高于集体安全。它们幻想利用国际联盟来维持欧洲的现状,却无法同时对抗如此之多的、充满敌意的大国,也无力同时绥靖这么多的大国。"[②] 其二,国际联盟没能有效地维护国际体系的安全和稳定——意大利入侵希腊科孚岛、日本侵占中国青岛、意大利入侵埃塞俄比亚和德国重返莱茵区,第一次世界大战后国际联盟努力建立的普遍性集体安全体系逐渐缩小为欧洲区域集体安全体系,欧洲之外的区域逐渐变成国际联盟绥靖法西斯意大利、德国和日本的筹码,《洛加诺公约》的签订进一步瓦解了国际联盟建立和维护普遍性集体安全体系的能力,直至最后,国际联盟不仅无法保障其成员国的安全,而且无法保障其自身存在的必要。

建立国际联盟是人类第一次通过国际体系组织化建设来改变国际体系无政府状态的一场伟大的制度实验。不幸的是,20世纪30年代大萧条和第二次世界大战的爆发宣告了国际联盟的失败。第二次世界大战末期,即将从战火中走出的民众重新思考用国际体系组织化建设来彻底改变国际体系的无政府状态,民众普遍接受了以联邦取代联盟重新启动国际体系组织化建设的思想。但是,米特兰尼并没有认同这种观点,他急切地呼吁道:

---

① 贾烈英:《国际体系、国际联盟与集体安全》,《中共中央党校学报》2010年第5期,第101页。

② 贾烈英:《国际体系、国际联盟与集体安全》,《中共中央党校学报》2010年第5期,第102页。

第三章 米特兰尼功能主义国际关系理论的逻辑起点

"让我们再次强调（讨论），和平变革意味着什么，在紧密关联的现代世界中，其和平发展必须是某种可以实现自动和连续的社会行动的体系，该体系可以持续地适应不断变化的需求和条件，相较于其他任何治理体系，具有同样意义和一般属性①。"1941年米特兰尼向英国外交部递交报告《领土的、意识形态的，或是功能性的国际组织？》，首次提出以功能主义替代联邦主义指导国际体系组织化建设的思想。但英国外交部并没有接受和认可他的报告。1943年米特兰尼退出英国战时工作小组后发表《有效和平体系》，这本小册子为民众提供了一种替代联邦主义指导国际体系组织化建设的思想理论，也为构建全新的世界秩序提供了一种可能，并正式宣告了米特兰尼功能主义的诞生。

第二节 联邦主义与国际体系组织化

第二次世界大战末期，当即将从战火中走出的民众深刻地意识到国际联盟已经无法担负阻止战争和维护和平的使命时，"通过民主方式将独立的政治单位结合到一起的联邦制似乎毫无疑问地成为了替代联盟的唯一选择"②。联邦主义并不是第二次世界大战的产物，当民众尝试彻底改变国际体系的无政府状态时，联邦主义重新激发起民众启动国际体系组织化建设的决心，建立一个广泛的世界联邦成为民众对未来世界的美好憧憬。联邦主义的思想产生于欧洲，其哲学基础最早可以追溯至古希腊罗马时期，但联邦主义通常被理解为近现代欧洲政治思想的产物。18世纪以来，欧洲人开始系统地讨论和研究欧洲联合与统一的问题，联邦主义指导下的欧洲合众国成为备受推崇的实现欧洲永久和平的政治方案，在经历了两次世界大战的残酷洗礼后，联邦主义国际思想实现了从欧洲联邦向世界联邦的扩展，对近现代国际政治的发展产生了巨大且深远的影响。

---

① David Mitrany, "A Working Peace System," Chicago: Quadrangle Books, 1966, p. 95.

② David Mitrany, "A Working Peace System," Chicago: Quadrangle Books, 1966, p. 94.

一、康德的"欧洲联邦"思想

康德是近现代欧洲政治思想家中系统研究以联邦主义构建欧洲永久和平的重要代表。1795 年康德发表《永久和平论》,阐述对实现欧洲永久和平的政治学探究,他提倡以联邦主义构建欧洲永久和平的现实动力源自 18 世纪欧洲持续不断的战争。康德认为,"战争、紧张而持续的武力准备以及每个国家因而受到的损害,都是每个国家甚至在和平时期中都会感受到的。这些都是自然诱使各个民族进行各种努力的手段。它们的努力开始时是不完善的,但在经历许多摧残、动乱,直至把自己的实力耗尽之后,终于会采取理性原则向它们揭示的步骤,扬弃无法无天的野蛮状态,进入每个国家(包括最小的国家)都渴望得到安全和权利的各民族联邦的阶段。这种安全与权利并不是靠一国的力量或法律得来的,而完全是从这个庞大的联邦,即从一种联合起来的权力和一种联合起来的意志所作的法治决定得来的。这种看来纯属非分之想,皮埃尔和卢梭提出时也曾被讥为无稽之谈(或者是因为他们竟以为这种想法的实现是指日可待的),但是,这却是人类把自己卷进苦难后的唯一的不可避免的出路"①。

战争是人类寻求平衡法则的方式,欧洲国家正在通过战争方式进行着激烈的较量。战争之后的和谈方式虽不是新的战争方式,却也在改变着欧洲国家间的力量对比和欧洲格局。因此,康德认为,"总有一天,人类会采取理性的原则,通过联邦的方式,即通过联合起来的权力和联合起来的意志,而消除战争,获得永久的和平"②。"唯一的不可避免的出路"也正是康德提出的欧洲联邦——一种联合起来的权力和一种联合起来的意志。康德的政治哲学不仅有其现实性一面,也有其理想性一面。康德将人类社会的发展描述为一个自然的历史过程,"人类社会总是从'非社会性'和'对抗'开始,逐步向着'社会性'和'和谐'的方向发展,这是'自

---

① 宋全成:《论欧洲近代早期一体化理论中的邦联与联邦主义思想》,《文史哲》1999 年第 3 期,第 108 页。
② 宋全成:《论欧洲近代早期一体化理论中的邦联与联邦主义思想》,《文史哲》1999 年第 3 期,第 108 页。

然'所决定的必由之路"①。人类不仅通过战争方式来寻求国家间的平衡，而且通过新的非战争方式来消除国家间的冲突，向着普遍政治安全的世界大同体发展。因此，康德在理论上设计了建立欧洲联邦乃至世界联邦的三个步骤，"首先，通过和平谈判与和平条约的方式来解决国家间的冲突和争端，虽然和平谈判与和平条约不能彻底消除战争，但是可以延缓和中止战争的爆发；其次，共和制政体是一种抵制战争的政治体制，因为在共和制政体中，由国家的人民而不是国家的统治者来决定战争是否进行，一般而言，人民必须要承担且不想承担战争的后果，因此，在欧洲各国中建立普遍的共和制政体，将会避免战争的爆发，同时，基于自由原则、法律原则和平等原则，在欧洲建立的普遍的共和制政体将为实现统一的欧洲联邦奠定体制基础；最后，欧洲国家缔结和平条约，建立欧洲联邦，之后由欧洲联邦向世界联邦扩展，成立世界政府，因而永久地消除战争而实现永久的和平"②。康德的联邦主义是近现代欧洲联邦主义思想中的系统性理论，康德将联邦主义视作消除战争和实现永久和平的唯一法宝，并把这种联邦的理想逐渐扩大到包容所有国家。但康德忽视了现代主权国家对于主权独立的顽固，欧洲联邦乃至世界联邦将始终缺乏真正的政治权威。

二、卡莱基的"泛欧"思想

第二次世界大战结束之后，国际政治格局发生了根本性转变，欧洲衰落，美苏崛起，"从此之后，'统一'的世界，变成了两个对抗的世界：一个是资本主义世界，另一个是与资本主义世界完全相反的社会主义世界。世界既已成了两个，所谓欧洲中心，自然动摇起来，事实上也确实动摇了：……经济中心由伦敦转向纽约；所谓欧洲中心竟由美国继承过来"③。第二次世界大战的破坏和创伤加速了欧洲衰落，欧洲大批有识之士深刻意识到，欧洲衰落源自欧洲政治的四分五裂和欧洲霸权的经年争逐，欧洲若要阻止衰落趋势和重新恢复国际政治地位，就必须团结起来，只有结成欧

---

① 宋全成：《论欧洲近代早期一体化理论中的邦联与联邦主义思想》，《文史哲》1999 年第 3 期，第 108 页。

② 宋全成：《论欧洲近代早期一体化理论中的邦联与联邦主义思想》，《文史哲》1999 年第 3 期，第 108 页。

③ 周谷城：《周谷城史学论文选集》，人民出版社 1983 年版，第 149—150 页。

洲联邦才能同美国和苏联相抗衡。第二次世界大战结束后，在推动欧洲联邦的众多"泛欧"思想家中，理查德·库登霍夫-卡莱基是其主要代表，也是欧洲联邦主义的集大成者，更是"泛欧"运动的主要领导者。1923年卡莱基发表《泛欧》一书，开始系统阐释"泛欧"思想。卡莱基"泛欧"思想具有鲜明的反民族主义和反沙文主义的特征。卡莱基认为，民族主义和主权国家已是落后顽固的政治形态，欧洲的民族主义和沙文主义不仅加剧了欧洲政治的分崩离析，而且在欧洲引发了一次又一次的冲突和战争。科学技术的迅猛发展大幅缩小了国家间的交往空间，主权国家对地理界限和主权范围的固守将会随时增加欧洲主权国家间的矛盾和冲突，"因此，欧洲人必须跟上技术发展的步伐，发明新的政治'大空间'，千万不能龟缩、固守在主权国家的老观念、老套路之中，否则，新技术带给欧洲人的将不是福祉，而是灾难，欧洲会在铺天盖地的毒气弹中走向灭亡"①。卡莱基"泛欧"思想既有别于第一次世界大战后设想中的全欧议会，也有别于第一次世界大战后现实的国际联盟。卡莱基认为，第一次世界大战后国际政治格局将进入以世界大国为代表的区域化时代，世界大国将以地缘政治原则进行聚合，正在形成俄罗斯帝国、英国、泛美、东亚和欧洲五大地区集体组织，"这些'世界大国'的政治本质是国家的联合体，它既可以是联邦的，也可以是邦联的"②。卡莱基的"欧洲联邦"不包括英国和苏联，也不像被英法意三国实际掌控的国际联盟，而是"在一个世纪以后，欧洲应该继美国之后宣布自己的'门罗主义'，为了欧洲人的欧洲"③。

卡莱基的"泛欧"思想具有非常明确的政治目标。卡莱基认为，"泛欧"联合是一件伟大且艰巨的事业，它是以欧洲各民族之间的平等和自由作为联合的政治基础，"欧洲联邦的大厦不会一日建成，但也绝不能以此为借口，只说不做，裹足不前"④。只有明确和坚持"泛欧"联合的根本

---

① 李维：《第一次世界大战与"泛欧"运动的兴起》，《历史教学》（下半月刊）2014年第3期，第17页。
② 李维：《第一次世界大战与"泛欧"运动的兴起》，《历史教学》（下半月刊）2014年第3期，第17—18页。
③ 陈乐民：《"欧洲观念"的历史哲学》，东方出版社1988年版，第201页。
④ 李维：《第一次世界大战与"泛欧"运动的兴起》，《历史教学》（下半月刊）2014年第3期，第18页。

目标——"阻止、消灭欧洲内部周期性的战争,增强欧洲在国际上的竞争力,发展欧洲文化"①,才能采取循序渐进的步骤构建欧洲联邦。卡莱基的"泛欧"思想在第一次世界大战后的欧洲产生了巨大的影响,也有效推动了第一次世界大战后欧洲联合运动的发展。但是,卡莱基建议"泛欧"联合模仿泛美联邦的倡议并不符合欧洲的实际情况。"多少世纪以来,经过无数的努力和痛苦锻炼出来的欧洲国家,每个国家都有自己的地理环境、历史、语言、传统、制度,它们要在虚妄和成见中陷得多深才会相信它们不再是它们自身,而只能是另构成一个整体。美国是在一片崭新的土地上,由一群涌到这里的无家可归的移民白手起家建立的,可要让一些天真的人时常拿欧洲应该做的和美国已经做的加以比较,这是何等肤浅啊?"②第一次世界大战后的欧洲联合并没有走向卡莱基的"泛欧"目标,而是在国际联盟框架内建立普遍性的集体安全体系来阻止和消除战争。不幸的是,卡莱基"泛欧"思想并没能成功抑制和消除欧洲的民族主义和沙文主义,在不远的未来,世界大战会再次在欧洲大陆不请自来。

三、第二次世界大战期间的联邦主义思潮

第二次世界大战爆发不仅验证了国际联盟的乏力,而且凸显了极端民族主义的邪恶。1939年欧洲大陆再次成为世界大战爆发的策源地,欧洲人在抵抗纳粹法西斯和争取民族独立的同时,不禁对欧洲的命运和未来进行了深刻的思考。第二次世界大战期间,国家主权被破坏和极端民族主义泛滥的现象在欧洲大陆蔓延,欧洲人深刻意识到,不仅需要彻底消除欧洲大陆再次成为世界大战策源地的动因,而且需要彻底改变国际体系的无政府状态,"对战后和平问题的联邦化解决方案在欧洲大陆的抵抗运动中特别有吸引力"③。欧洲政治思想家在继承和发展卡莱基"泛欧"思想的基础上,进一步认识到,"仅仅通常意义的联合也不够,欧洲不能在传统主权

---

① 李维:《第一次世界大战与"泛欧"运动的兴起》,《历史教学》(下半月刊)2014年第3期,第18页。
② 胡瑾等:《欧洲早期一体化思想与实践研究:1945—1967》,山东人民出版社2000年版,第30页。
③ 邹庆治、胡瑾:《联邦主义与功能主义之争:欧洲早期政治一体化理论》,《欧洲》1999年第6期,第4页。

国家的基础上重建，而必须实现联邦制的联合。他们把推翻法西斯与战后建立欧洲联邦联系在一起，作为对极端民族主义的消毒剂和欧洲长久和平与发展的保障"①。

1940年欧洲联邦化的支持者温斯顿·丘吉尔提出英法联邦的设想后，又在1946年苏黎世欧洲大会上呼吁建立欧洲合众国。1941年阿尔蒂罗·斯皮内利和恩斯托·罗西发表《文托特内宣言》，"民族独立的观念曾是进步的促进剂，但它发展到产生极权统治国家并引发世界大战，因此，首要问题就是彻底结束欧洲分裂为主权国家的状况，否则任何的进步都将是表面的"②。他们"呼吁欧洲大陆创立一个新的无所不包的联邦，以便避免战争、结束那种无政府状态局面，认为这将控制那些潜在危险的主权国家，基本手段是使它们从属于一个代表人民的新政府"。③ 1947年欧洲联邦主义联盟在整合欧洲各国际联邦主义团体的基础上宣告成立，1948年海牙欧洲大会宣告"欧洲各国必须转移和合并其主权的某些部分的时刻已经到来"。④ 第二次世界大战末期，联邦主义成为推进欧洲联合和实现国际和平的主流思想，联邦主义运动在欧洲风行一时，"在此运动中，欧洲许多著名的政治家发挥了重要作用，他们有关欧洲联合的主张往往被视为联邦主义思想的重要体现。例如，法国的莫内和舒曼，联邦德国的康拉德·阿登纳，意大利的阿尔契德·加斯贝利，比利时的保罗-亨利·斯巴克等都以积极促进欧洲联合事业、致力于建立欧洲联邦或欧洲合众国而著称。由于这些政治家多次在各自政府或国际机构中担任重要职务，所以他们的许多主张一度更直接地影响了战后的欧洲一体化"⑤。第二次世界大战结束初期，在现实的国际政治运行中，国际联盟的失败促使构建全新的切实有效的国际安全体系变得越发紧迫，联盟的无效和美国联邦制的成功让民众对联邦主义寄予厚望，意欲在联邦主义的指导下建立世界政府，彻底改变国

---

① 黄正柏：《战后欧洲联合中"联邦主义"思潮的初步考察》，《世界历史》2000年第5期，第3页。
② 黄正柏：《战后欧洲联合中"联邦主义"思潮的初步考察》，《世界历史》2000年第5期，第3页。
③ 房乐宪：《联邦主义与欧洲一体化》，《教学与研究》2002年第1期，第65页。
④ 黄正柏：《战后欧洲联合中"联邦主义"思潮的初步考察》，《世界历史》2000年第5期，第4页。
⑤ 房乐宪：《联邦主义与欧洲一体化》，《教学与研究》2002年第1期，第65页。

际体系无政府状态，以期实现永久和平。但是，联邦主义"作为一种国际一体化理论，他最初的希望是用一个全球联邦替代松散的联合国，但现实是只能始于一个区域性联邦——欧共体"，① 国际体系并没有因为两次世界大战的残酷洗礼而变得公平有序，乃至改变无政府状态，国际政治仿佛又转回到权力政治和安全困境的漩涡之中。

第三节 功能主义与国际体系组织化

米特兰尼被称为"功能主义之父"，米特兰尼功能主义的产生和发展深受英国新自由主义、费边社会主义和美国实用主义等思想理论的影响。克雷格·墨菲强调，1916年伍尔夫发表的《国际政府》、1918年玛丽·帕克·芙丽特发表的《新国家：作为大众政府解决方案的集体组织》和1935年拉斯基发表的《国家的理论与实际》，为米特兰尼在1943年发表的《有效和平体系》提供了有益的理论养分。② 第二次世界大战末期，米特兰尼提出功能主义作为替代联邦主义指导国际体系组织化建设的思想理论。作为自由主义学者，米特兰尼反对联邦主义指导国际体系组织化建设的思想并不是与生俱来的，在经历了两次世界大战残酷的洗礼之后，他开始揭露和批判联邦主义的弊病，担忧在联邦主义指导下的国际体系将会在不远的未来重蹈两次世界大战的覆辙。因此，米特兰尼提出功能主义替代联邦主义指导国际体系组织化建设，构建战后有效和平体系。

一、批判联邦主义

无政府状态的国际体系在第一次世界大战前的欧洲协调和秘密外交下呈现稳定有序的假象，这一假象遮盖住在无政府状态的国际体系中主权国家间的一系列潜在矛盾和冲突——主权国家间的不平等、不公平。第一次世界大战的爆发终结了欧洲协调和秘密外交下的欧洲大陆长达30年的整体和平，其导火索——萨拉热窝事件就是中东欧国家在无政府状态的国际体

---

① 邬庆治、胡瑾：《联邦主义与功能主义之争：欧洲早期政治一体化理论》，《欧洲》1999年第6期，第5页。

② Mihai Alexandrescu, "David Mitrany: From Federalism to Functionalism," Transylvanian Review, No.1, 2007, pp. 23–24.

系中受到不平等和不公平的矛盾和冲突的集中迸发。第一次世界大战中的民众开始怀念欧洲协调下的国际体系，尽管欧洲协调未曾彻底改变国际体系的无政府状态，但呈现出稳定和有序。因此，实现国际体系组织化，彻底改变国际体系无政府状态，成为两次世界大战期间永恒不变的时代主题。两次世界大战给米特兰尼带来的冲击同样是巨大的，原本热衷社会学的米特兰尼在第一次世界大战初期转向观察和思考国际事务，开始研究国际政治，并将国际体系组织化划分为三种类型，"一是普遍的和相对松散的联盟，例如国际联盟和联合国；二是联邦体系；三是功能性制度安排"①。

第一次世界大战期间，米特兰尼投身国际联盟协会，跟随伍尔夫宣传建立国际联盟的必要性。出生在罗马尼亚的米特兰尼注意到，"1914年世界大战爆发，南欧人民并没有准备好利用这一机会将南欧各国团结到一起。相反的，南欧人民将世界大战视作瓦解哈布斯堡王朝建立各自独立国家的最佳时机"②。因此，曾将欧洲联邦视作最高理想的米特兰尼选择了曲线救世界的道路——国际联盟。米特兰尼强调，"没有迹象表明欧洲大国之间的联合是不可能的。相反，历史证明，敌对国家可以成为好朋友和盟友。如果通过它的努力，联盟成功地创造出这样一种联合的核心，那么所有剩下的欧洲国家的整体分组就相对容易实现了。而且，随着时间的推移，怀着善意和相互同情，我们可以达到最高的理想：欧洲联邦。改革所面临的困难与它的重要性相对称，因此，为了把这些想法付诸实践，需要大量的时间和工作，但为了实现这个目标都是值得的"③。米特兰尼认为，国际联盟可以在内部实现国家职权转移和成员国家平等，这将有助于国际联盟彻底消除世界大战再次爆发的根源。然而，国际联盟既没能实现世界永久和平，也没能实现米特兰尼的最高理想，第二次世界大战的爆发宣告国际联盟的失败，也使得民众对联盟式的国际体系组织化建设彻底失去信

---

① David Mitrany, "The Functional Approach to World Organization," International Affairs, No. 3, 1948, p. 351.

② David Mitrany, "The Functional Theory of Politics," New York: St. Martin's Press, 1975, p. 14.

③ Mihai Alexandrescu, "David Mitrany: From Federalism to Functionalism," Transylvanian Review, No. 1, 2007, p. 26.

第三章 米特兰尼功能主义国际关系理论的逻辑起点

心。关于国际联盟失败的原因众说纷纭：或是"小国的不负责任说"，或是"大国的利己主义说"，抑或是"国际联盟的乏力说"——"组织结构合理，而政治效率不足"。① 米特兰尼认为，"'联盟'作为一种松散的制度安排，在国际范围内是不够充分的且在工作中是不确定的"②，国际联盟的失败"不是因为它的'过度紧张'而是因为它的'营养不良'——国际联盟保障和平的方法不仅仅是制裁，但产生的效果却仍旧远远不够"③。国际联盟的失败使得第二次世界大战后改变国际体系无政府状态和彻底消除战争、实现永久和平的目标和意愿变得愈发凸显和紧迫。在卡莱基"泛欧"运动的推动下，联邦主义作为近现代政治思想的一次伟大创举，成为第二次世界大战后国际体系组织化建设的唯一选择。米特兰尼认为，与联盟相比较，联邦主义"可以通过民主方式将各自独立的政治单元结合到一起，并构成一个全新的政治体——国际联邦"，国际联邦"可以通过一套固定的方式完成国际联盟无力完成的事情"。④ 米特兰尼的国际联邦是一种普遍性联合，它不同于卡莱基的大陆联盟，"不仅在程度上，而且在本质上都是不同的。后者将以领土合并的旧方式实现，并以领土界限区分成员与局外者；前者则会通过选择和定义功能以实现所有参与者利益的一致化，进而实现联合"⑤。正值第二次世界大战僵持之际，"泛欧"思想在欧洲再次掀起波澜，以联邦主义指导国际体系组织化的思想——区域性的、大陆性的和全球性的联邦设计不断获得世人的赞同和认可。但是，米特兰尼认为，无论是他曾提倡的国际联邦，还是卡莱基提倡的大陆联盟，它们都是以主权国家为核心、基于政治—宪法原则而建立的以联盟或联邦为形式的联邦制政治共同体，卡莱基领导的"泛欧"运动并不是为了实现世界

---

① David Mitrany, "A Working Peace System," Chicago: Quadrangle Books, 1966, p. 94.

② David Mitrany, "The Functional Approach to World Organization," International Affairs, No. 3, 1948, p. 351.

③ David Mitrany, "A Working Peace System," Chicago: Quadrangle Books, 1966, p. 94.

④ David Mitrany, "A Working Peace System," Chicago: Quadrangle Books, 1966, pp. 94 – 95.

⑤ David Mitrany, "The Functional Theory of Politics," New York: St. Martin's Press, 1975, p. 154.

永久和平，而是为了实现联盟。虽然卡莱基相信"如同19世纪德意志与意大利的联盟运动一样，联盟运动在内部将会实现和平"，① "泛欧"运动所提出的联邦制政治共同体不过是现有主权国家的增强版，势必将会在不远的未来再次引发世界大战。因此，米特兰尼开始揭露和批判联邦主义指导国际体系组织化的弊病，为功能主义替代联邦主义指导国际体系组织化建设奠定思想基础。

第二次世界大战期间，"泛欧"运动对联邦主义的推崇首先要得益于联邦制在北美大陆的成功实践给美国带来了长期的稳定和繁荣，"欧洲联邦主义者已经非常执迷于它（联邦制）是如何运转的实用准则，也不管它的起源是否与当前社会环境中尝试联合不同国家的问题有任何关系"②。一方面，约翰·怀南特认为，"我们绝对要讲我们的主要目标——公正、机会平等和自由，以及相对的和实用的曾服务于这些主要目标的机制"③。对于联邦主义而言，宪法和法律就是服务于公正、机会平等和自由的机制，然而，米特兰尼却身处一个这样的时代——对宪法和法律以及既成规则和传统权利强烈漠视的时代。米特兰尼强调，"在空前的社会变革大潮中，没有任何'正式的纽带'可以维系在诸多国家内部或是国家之间的旧有关系，这是典型的革命思想和实践。变革并不总是以革命的形式出现，是因为政府本身就是这一趋势的先锋，甚至不仅在独裁统治下的国家。实际上，那些引领社会变革的先锋型人物就以漠视形式和礼节为荣。例如，法西斯主义和纳粹主义就是以这种方式吸引民众，尤其是年轻人。当19世纪深受君主专制迫害的民众需要制定规则来保障权利时，拿破仑打出了'宪政主义'这张王牌来反对独裁统治；但时至今日，极权主义者却又打出'实用社会主义'来反对宪政民主"④。同时，米特兰尼不仅强调革命思想的鼓噪导致宪政民主受到漠视，而且认为宪政制度的僵化使得联邦制遇到

---

① David Mitrany, "The Functional Theory of Politics," New York: St. Martin's Press, 1975, p. 109.

② David Mitrany, "The Prospect of Integration: Federation and Functional," Journal of Common Market Studies, Vol. 4, No. 2, 1965, p. 129.

③ David Mitrany, "A Working Peace System," Chicago: Quadrangle Books, 1966, p. 96.

④ David Mitrany, "A Working Peace System," Chicago: Quadrangle Books, 1966, pp. 97–98.

前所未有的危机。米特兰尼认为，基于宪法和法律而建立的联邦体系，"无论是在形式上，还是在执行上，完全是'僵化的集合'——无论是地理上或是意识形态上，联邦制的框架都是死板的；联邦制宪法也是死板的，因为它必须是正式的且不受挑战的；联邦制下的日常生活更是死板的，全新的公共活动将要受到限制和阻碍。因此，如果在现有民族主义的影响下，国际联邦是很难建立的；如果在现有社会变革的影响下，国际联邦将更难以维持"[1]。所以，米特兰尼认为，不仅宪法和法律作为联邦主义的基本行为准则能被世人毫无保留地漠视，而且联邦制僵化的制度并不能实现所预期的目标，联邦主义指导国际体系组织化在实际建设过程中势必会困难重重乃至失败。

另一方面，地域、血缘和历史关系等因素对于能否建立联邦制将起到至关重要的作用。米特兰尼认为，"美利坚合众国的成立是源于历史关系所形成的具有共同意识的政治共同体，英联邦是由于共同的起源和传统而形成统一的联合王国，但是'泛欧'运动并不具备将欧洲联合到一起的任何条件。在欧洲，中世纪的联合观念已经过时；上个世纪激发起民族主义运动的观念对其近邻明显具有不友好的情绪。因此，要将从之前这些时代中走过来的国家融合为一种新的大陆民族主义，首先就需要两个因素：共同的危机感和共有的内在共同体意识"[2]。无论是第一次世界大战结束之后的欧洲，还是第二次世界大战期间的欧洲，都不具备建立欧洲联邦的因素，但两次世界大战所带来的空前绝后的破坏使得欧洲和世界产生了对于世界大战的共同的危机感。米特兰尼认为，"泛欧"思想虽然具有明确的反民族主义和反沙文主义，但基于共同的危机感所建立的欧洲联邦将会形成卡莱基所提出的西方国家的欧洲种族意识——欧洲主义，即"地区联邦主义的化身，并不是一种全新的国际主义，而是一种全新的民族主义"，[3]

---

[1] David Mitrany, "The Functional Approach to World Organization," International Affairs, No. 3, 1948, p. 353.

[2] David Mitrany, "The Functional Theory of Politics," New York: St. Martin's Press, 1975, p. 153.

[3] David Mitrany, "The Functional Approach to World Organization," International Affairs, No. 3, 1948, p. 360.

所以被米特兰尼讽刺为"库登霍夫-卡莱基伯爵的畸变"。① 康德设想世界联邦是由欧洲联邦拓展形成的世界政府，然而，在欧洲联邦中形成的欧洲主义将会是一种全新的联邦国家主义——"它改变的只是民族主义表现的维度，而不是本质"②。如果国际体系中的冲突和战争的根源是由于世界分裂为各自独立且相互竞争的政治单元，那么，消除这种政治单元之间的分裂界限就会简单地消除国际体系中的冲突和战争的根源，欧洲联邦作为政治单元的重组势必会造成国际体系的新的分裂，新生的国际体系仍会产生与抑制政治单元分裂相左的结果。米特兰尼强调，主权国家不会轻易地通过联邦制将国家主权进行转移，联邦主义指导下的国际体系组织化建设——"从主权国家扩张为国际联邦的危险程度要比氏族部落扩张为联邦国家的更大"③，"区域联邦只会将国际问题上升到一个更复杂更危险的层面，国际联邦产生的新问题要比它解决的新问题多得多"④，以联邦制消除冲突和战争根源的选择并不是最佳方式，通过国家合作建立专门的国际组织，解决经济和社会问题来满足民众需求，同样可以实现和保障国家安全。米特兰尼提出"在行动和经验中不断拓展分支，并逐步探索它的发展规律"的充满希望的实用主义理论路径——功能主义替代"已经提前规定好的某种政治框架"。⑤

二、提出功能主义

从欧洲中世纪到第二次世界大战结束，天下一统构想的实现势必会产生在一个和平的国际体系之上。但事实上，国际冲突和战争从未停止，极端民族主义对于政治界限的崇拜不断加深国际政治的分裂，弥合国际政治

---

① Mihai Alexandrescu, "David Mitrany: From Federalism to Functionalism," Transylvanian Review, No.1, 2007, p. 28.

② David Mitrany, "The Functional Approach to World Organization," International Affairs, No. 3, 1948, p. 352.

③ David Mitrany, "A Working Peace System," Chicago: Quadrangle Books, 1966, p. 95.

④ Mihai Alexandrescu, "David Mitrany: From Federalism to Functionalism," Transylvanian Review, No.1, 2007, p. 29.

⑤ David Mitrany, "A Working Peace System," Chicago: Quadrangle Books, 1966, pp. 95 - 98.

分裂的尝试纷纷无疾而终——国际联盟的失败宣告国家间普遍的、相对松散的联盟破产和联邦主义指导下的联邦体系不可避免地重蹈世界大战的覆辙。在"泛欧"运动日益受到欧洲政治家和智库们的积极支持之际，米特兰尼强调，"我们必须将我们的信仰放在一个有效和平体系之上，而不是一个受保护的和平体系之上"①，联邦体系只能在领土和机构上进行扩展和增加，并不能真正解决政治共同体之间潜在的威胁，历史发展必将又一次把各自为政的呈碎片化的政治共同体带入世界大战的深渊。米特兰尼提出功能主义替代联邦主义，即通过"国际范围内物质活动和区域基础上文化权力转移的功能性整合"，超越传统"政治界限"，实现一国国家主权向国际组织的转移，弥合国际政治分裂，构建以功能性合作为基础的有效和平体系。② 米特兰尼相信，"在这个有效和平体系之中，国际活动和国际组织所形成的相互依赖的网状结构将逐渐覆盖主权国家之间的'政治界限'，体系之中的所有主权国家将会逐渐融合在一起"③。

首先，米特兰尼功能主义将功能性合作视作国际行为体之间利益整合的起点。宋新宁认为，"功能性合作具有一种'分叉'效应，即在某一领域功能性合作的发展必将导致在其他领域的合作，在社会、经济和社会福利领域的合作最终会扩展到政治领域，经济统一将为政治协议构建基础。功能性合作还有一个重要作用就是使参与合作的人和组织发生'忠诚转移'。随着个人、组织机构甚至政府部门不断加入到各种功能性合作领域中来，跨国家的联系日益紧密，国家的作用在不断下降，民众对国家的忠诚也将不断地转移，从而出现国家'淡出'并逐步走向消亡的情形"④。米特兰尼将社会构建的概念引入国际关系研究，政治化的主权国家首先在非政治化的领域开展功能性合作，功能性合作能够解决一系列社会和经济问题，满足民众的物质需求，功能性合作的分叉效应将从非政治化的领域

---

① David Mitrany, "The Functional Theory of Politics," New York: St. Martin's Press, 1975, p. 121.

② David Mitrany, "The Functional Theory of Politics," New York: St. Martin's Press, 1975, pp. 103–104.

③ David Mitrany, "A Working Peace System," Chicago: Quadrangle Books, 1966, p. 93.

④ 宋新宁：《欧洲一体化理论：在实践中丰富与发展》，《中国人民大学学报》2014年第6期，第4页。

扩展到政治化的领域，伴随着政治化的主权国家逐渐丧失满足民众物质需求的能力，民众的忠诚逐渐向以功能性合作为基础、以主权国家为主体的功能性国际组织转移。米特兰尼认为，功能性合作的目的"并不在于建立一个什么样的机构或状态，而是民众在追求福利的过程中，不断使社会的或经济的机构服务和满足民众正在兴起的、已经变化了的或正在消失的需求"。① 功能性合作使政治化的主权国家向非政治化的方向发展，逐步融合成为功能性国际组织，最终以功能性国际组织为核心的全球社会取代以主权国家为核心的国际社会。因此，米特兰尼功能主义国际关系理论"与前人的最大不同在于他对一体化的功能主义考察的着眼点主要不是为欧洲的发展设计方案，而是从全球角度探讨新时代国家间关系的发展趋势，即如何超越国际关系的主权国家体系"②。

其次，米特兰尼功能主义为构建有效和平体系提供了严谨且系统的实用主义理论框架。"米特兰尼清楚地表明，他并没有设想一个世界可以永久地被一系列不协调的国际组织所统治，而是提出将一些国际组织或所有人通过某种方式结合到一起的可行性方案。"③ 米特兰尼提出四阶段计划来实行功能主义的可行性方案，"第一阶段，无论是为了技术目标，还是为了更广泛的功能目标，具有相同功能的组织之间需要建立一个协调部门。第二阶段，如果发现有必要，在不同功能组织之间建立一个协调部门，但不需要任何预先合作模式的确定，当某种合作模式在某一领域取得成功就可以被复制到其他领域之中。第三阶段，在有效的功能组织之间建立国际规划组织，例如，国际投资委员会或国际发展委员会，作为咨询机构。第四阶段，在上述建立的功能组织之上，需要建立整体性政治权威，它不完全是世界政府，它应是某种代议制产物。例如，国际联盟大会或是国际劳

---

① 宋新宁：《欧洲一体化理论：在实践中丰富与发展》，《中国人民大学学报》2014年第6期，第4页。

② 宋新宁：《欧洲一体化理论：在实践中丰富与发展》，《中国人民大学学报》2014年第6期，第5页。

③ Will Banyan, "Outflanking the Nation‑State: David Mitrany and the Origins of the 'Functional' Approach to the New World Order," Conspiracy Archive, March 13, 2015, https://www.conspiracyarchive.com/2015/03/13/outflanking‑the‑nation‑state‑david‑mitrany‑functionalism.

第三章 米特兰尼功能主义国际关系理论的逻辑起点

工组织的管理机构，即使事实上它很难建立"①。米特兰尼认识到"在民主秩序下，我们很难使某个主权国家接受国际权威机构对其经济主权的永久限制，并运用到整个战场"，即使是在世界大战进行期间或是世界大战结束初期。米特兰尼为解决第二次世界大战后的国际体系无政府状态开出一剂谨慎且敏锐的实用主义处方——功能主义。米特兰尼强调功能主义是一种没有灵魂的解决方案，在功能主义指导下，诸多主权国家"愿意将部分国家主权转移给国际执行机构，进行特定的、精心策划的活动"。因为功能主义与联邦主义推动建立世界联邦不同，"功能主义没有被包装在更蓄谋已久的国际秩序计划的政治情感和意识形态之中"，而是提供了"潜在创造建立一个活跃的国际社会的因素"。②

最后，米特兰尼功能主义在本质上是要实现国际行为体之间的利益整合，而不是要实现联邦体系的一体化。劳拉·克拉姆认为，"理解米特兰尼功能主义的关键是理解和认识米特兰尼在新型国际社会的出现过程中对于政治—宪法性合作和技术—功能性合作所作出的区分。功能主义这种方法的独创性与国际关系中功能性概念的引入没有任何关系，而是在于功能主义的扩展方式涵盖了国际行为体之间的各种关系"③。米特兰尼功能主义推动形成国际行为体之间相互依赖的网状结构，拒绝和反对大陆的和意识形态的联盟的倡议，如泛美联盟和泛欧联盟，批判它们不过是理性的民族主义，强调联邦体系对实现永久和平的作用完全是微不足道的，只不过"是从大国和国家联盟的敌对转变为整个大陆联邦的敌对"，而唯一希望则是"通过持续地开拓和发展国际行为体的共同活动和共同利益使国际行为体之间的'政治界限'变得毫无意义，进而说明地理意义上'国界'的不必要性"。功能主义就是要"通过国际活动和国际组织的自然发展推动和形成国际行为体之间相互依赖的网状结构弥合政治分裂，让地理意义上的

---

① David Mitrany, "A Working Peace System," Chicago: Quadrangle Books, 1966, pp. 108 – 109.

② Will Banyan, "Outflanking the Nation – State: David Mitrany and the Origins of the 'Functional' Approach to the New World Order," Conspiracy Archive, March 13, 2015, https://www.conspiracyarchive.com/2015/03/13/outflanking – the – nation – state – david – mitrany – functionalism.

③ Mihai Alexandrescu, "David Mitrany: From Federalism to Functionalism," Transylvanian Review, No. 1, 2007, p. 25.

国界变得毫无意义"。① 同时,米特兰尼肯定了国际社会的多元化,强调在国际行为体之间相互依赖的网状结构之中,主权国家之间及其与国际组织之间的差异化,"国际组织与主权国家之间的结合是国家意志的自由选择,显然,并不是所有国际行为体之间都具有一致的利益,相反,共同的利益在所有主权国家之中所占的重要性也不相等"②。

总体而言,"功能主义理论是一种社会构建的概念"③,米特兰尼从其独特的理论视角为解决第二次世界大战后国际体系的无政府状态提出了全新的构建路径。米特兰尼强调,"我们当前的历史使命就是要将主权国家团结起来,而不是让它们和平地分裂",米特兰尼功能主义的当代价值就是要"建立一种新型全球性问题的共同治理体系,功能主义超越了现有的政治、意识形态、地理界限和种族的划分,在这个过程中不再培育主权国家之间新的区别和分裂"④。汤普森盛赞米特兰尼功能主义"为观察初级性社会经济地区的国际合作提供了一个有用的框架;为世界秩序问题和弥合国际无政府与世界共同体之间的鸿沟提供了一个合理的思路;为国际思想补充了一种新的思考维度,传统的国际思想局限于政治的、外交的和法律的问题之上"⑤。但在以现代主权国家为核心的当代国际社会中,"功能主义的理论前提过于简单,并对民主概念形成了威胁,因为,作为对于一系列狭义需求的回应,民众将会在不知不觉中对主权国家主权的侵蚀和政府债券的弱化形成一致"。米特兰尼功能主义的终极目标就是要构建有效和平体系,但其"却为全球独裁政权的产生提供了一剂配方"——"当运行中的国际组织需要承担更大责任和更大权力的时候,主权国家、联邦州、省和地方的政治组织将会看到它们自治权限被侵蚀,它们的权力以及民众

---

① David Mitrany, "A Working Peace System," Chicago: Quadrangle Books, 1966, pp. 99–104.
② David Mitrany, "The Functional Theory of Politics," New York: St. Martin's Press, 1975, p. 115.
③ 宋新宁:《欧洲一体化理论:在实践中丰富与发展》,《中国人民大学学报》2014年第6期,第5页。
④ David Mitrany, "The Functional Approach in Historical Perspective," International Affairs, No. 3, 1971, p. 538.
⑤ [美]肯尼思·W.汤普森著,耿协峰译:《国际思想大师——20世纪主要理论家与世界危机》,北京大学出版社2003年版,第235页。

对它们的响应力和支持力也将会被日益增长的超国家组织机构所削弱"①。米特兰尼功能主义作为特殊历史时期下的理论产物,其理论内涵不可避免地具有历史局限性。但是,米特兰尼作为一位"'以功能主义超越政治学'的世界秩序理论家",② 以功能主义替代联邦主义指导第二次世界大战后的国际体系组织化建设,为构建有效和平体系提供了充满实用主义色彩的理论路径。

---

① Will Banyan, "Outflanking the Nation-State: David Mitrany and the Origins of the 'Functional' Approach to the New World Order," Conspiracy Archive, March 13, 2015, https://www.conspiracyarchive.com/2015/03/13/outflanking-the-nation-state-david-mitrany-functionalism.

② [美]肯尼思·W. 汤普森著,耿协峰译:《国际思想大师——20世纪主要理论家与世界危机》,北京大学出版社2003年版,第233页。

第四章 米特兰尼功能主义国际关系理论的本质内涵

共同体是政治学长期关注的研究对象。雷蒙·威廉斯认为,"共同体具有两层含义,一个是实际存在的社会性实体,另一个是共同体所包含的意义,因此,共同体既是一个制度化的组织存在,也是一个具有关系特质的意义存在"[①]。斐迪南·滕尼斯在比较联合体与共同体的基础上,提出了共同体的概念,"联合体是有意建立、设置的、不同区域的民众可以加入的团体,而共同体是建立于亲族、血缘、区域与共同经验、感情和气质基础上的有机体,具有天然性;联合体是具体的个体利益的聚合,民众联合的主要目的是实现各自不同的利益,除了它们各自的个体利益外,并没有其他的利益,而共同体体现的是一种整体主义的社会观,产生于民众生活在共同体中的经验;联合体是一种共识的结果,是艰难谈判与妥协的结果,是思想见解根本不同的民众达成的一致,而共同体的共同理解是内在于共同体的,它不是终点,而是共同体内个体和睦相处的起点"[②]。罗伯特·麦克维尔的观点与滕尼斯的不同,麦克维尔强调,共同体是能够创造出来的,核心的地方在于某种特殊意识的产生,这一特殊意识就明确了共同体的创建是为了实现共同利益。当代政治哲学将共同体纳入社群主义的研究范围,社群主义的研究旨趣在于处理社群与个人之间的关系,持方法论意义上的整体主义社会观。桑德尔的核心观念是自治,自治需要共同体,公民将作为共同体的成员实行自我统治,"共同体对于其参与个体的自我构成性质,他眼中的共同体成员具有强烈的自我认知与参与热情,共

[①] [英]雷蒙·威廉斯著,刘建基译:《关键词:文化与社会的词汇》,生活·读书·新知三联书店2016年版,第79—81页。

[②] 赵俊:《国际关系中的共同体与共同体主义》,《世界经济与政治》2008年第12期,第55页。

第四章 米特兰尼功能主义国际关系理论的本质内涵

同体以体系化、制度化实现某种安排，表征为种族、阶层、家庭等"①。戴维·米勒非常关注共同体成员的政治信仰问题，"在他看来，共同体是由拥有共同信仰的个人组成的，这种共同的信仰是每个人都属于他人的信仰。每个共同体都以其成员的特殊信仰而区别于其他共同体，共同体的每个成员都承认效忠于他所在的共同体，都愿意牺牲个人的目标来促进整个共同体的利益"②。在不同范式指导下，共同体的定义可谓是五花八门，但被不同概念定义的共同体却有着一个共同的特质，即体现了人与社会之间的关系。作为一位经历过两次世界大战和20世纪30年代大萧条的欧洲政治思想家，米特兰尼深刻地感受到安全的重要性，伴随着科学技术的迅猛发展和国际社会中相互依赖的日益增强，主权国家已经很难满足其成员的安全、物质和精神需求，尤其是极端民族主义成为了国家间冲突和战争产生的根源。米特兰尼批判极端民族主义，否定主权国家的作用，肯定国家共同体的衰落，提出构建能够满足民众的安全、物质和精神需求的功能性国际组织，并以功能性国际组织逐渐取代国家共同体，构建起世界共同体，世界共同体思想是米特兰尼功能主义的核心内容。因此，分析米特兰尼的世界共同体思想将有助于理解米特兰尼功能主义国际关系理论的本质内涵。

第一节 共同体思想的理论演进

共同体思想最早可以追溯到古希腊时期的柏拉图和亚里士多德对于古希腊城邦——社会联合的共同体的思考，文艺复兴时期的马基雅维利从性恶论的角度论述了他的新型政治共同体的观念，近代的霍布斯、洛克和卢梭基于对现实社会中人与人之间关系的讨论对共同体进行了不同程度的系统论述和分析，当代的罗尔斯和桑德尔更是进一步充实和完善了共同体思想。但是，他们更多的是从抽象思辨的政治哲学层面讨论共同体的问题，缺乏经验层面的研究。共同体是某种程度合作的联合体，从公元前4世纪

---

① 孔凡建、包琨：《共同体视域中的个人及其与共同体的关系》，《长安大学学报》（社会科学版）2013年第4期，第85页。
② 孔凡建、包琨：《共同体视域中的个人及其与共同体的关系》，《长安大学学报》（社会科学版）2013年第4期，第86页。

古希腊城邦到21世纪欧洲联盟,共同体的存在范围囊括了小到两个个体所组成的小组、家庭、村落和某一政治、经济、文化和安全等领域的共同体,大到全球范围内某一次区域甚至是全球性的共同体,并在人类合作的形式和内容不断深化的基础上实现进一步的丰富和发展,共同体成为了人赖以存在和繁衍的方式。文艺复兴和启蒙运动之后,个体自由的解放和个人主义的价值深受西方社会的吹捧和信奉。但是,当传统的共同体遭受人为的分崩离析后,民众才突然意识到共同体对于其成员的存在和安全的重要意义,"一方面,一种共同体塑造一种观念,共同体成员依赖这种观念支持着自己的共同体,把共同体作为自己宗教信仰或者归属感的支撑点,以此确认自身的公民身份,从而主张自己的权利和履行自己的义务;另一方面,公民的身份观念促进共同体自主和自治,公平和公正地对待每一个共同体的成员,使得他们获得一种属于他们应该过的生活"[①]。但必须强调的是,共同体给予其成员安全感和和谐生活满足的同时,则不得不剥夺其成员的自由,安全和自由作为人类存在和发展的两个至关重要的因素,在共同体的某种具体形态中可以或多或少地得到平衡,但不可能实现永远的和谐一致。因此,安全和自由、共同体与个体之间的矛盾和冲突,将成为永远也无法解决的难题。

一、古希腊时期城邦共同体思想

古希腊时期,柏拉图在《理想国》中设计了一幅正义之邦的美好图景。柏拉图的理想国是柏拉图拯救彼时城邦危机的尝试,也是世界历史上最早的乌托邦。理想国包含三个阶层——受过严格哲学教育的统治阶层、保卫国家的武士阶层和平民阶层,柏拉图期望理想国能够实现人类所追求的正义和善,唯一的出路就是由哲学家统治,因为哲学家特别具有四种美德里的第一种美德——智慧和判断力,以及能控制欲望的精神力量,只有哲学家才知道理想国应该怎样建立以及如何治理。柏拉图将一个以彼时城邦为背景并以"人类的正义和善"为主旨的理想国——"原始共同体"形象地印刻在了世人的心中。

---

① 马俊峰、杨晓东:《政治哲学视域中共同体概念的嬗变》,《华北电力大学学报》(社会科学版)2012年第2期,第71页。

亚里士多德在《政治学》中对彼时希腊100多个城邦的政治法律制度进行了调查研究，亚里士多德所认为的共同体不是一种简单的社会联合，而是"每一个城邦（城市）各是某一种类的社会团体，一切社会团体的建立，其目的总是为了完成某些善业——所有人类的每一种作为，在他们看来，其本意总是在求取某一善果。既然一切社会团体都以善业为目的，那么我们也可说社会团体中最高而最广的一种，所求的善业也一定是最高而最广的：这种至高而广涵的社会团体就是所谓的'城邦'，即政治社团"。① 亚里士多德将城邦视作具有最高而最广的善业的共同体，并凌驾于一般社会团体之上，城邦是至善的共同体，亚里士多德将幸福定义为最高善，城邦——以幸福为主旨的共同体，既是实现幸福的载体，也是实现幸福的工具。城邦是原始共同体的一种具体形态，从氏族部落公社逐步发展而来，《理想国》和《政治学》都是以古希腊的城邦为背景，基于对彼时社会现实的观察通过理性辩证的哲学对话，表达出对于城邦——社会联合的共同体的思索和期望。

二、文艺复兴时期国家共同体思想

文艺复兴时期，古希腊城邦和中世纪封建帝国逐渐被一种具有主权意识的新型政治共同体——民族国家所取代。近代政治思想奠基人马基雅维利以性恶论为基础，展开了他对民族国家的认识。首先，马基雅维利提出了民族国家是人性邪恶的产物，人是自私的，对权力、名誉、财富的追逐是人的本性，人与人之间会经常发生激烈冲突，为了防止无休止的争斗，民族国家应运而生。其次，马基雅维利打破了古希腊先贤对于人、政治共同体和道德之间和谐关系的观念，他强调民族国家不再具有传统上促进公民美德的道德含义，对于民族国家来说，最重要的事情是安全与存续，政治领袖作为民族国家的具体体现，不再是作为具体的个人存在，将适用于与普通人不同的道德标准，所以普通人不能够撒谎，但政治领袖可以，政治理论不再把个人视为可以不断完善、提高美德的人，而是认为任何人都可能是无药可救的。再次，马基雅维利将政治与道德分开，他认为民族国

---

① ［古希腊］亚里士多德著，吴寿彭译：《政治学》，商务印书馆1965年版，第3页。

家的价值和目标不再是古希腊先贤所提出的正义和至善,而是确保民族国家的安全和存续,政治共同体开始按照政治原则而不是按照道德的要求行事,即民族国家理由——"'国家理由'原则的一般实践,即以一切必要的手段,需要的话就以最不道德的手段追求政治目的,特别是权势政治目的"①。最后,马基雅维利为实现民族国家的安全和存续指明了方向,他认为一个政治共同体想要保持长久,即使一开始是君主制,也要慢慢引进共和制,引进人民的力量去保护它。马基雅维利为民族国家提供了最佳的政体选择,他没有彻底否定君主制,但肯定了共和制将有助于民族国家的安全和存续,将民族国家的最佳政体选择推向了混合的君主立宪制——"虚君共和"制度。

三、近代国家共同体思想

近代以来,西方政治思想在其独特的发展历史中逐渐形成以契约论为基本思想的理论系统,并对后世政治思想的发展和政治制度的构建产生了极大的影响。霍布斯、洛克和卢梭以人性论为基础,对各自的契约论展开论述,并希冀建立理想的共同体。霍布斯将人的自然状态理解为战争状态,基于人性恶的假设,霍布斯预设了两个前提:自然资源的稀缺,以及自然状态下人的能力在各个方面大致相等。这就使每个人在自由追逐其欲求时,不得不与他人竞争,只有运用自己所拥有的权势与他人进行激烈的争夺,才能保障自身的生存,战争状态就不可避免地产生了。霍布斯生活的时代,英国社会处于长期的动荡不安中,保障生命和维护安全成为人最基本的现实需求,自然法的约束软弱无力,只能靠内在的良知和道德上的自觉,而人的欲求又是无限的,"没有武力,信约便只是一纸空文,完全没有力量使民众得到安全保障,这样说来,只有自然法,而没有建立一个权力或权力不足以保障我们安全的话,每一个人就可以合法依靠自己的力量和计策来戒备所有其他的人"②。霍布斯提出构建绝对权威,形成一个强有力的公共权力,"就只有一条道路:把大家所有的权力和力量付托给某

---

① [德]弗里德里希·迈内克著,时殷弘译:《马基雅维利主义》,商务印书馆2008年版,第404页。

② [英]霍布斯著,黎思复、黎廷弼译:《利维坦》,商务印书馆2008年版,第128页。

一个人或一个能通过多数意见把大家的意志化为一个意志由多人组成的集体"①。最终在这样一个强有力的共同体中摆脱战争状态。

洛克将人的自然状态理解为和平状态,基于人的平等性和个人主义观念,洛克否定人性论,批判霍布斯的人性恶,主张人性没有善恶之分,即使有善恶之分也是从后天的实践中得来的。洛克认为,人生而自由且具有理性,在自然法的范围内,没有一个人可以享受多于别人的权力,他们有能力自行决定他们的行动和处理他们的财产和人身,人与人之间的关系处于和平、自由和平等的状态。但自然状态仍具有缺陷:一是缺少一个为民众所公认的是非标准,仅能依靠个人好恶和自然法的规则来行事;二是缺少一个为民众所公认的法律裁判机构,人具有理性,个人基于理性而做出各种不同的行为,在缺少公认的是非标准下,难免会出现矛盾和冲突;三是缺少一个强有力的法律执行机构,自然状态下每个人都可作为自身利益的裁判,无法避免偏袒个人现象的出现,导致不公平裁判的产生。洛克要求民众通过理性权衡签订契约建立国家,立法权将成为国家的最高权力。在这一国家中的法是个人权利在制度上的实质性体现,个人权利将高于政府权力,塑造具有立法至上理念的国家。

卢梭是西方社会契约论的集大成者,也是共同体思想的重要代表人物。卢梭将人的自然状态理解为自由状态,基于同霍布斯和洛克的人性论截然不同的人性善的假设。卢梭认为,自由状态是人类最适宜的黄金时代,民众没有道德观念,也就不懂得美德和邪恶的概念,民众没有权利,也没有义务,每个人按照自己独立的意志平等和自由地进行着保证自己生命安全的活动,在自然法的约束下,民众受到关心,能够实现自己的幸福与自我保护;民众因自爱心可以保护自己,因同情心可以获得他人的帮助。在这样的自由状态中,民众过着幸福快乐的生活。但是,"从人民觉察一个人具有两个人的粮食的好处的时候起,平等就消失了"②。私有制的产生导致了不平等和奴役的出现,自然法已经无法约束和协调人与人之间的关系,"自然状态中不利于人类生存的重重障碍,在阻力上已超过了每

---

① [英]霍布斯著,黎思复、黎廷弼译:《利维坦》,商务印书馆2008年版,第131页。

② [法]卢梭著,李平沤译:《论人与人之间不平等的起因和基础》,商务印书馆2009年版,第97页。

个人在那种状态中为了自存所能运用的力量"①。卢梭呼唤一种能够杜绝思想异化和阻挡社会之恶的人类社会制度，在这个社会制度中，既能满足个人欲求也能避免与整体利益的冲突，实现将权利与利益、正义与功利的结合，这个结合需要"我们每个人以其自身及其全部的力量共同置于公意的最高指导之下，并且我们在共同体中接纳每一成员作为全体之不可分割的一部分"。② 这个结合的过程创建了共同体，产生了国家。卢梭认为，共同体的创制是人民成为人民的过程，创制的核心在于每个结合者将自身的一切权利全部转让给共同体，每个结合者不再是独立的个人而成为共同体的一部分，共同体社会就成为权力社会。卢梭的共同体思想比霍布斯和洛克的更为明确和具体，为后人阐释了共同体创制的过程和意义，为此后共同体思想的发展奠定了基础。

四、当代国家共同体思想

罗尔斯是当代西方新自由主义的代表人物，罗尔斯的共同体思想基于他对于正义的论证。罗尔斯认为，"在原初状态中，当事人把社会看作是一种为了达到互利而进行的合作，而这种社会的典型特征是，这些当事人之间既存在利益的冲突，也存在利益的一致"③。罗尔斯的共同体存在于两种观念中——私人社会和社会联合。私人社会同罗尔斯的自由主义和个人主义相一致，这一社会中的人不仅具有各自的私人目的，而且它们相互无关或是相互冲突，社会制度不具有任何价值，只是作为实现私人目的的手段，所有人都喜欢这种能够实现个人利益最大化的社会，而无需考虑善和正义。罗尔斯并不认同这种私人社会观念，反而强调人的社会本性。罗尔斯认为，"人的社会性不是单纯地意味着社会对于人类生活来说是必需的，或者只有生活在社会中的民众才能够产生需要和兴趣，而这些需要和兴趣推动他们为了互利而相互合作"④。只有社会联合才能够使其每一个成员共同分享其他人之天赋所产生的成果，"我们就达到了一种人类共同体的观念，其中每一个成员都互相分享着由自由制度所激发出来的卓越和个性，

---

① [法] 卢梭著，何兆武译：《社会契约论》，商务印书馆2010年版，第18页。
② [法] 卢梭著，何兆武译：《社会契约论》，商务印书馆2010年版，第20页。
③ 姚大志：《正义与罗尔斯的共同体》，《思想战线》2010年第4期，第51页。
④ 姚大志：《正义与罗尔斯的共同体》，《思想战线》2010年第4期，第52页。

第四章 米特兰尼功能主义国际关系理论的本质内涵

他们认识到每一个人的善是全部活动中的一个因素，而整个体制则得到了一致赞同并且给所有人都带来快乐"①。罗尔斯不仅将社会联合视为共同体，而且将这一共同体视为政治共同体，"政治自由主义是这样一种共同体，它是一个价值多元、政治整合的政治社会，……这是一个政治共同体的基本要素，除非你选择与你个人信仰比较温和的其他政治共同体"②。共同体就是罗尔斯所说的政治社会，也就是我们通常理解的国家。

共同体是社群主义的重要研究范围，桑德尔作为当代社群主义的代表人物，提供了一个全新视角来阐述他的共同体思想。桑德尔基于对罗尔斯的批判区分了两种不同形式的共同体，第一种共同体称为工具性的，它根据传统个人主义的假定，将主体的自私动机视为理所当然的，这种共同体展示了一种"私人社会"的形象，个人把社会机构看作一种必要的负担，并且只为了追求私人目的而从事合作。第二种共同体是罗尔斯的共同体观念，也可称为情感性的。在这种共同体的观念中，其成员共有某些最终目的，并把社会合作当作一种善。虽然每一个成员都拥有自己的利益，但它们之间的利益并非总是对立的和冲突的，在某些情况下也是互补的和交织的。桑德尔认为，无论是工具性的还是情感性的，都是个人主义的，它们的解释都不能提供一种强有力的共同体理论以满足罗尔斯正义原则的要求。③桑德尔提出了第三种即社群主义的共同体观念，"说社会成员被共同体意识约束，并不是说他们中的大部分人承认共同体的情感就都追求共同体的目的，而是说，他们认为他们的身份——既有他们情感和欲望的主体，又有情感和欲望的客体——在一定程度上被他们身处其中的社会所规定。对于他们来说，共同体描述的不是他们作为公民拥有什么，而是他们是什么；不是他们所选择的一种关系（如同在一个志愿组织中），而是他们的依附；不是一种属性，而是他们身份的构成成分。比起手段型和情感型的共同体观念，我们可以把这种观念称之为构成性观念"④。桑德尔强调，罗尔斯的共同体观念太弱了，本质上仍是个人主义的，它无法满足实

---

① 姚大志：《正义与罗尔斯的共同体》，《思想战线》2010年第4期，第52页。
② 许纪霖主编：《共和、社群与公民》，江苏人民出版社2004年版，第358页。
③ 姚大志：《正义与罗尔斯的共同体》，《思想战线》2010年第4期，第55页。
④ [美]桑德尔著，万俊人译：《自由主义与正义的局限》，译林出版社2001年版，第182页。

行正义原则和保证社会的稳定性,但社群主义的构成性共同体能够满足实行正义原则和保证社会的稳定性。

从古希腊的柏拉图、亚里士多德,到文艺复兴时期的马基雅维利,再到近代的霍布斯、洛克和卢梭,最后到当代的罗尔斯和桑德尔,共同体思想发展和演变的历史脉络展现在世人眼前,他们的共同体思想既有相互借鉴也有相互批判,不仅充实了西方的政治思想,而且为人类社会组织未来的发展方向提供了丰富多彩的政治构想。共同体思想经历了从原始共同体到当代共同体的发展和演变,知识的爆炸和学科的细化使得共同体在不同的学科语境下被阐释、分析、系统化和理论化,霎时间共同体仿佛走进一个永无休止的辩论漩涡中。我们不禁发问,未来的共同体将走向何处。

第二节 国家共同体的衰落

当代国际社会中经济和社会的相互依赖不断加强,国际组织的数量也在与日剧增,世界正在逐渐形成一个有机共同体。米特兰尼认为,"国家的存在和发展就是个错误,它既不能恰当地也不能有效地解决人类经济社会的健康持续发展所遭遇的问题和苦难。一个完整的国际社会被国家体系的武断且僵硬的模式垂直划分开,主权成为维护这一分裂状态的借口和武器,同时,主权无法解决本国的诸多基本问题却又不允许其他国家染指其中"[①]。因此,与罗尔斯和桑德尔的国家共同体思想不同,米特兰尼走向了批判和否定国家共同体的理论道路。

一、国家共同体的转变

作为自由主义学者,米特兰尼的身体中仿佛天生就有反国家的基因。米特兰尼认为,他所处的时代正陷于一种矛盾处境。一方面,国际社会中经济和社会的相互依赖愈加明显,国际组织的数量逐渐增加,国际组织对国际社会的治理也愈发深入,并不断获得肯定;另一方面,国家正在不断地强化主权,塞尔维亚民族主义对民族自决权的争取成为第一次世界大战

---

① Inis Claude, "Swords into Plowshares: The Problems and Progress of International Organization," NY: Random House, 1964, p. 382.

第四章 米特兰尼功能主义国际关系理论的本质内涵

的导火索,纳粹主义和法西斯主义等极端民族主义直接导致第二次世界大战的爆发,国家治理能力的有效性逐渐降低。在这一时代背景下,国家的角色经历了一次重大转变——从19世纪封建专制特权的反抗者和个人权利的捍卫者转变为20世纪公共管理的执行者和社会服务的供给者。19世纪社会形态从封建社会向资本主义社会过渡,国家通过宪法和法律限制统治者权力最小化,保障普通民众个人自由最大化,进而明确统治者和普通民众之间的权利划分,宪政民主制度的确立使得普通民众的个人权利得到宪法和法律的保护,这是国家在19世纪从封建社会向资本主义社会过渡的一次重要转变。20世纪国家的角色不仅是个人权利的捍卫者,而且是公共管理的执行者和社会服务的供给者——国家统治的新表现。同时,伴随着普选权的普及,在争取和拉拢选票的巨大压力下,国家必须要对社会进行有效治理从而避免社会服务缺失和经济萧条引发民众不满。实现有效治理也要求对国家机器——议会、政府、法院和军队的组织结构和权力分配进行调整。与此同时,一股新生力量——利益集团,逐渐渗入国家政策的制定和执行过程中,开始参与国家对于社会的治理。米特兰尼认为,在民众诉求程度不断加强和国家治理范围不断拓展的情况下,20世纪的国家不仅凭借宪政民主制度来保障普通民众的个人自由,而且运用有效的社会治理手段满足民众的诉求,变"旧式的消极自由主义国家"为新式的积极主动的国家管理者和治理者,从国家安全到社会治理,国家已经渗入到人类社会的每一个角落,国家俨然变成了一个无所不能且无所不在的"全权国家"。[1] 全权国家的产生是国家治理范围和程度不断扩展和深化的结果,也是普通民众为了获得国家所提供的福利而服从和遵守国家控制的结果。米特兰尼强调,"全权国家,从社会学上来看,是一个有机体的组合;从政治学上来看,可以满足民众的所有政治诉求,同时,全权国家的有效运行依赖于普通民众对它的忠诚和绝对响应的程度"[2]。但是,全权国家对公共管理和社会治理的总揽势必带来新的社会问题,对内为了施行增强民众物质福利的政策,需要民众遵守一致同意原则,这种一致同意原则将会对个

---

[1] A. J. R. Groom and Paul Taylor eds., "Functionalism: Theory and Practice in International Relationship," London: University of London Press, 1975, p. 27.

[2] David Mitrany, "Mental Health Address," Proceedings of the International Conference on Mental Hygiene, London: H. K. Lewis, 1948, p. 78.

体意识和个人自由造成威胁；对外这种对于公共管理和社会服务的总揽也将使民众在民族平等和民族自决等观念的驱动下再次聚集到国家的控制下，在一致同意和民族主义观念的原则下，全权国家逐渐演化为警察国家。[①] 米特兰尼认为，这种现象在第一次世界大战期间就已出现，只是在不同国家表现出来的范围和程度不同而已，特别是在两次世界大战中，凯恩斯主义在美国大行其道，全权国家日渐掌控住对社会的和经济的全部计划，从而进行合理的资源分配和再生产，但自由主义学者对于全权国家所带来的拓展的社会政策和延伸的政府参与，能否促进经济繁荣产生了深深的怀疑以至否定。作为自由主义学者阵营中的一员，米特兰尼对国家的发展和未来也表达了怀疑以及否定。

其一，国家迫使现代民主政治基石日渐崩塌。国家治理权限的合法性来源于国家宪法，国家治理权限的扩展也需要宪法给予正名。对于任何一个宪政民主国家而言，宪法丝毫的修正（改）都是一件惊天动地的大事件，势必产生不可避免且无休止的争论。国家治理权限的合法性只能通过国家治理的有效性来实现，换句话说，国家只能在某些特定环境下，强化社会服务供给的有效性获得民众支持，从而获得合法性。实现国家治理有效性的第一步就是要保证能够制定合理的政策并有效地施行。国家将政策制定和执行分配给诸多专业部门和机构，这些专业部门和机构在政策制定过程中咨询相关专业公司和专家。这个过程并非完全透明，单个部门和机构并不清楚同其他部门和机构之间的关联程度，在这些专业部门和机构中的不受选票束缚的文官们将对政策制定起决定性作用。米特兰尼强调，"在国家和民主制度之间，通过普选制的强化，国家获得更多的合法性——政治化的'民治'和通过经济社会'计划'的扩展，国家实现更多的有效性——社会学化的'民享'，代议制将会逐渐丧失对于政策制定和执行的控制，直接导致代议制的作用在政策制定和执行过程中愈发减弱"[②]。普选制要求全权国家满足民众对于社会服务的需求，政策制定和执行的有效性则必然弱化代议制的作用，增强"民享"则意味着减弱"民治"。

---

① David Mitrany, "Mental Health Address," Proceedings of the International Conference on Mental Hygiene, London: H. K. Lewis, 1948, p. 79.
② David Mitrany, "Parliamentary Democracy and Poll Democracy," Parliamentary Affairs, Vol. 9, No. 1, 1955 – 1956, p. 20.

第四章 米特兰尼功能主义国际关系理论的本质内涵

其二，国家迫使特定区域之内的民族多样性彻底消失，完全覆盖在民族主义的大旗之下。民族的内聚和繁衍成为国家存在的前提，不仅在眼前的西方民主社会，在遥远的东方也是如此。米特兰尼对于国家利用现代媒体技术传播民族主义的意识形态的积极效果表达了完全的否定。一方面，国家运用现代媒体技术高效和广泛地开展教化、说服和动员广大民众的活动，进而传播民族主义意识形态，从内部彻底地毁掉了国内民族文化多样性的可能，使昔日的多元社会变成单一的主权国家，在不同的国家中流行各异的民族主义又人为地将国际社会分裂开来，引发了国家间持续不断的冲突和战争，这些在国家间持续不断的冲突和战争迫使国家调动一切经济上和物质上的力量来保卫自己和打击对手，这种能力反过来又刺激了民族与国家之间的深度融合。另一方面，国家利用现代媒体技术传播民族主义的意识形态，主动采取教化、说服和动员等方式有意地将民众带进民族主义的窠臼之中，民族主义的确立和强化使得民众将忠诚完全献给国家，聚于民族主义大旗之下，"我们不得不遭受持续且故意传播的民族主义的洗礼，民族主义成为国家保卫民众安全的无上法宝和政策工具"[1]。国家人为地切断了与外界的天然关联，彻底地将一定区域内的民族同该区域之外的民族人为地分离开，并将外界视为威胁和侵犯的来源，这种行为将直接导致"在一个缺乏世界政府的国际体系之中，为了民族存在和发展，所有国家必须具有持续并广泛地控制民众生活的能力，如同今天的西方国家所做的一样，国家不得不将民众束缚于彼此的民族主义之中，成为限制国际交流和阻碍人类融合的'绊脚石'"[2]。

19世纪的国家是个人权利的捍卫者，保障个人权利和自由；20世纪的国家则变得愈加无所不能，国家不仅要保障个人权利和自由、产权和契约，而且要努力实现社会的全额就业和稳定繁荣，随时面临未能满足民众利益诉求而引发的严重后果。但国家的这些新发展导致了宪政民主政治基石日渐崩塌、民族多样性彻底消失和民族主义观念日趋强大。民众为了获得更多的物质利益不得不让权力集中于国家，国家运用集中的权力却故意

---

[1] David Mitrany, "Mental Health Address," Proceedings of the International Conference on Mental Hygiene, London: H. K. Lewis, 1948, p. 77.

[2] David Mitrany, "Mental Health Address," Proceedings of the International Conference on Mental Hygiene, London: H. K. Lewis, 1948, p. 80.

制造出对于其他民族的误解乃至敌意,"所有的社会活动都要服从且服务于国家安全,保障国家安全的观念已经凌驾于保障个人权利的观念,国家已不再是人类的工具,转而变成了人类的主人"①,这直接导致了人为创造出的国家无法真正保障民众的安全和提供更好的服务,反而成为产生冲突和战争的根源。米特兰尼认为,在这种矛盾下,随着国家权力的与日俱增,国家治理能力的有效性却日渐下降,代议制将逐渐丧失宪政民主政治基石的作用,民众不得不将昔日献于国家的忠诚逐渐转移给那些能够真正保障民众安全和提供更好服务的组织,而国家注定会走向衰落。

二、国家共同体的衰落

作为反国家的自由主义者,米特兰尼毫不留情地对国家进行了批判和否定。也正是基于对主权国家的批判和否定,米特兰尼进一步阐述了国家共同体正在走向衰落的观点。

首先,相互依赖成为国际社会的新常态,日渐打破主权国家之间的地理界限。工业革命以来,科学技术的进步将昔日相互隔绝的世界紧密地联系在一起,人类的互动范围不断拓宽,共同利益不断扩大,跨越国界的国际行动与日俱增,相互依赖成为国际社会的新常态。米特兰尼认为,"现如今,我们正在从贪得无厌型国际体系向合作互助型国际体系过渡,这种合作互助型国际体系提倡一种在不同群体和组织之中的民众相互平等的观念,这不仅是维护和平的有效方式,也是构建'世界共同体'的坚实基础"②。世界共同体虽尚未形成,随着科学技术的迅猛发展,例如航空、无线电、原子能、外太空探索等领域,国家的个体行为已经无法满足科学技术发展的需要,跨越国家界限的国际合作成为科技进步的必然产物,国际合作不仅可以有效地维护和平,而且可以带给民众更好的生活,相互依赖已经成为国际社会的新常态,并正在逐渐打破国家之间的界限。"与第一次世界大战之后人人渴望回归主权国家的情况相比较,第二

---

① David Mitrany, "Mental Health Address," Proceedings of the International Conference on Mental Hygiene, London: H. K. Lewis, 1948, p. 78.
② David Mitrany, "The Functional Theory of Politics," New York: St. Martin's Press, 1975, p. 202.

次世界大战后，构建一个'世界共同体'的需要已成为一种势在必行的改变。"① 米特兰尼相信，对于构建世界共同体，未来的前景将是十分光明的。

其次，国家安全概念的范围已超越国家的地理版图，国家主权和国家自决的观念正在不断弱化，进而加速了主权国家的衰落。米特兰尼强调，当代国家安全"只靠飞机和大炮来捍卫"的观念已经落伍，"当代国家安全不仅要依赖军事实力，而且要依赖掌控和调动战略资源的实力，例如，粮食、能源资源等"②。伴随着相互依赖的不断强化，米特兰尼认为，"现如今，在许多情势下，主权国家回溯到现代民族主义形成之前所存在的那个'大同世界'之中；国家和国际的演进曲线正在日趋靠拢，虽然国家和国际的演进领域有所不同，但是国家和国际的演进层次越发趋同"③。民众已经无法再像从前那样与世隔绝，国家安全也无法再被孤立的主权国家所捍卫，只靠飞机和大炮来捍卫国家安全的日子"一去不复返"，而那些同国家安全紧密相关的战略资源只有通过国际合作和协调才能获得及时充分的调动和使用。在一个利益重叠日趋复杂、相互依赖日趋深化、国际制约日趋多元的国际社会中，国家主权同国家自决的观念一样正在不断弱化，进而加速了主权国家的衰落。

再次，意识形态成为打破国家政治界限的有力武器，国际主义意识形态的影响日渐深远。米特兰尼认为，1936—1939年的西班牙内战是说明国家主权被打破和民族自决原则被无视的最佳案例。在这场西班牙内战中，意大利、德国和葡萄牙支持佛朗哥，苏联支持西班牙政府。因为意大利和德国坚信其所信仰的意识形态在其他国家之中的胜利也应该得到支持和帮助，所以，意大利和德国义无反顾地帮助和支持佛朗哥——与他们具有相同意识形态的人。西班牙内战不仅是一场主权国家认为有权利参与的战争，而且，例如支持政府的反法西斯意大利人及反纳粹德国人和世界其他

---

① David Mitrany, "World Unity and the Nations," London: National Peace Council, 1950, p. 1.
② Per A. Hammarlund, "Liberal Internationalism and the Decline of the State," NY: Palgrave Macmillan, 2005, p. 71.
③ David Mitrany, "A Working Peace System," Chicago: Quadrangle Books, 1966, p. 98.

地方具有相同意识形态的民众都参与了这场内战。[1] 西班牙内战已经演化成一场全球战争的象征，民族主义意识形态在国际主义意识形态面前毫无招架之力。1919年巴黎和会再次肯定了主权国家具有民族自决权的原则，但这种民族自决原则正在被国际主义所取代，无论是在老牌资本主义国家，例如法国、西班牙，抑或是新兴主权国家，例如罗马尼亚，这些国家都无法避免地被意识形态所割裂，最终那些具有相同意识形态的民众跨越国家之间的政治界限进行重组，形成一种取代主权国家的全新共同体。

最后，国际组织数量的增加和参与事务范围的扩展使其逐渐取代国家的角色，形成一种"超越国家"的新秩序。米特兰尼认为，"'国家的衰落'的主要表现之一就是国家政策的制定者为了扩展政策的影响范围和提供更好的社会福利，例如就业政策和社会保障政策等，他们不得不规避甚至无视国际和国内的法律法规，国家已不再具有昔日的权威"[2]。与此同时，"国际关系的管理正在沿着相似的功能路径进行演化"[3]，通过超越国家界限从而解决实际问题的国际组织的数量和影响范围正在逐渐增多和扩大，并有取代国家的趋势。无论是美加的阿拉斯加公路计划、美墨的格兰德河计划、英美联合原料委员会，还是联合国经济及社会理事会、联合国教科文卫组织，抑或是国际劳工组织、国际铁路联盟、万国邮政联盟、国际电信联盟等各种各样的国际组织，它们有的是政府间组织、有的是非政府间组织，它们有的通过协商方式解决共同的国际问题、有的是通过权威方式解决共同的国际问题，不管是哪种组织形式或使用哪种解决方式的国际组织，在诸多特定的国际问题领域或范围内，"这些国际组织所表现出的民主代议功能都要比国家权力部门更为先进"[4]，这不仅表现出国际组织所具有的治理能力不断增强的特殊意义，也预示着人类社会正在走进一种超越主权国家的新秩序。第二次世界大战后，为国际社会所认可的主权

---

[1] Per A. Hammarlund, "Liberal Internationalism and the Decline of the State," NY: Palgrave Macmillan, 2005, p. 71.

[2] Per A. Hammarlund, "Liberal Internationalism and the Decline of the State," NY: Palgrave Macmillan, 2005, p. 70.

[3] David Mitrany, "A Working Peace System," Chicago: Quadrangle Books, 1966, p. 99.

[4] David Mitrany, "The Functional Theory of Politics," New York: St. Martin's Press, 1975, pp. 89–90.

国家的数量与日俱增，主权国家的治理权限也在不断拓展，但相互依赖的增强和国际组织的增多也是国际社会的客观发展。作为反国家的自由主义学者，米特兰尼对于国家的批判和否定，很难保证其对于国家未来发展的客观分析，但米特兰尼国家衰落的观点并不有失公允。综合以上对国家的衰落的具体阐述，与其说米特兰尼的观点过于片面，不如说米特兰尼执一家之言，希望充分表达出对于国家未来发展的消极预判，为提出构建世界共同体的理论路径奠定思想基础。

第三节 构建世界共同体

当代国际社会中经济和社会的相互依赖不断加强，国际组织的数量也在与日俱增，世界正在逐渐形成一个有机共同体。与此同时，民族主义给国家带来的天然排他性和潜在对抗性却未曾消失：对内，国家不断强化在其领土上对其国民的控制；对外，国家警惕并随时准备抵御他国侵犯。国家在民族主义大旗的指引下，无视国际社会中经济和社会的相互依赖正在不断加强的事实，竭力尝试切断同外界经济和社会的联系。米特兰尼认为，"为了能够实现民众理想生活的目标——赋予民众机会平等和自由表达的权利——我们需要那些独立于宗教教义之外的机构，同时允许我们独立于这些机构之外，出于这个目的，我们首选的机构就是主权国家。但是，现如今，国家已经变得软弱以致无法保障我们的安全，但又强大到总是践踏我们的自由"[1]。

面对这一窘境，米特兰尼认为，一方面，"最为简单的建议就是立刻停止国家的行动，只要国家是为了维护其独立个体的行动，就无视这些行动的有效性和必要性。因为，虽然国家的问题仍会出现，也需解决，但是它们只是国际社会整体组织中的一部分"[2]。另一方面，将国际社会中经济和社会的相互依赖行为统筹在国际合作的机制之中，而且在这个机制之内合作层面不再具有国内与国际的区别，只是合作领域有所不同。米特兰尼

---

[1] David Mitrany, "The Progress of International Government," New Haven: Yale University Press, 1933, pp. 140–141.

[2] David Mitrany, "A Working Peace System," Chicago: Quadrangle Books, 1966, p. 111.

所设想的即是通过国家主权向功能性国际组织的转移，逐渐使国家主权的作用淡化乃至消失，从而建立一种同国际合作共生的世界共同体。但米特兰尼并没有彻底否认主权国家在现阶段对国际合作的重要性和必要性，他强调，"'国际性'，不仅包含国家之间层面，而且包含超越国家的层面"①，国际合作不仅发生在国家之间，而且发生在具体问题领域，这些具体问题领域又表现出国家利益的具体所在，"在主权从国家政府向世界政府转移过程中，国家充当'初期的国际机构'是最为合适的"②。米特兰尼将主权国家视作构建世界共同体的主要障碍，但在构建世界共同体的过程中，他并未无视客观现状而完全抛弃主权国家，而是对主权国家进行了特别修改，使得"那些'障碍'在逐渐消失的同时，更能够接受超越其上的共同行动"。③ 在现实世界中，早期欧洲一体化的倡导者接受了米特兰尼功能主义的理论指导，通过功能主义的理论路径构建起欧洲共同体，为实现米特兰尼的世界共同体提供了宝贵的实践经验。

一、当代共同体

艾瑞克·霍布斯鲍姆指出，"'共同体'一词不会比最近几十年更为不加区别地、空泛地得到使用了"④。小到社区、团体，大到氏族部落、城邦和国家，无一不是人类历史发展中共同体具体形态的不断演变。从古希腊的政治哲学到当代的社群主义，共同体的研究范围始终以国家为上限，其中包含地缘共同体、血缘共同体和宗教共同体等原始共同体。但是，伴随着近代科学技术的迅猛发展和国际社会中相互依赖的日益增强，国家与国家之间、民族与民族之间、群体与群体之间乃至人与人之间的联系与交往正在逐渐打破传统的地缘、血缘和宗教的局限，一大批新兴的共同体概念，例如科学共同体、学习共同体、法律职业共同体、实践共同体、知识

---

① David Mitrany, "A Working Peace System," Chicago: Quadrangle Books, 1966, p. 98.

② David Mitrany, "A Working Peace System," Chicago: Quadrangle Books, 1966, pp. 108-109.

③ David Mitrany, "A Working Peace System," Chicago: Quadrangle Books, 1966, p. 109.

④ ［英］艾瑞克·霍布斯鲍姆著，郑明萱译：《极端的年代：1914—1991》，中信出版社2017年版，第428页。

共同体和国际共同体等日益涌现出来。①"现代性的一个特点是远距离发生的事件和行为不断影响我们的生活,这种影响正日益加剧,这就是我所说的脱域,即从生活形式内'抽空',通过时空重组,并重构其原来的情境。"② 所以,传统意义上的原始共同体正在面临着瓦解和重组。但是,对共同体的研究热度并没有减退,基于不同理论范式和语境下的解读,一大批新兴的共同体概念——当代共同体正在涌现出来,不仅满足共同体中个体的需要,而且具有强烈的精神特质。当代共同体的形成经历了一个逐步重构的过程,逐渐覆盖了社会和国家的各个角落,并正在跨越国境,不断尝试嵌入新的语境中而获得重构。总体而言,当代共同体的形成具有三个核心要素。第一,共同目标是当代共同体生成的前提。马克斯·韦伯认为,"在明显的、模棱两可的'民族'一词背后,都有一个共同的目标,它清晰地根植于政治领域"③。民族作为人类社会中共同体的具体形态正是基于特有的成员间的共同目标——生存、繁衍或安全,如果缺少了共同目标,就只能是松散的临时聚集起来的人群。同时,"共同体目标与组织目标存在本质的区别。前者强调的是'满足成员需求',而后者强调的是'外在目的'"④。共同体目标只是当代共同体生成的必要条件而不是充分条件,一旦无法满足共同体成员的个人需求,成员就有可能脱离共同体。第二,身份认同是当代共同体生成的基础。身份认同源自社会主体的个体对自身生存状况及说明意义的深层次追问,简单地说,就是"我是谁"的问题。身份认同对于共同体而言,就是群体同一性、群体归属感和群体意义感的问题,明确了社会与个人之间的关系;身份认同对于个人而言,个人明确了归属,就会自发结合而归属于某个或某些个群体,因而生成共同体。第三,归属感是当代共同体维系的纽带。"归属感是个体对群体的认同、满意和依恋程度的情感体验。人在群体中生活,必然与群体中其他个

---

① 张志旻等:《共同体的界定、内涵及其生成——共同体研究综述》,《科学学与科学技术管理》2010年第10期,第16页。
② [英] 安东尼·吉登斯著,郑戈等译:《第三条道路:社会民主主义的复兴》,北京大学出版社2000年版,附录。
③ 刘中民:《从族群与国家认同矛盾看阿拉伯国家的国内冲突》,《阿拉伯世界研究》2008年第3期,第10页。
④ 张志旻等:《共同体的界定、内涵及其生成——共同体研究综述》,《科学学与科学技术管理》2010年第10期,第18页。

体具有一定的相似度，包括态度、情感、价值观和行为方式等，相似性高，就容易被群体接纳，得到其他人的认可，这时就会产生对群体的归属感。"① 对于原始共同体而言，血缘、地缘和宗教是共同体成员情感维系的纽带，并逐渐形成某种共同理解，使得共同体成员最先从情感深处达成共识。当代共同体正在打破血缘、地缘和宗教的局限，利益被看作维系当代共同体的纽带，共同体成员对共同体有利益诉求，共同体本身也有利益诉求，"卢梭不相信从纯粹自我利益中可以产生维系共同体的纽带，怎么指望一群只知道追求私人微小而庸俗快乐的人之间能建立友爱、高贵、卓越的生活共同体呢？共同体的根基要到最初的激情或情感中去寻找，从这些情感中能产生比任何人为的纽带更加神圣和牢靠的纽带"②。利益只是当代共同体生成的结果，而不是当代共同体生成的纽带，维系当代共同体的情感是不可磨灭的，归属感才是能够有效维系当代共同体并为共同体成员所认可的共享文化。

二、国际共同体

国际共同体是当代共同体的新发展，欧盟是当代国际社会中运行最为成功的国际共同体。被称为"欧洲之父"的莫内曾多次强调米特兰尼的《有效和平体系》为欧洲一体化思想提供了理论依据。国际共同体存在于国际层次，满足共同体成员的需求和安全，被视作"国际社会中具有某种行动能力的施动者"。③ 因此，对于共同体在国际层次的研究具有两个特点：其一，国际共同体的研究范围打破了社会学和政治哲学的国家疆界；其二，"与社会学、政治哲学一样，共同体对于国际关系研究来说，它在逻辑起点和终点上存在分歧。这种分歧就是共同体的逻辑起点和终点：共同体是一个逻辑起点，它的形成是一种自发的结果，是不可重建的；共同体是一个逻辑终点，是沿着经济一体化道路所达到的目

---

① 张志旻等：《共同体的界定、内涵及其生成——共同体研究综述》，《科学学与科学技术管理》2010年第10期，第18—19页。
② 刘诚：《卢梭的两个世界——对卢梭的国家观和社会观的一个初步解读》，《中国书评》（第二辑），https：//www.aisixiang.com/data/14012.html。
③ [英] 巴里·布赞等，任东波等译：《东亚共同体笔谈——"国际共同体"意味着什么？》，《史学集刊》2005年第2期，第2页。

标与结果"①。现实主义基于安全和权力均势的角度,更关注于联盟的生成,即两个及以上的主权国家之间安全的正式和非正式的关系,联盟成员的国家主权独立和互助;而自由主义基于规则和制度的角度,更关注于世界政府的生成,即由主权国家组成的、维护世界和平与发展的超国家组织,世界政府的成员国家主权让渡和共享。无论是现实主义,抑或是自由主义,国际共同体都是"有两个或两个以上国家能维持持续收益增量的正式的联合(制度的互嵌与认同的整合)关系,体现为组织与意义的力量存在"。② 具体来说:其一,国际共同体的组成单元是主权国家;其二,国际共同体既有地理空间上的临近型也有跨空间型;其三,国际共同体的层次可分为世界型、区域型、跨区域型和领域型;其四,国际共同体最终将演变为一个世界共同体或者说世界大同。

第二次世界大战后,苏联的外部威胁、法德的内部矛盾和美国的经济援助成为西欧六国最终走向一体化的具体推动力,现代资本主义瓦解了所有的传统,现代战争摧毁了原有的社会结构,但是,唯独不变的是西欧国家对于宗教(基督教)和文化(古希腊罗马传承下的西方文明)的认同,这种认同成为欧洲一体化产生、发展的基础和前提条件。欧洲一体化已走过 70 多年,几经停滞和反复,时至今日,欧洲主权债务危机、欧洲难民危机和英国脱欧等一系列重大历史事件正在考验着欧洲一体化是否能够继续稳步前进。不管欧洲一体化的未来走向如何,欧盟在国家主权的让渡和共享上的创举开辟了共同体发展的全新实践路径。在威斯特伐利亚体系中的国际共同体不仅缺乏身份认同基础上的共同目标和归属感,而且缺少培养成员塑造某种类似身份认同的现实土壤,国际共同体最终演变为世界共同体或者说世界大同更多的是一种幻想。但欧洲一体化的发展道路为世人验证了米特兰尼功能主义的实践价值,为当代世界通过米特兰尼功能主义从国际共同体走向世界共同体提供了一种理论路径。

---

① 赵俊:《国际关系中的共同体与共同体主义》,《世界经济与政治》2008 年第 12 期,第 56 页。

② 赵俊:《国际关系中的共同体与共同体主义》,《世界经济与政治》2008 年第 12 期,第 57 页。

三、世界共同体

米特兰尼指出,"功能主义依赖于自由主义政治哲学思想,使得个体之间可以形成宗教的、政治的、学术的、社会的和文化的各种关系,这种关系又将个体带入不同领域、不同层面的组织之中,包括国际层面。个体簇拥着'功能性忠诚'从而在自由观念下构建起的世界共同体仅仅成为在国家社会和群体之间的延伸和加强"[①]。功能主义不是要用自由主义观念来彻底改变国家,也不相信在世界政府成立之前,所有国家都会变得自由民主,功能主义是要将无数个体的忠诚集合起来,通过共同行动将那些忠诚放置到可以解决社会保障和军事安全等问题的功能性国际组织之中。基于对人类发展逻辑的独特理解——"同物质上的自给自足曾经为国内社会带来和平与安宁一样,如果所发展的联合单位的规模与人类的社会经济需要相称的话,也能够带来国际和平。正如家庭让位于国家一样,国家也必将让位于更大的国际实体,以满足迫切的经济社会需要"[②]。米特兰尼将功能性国际组织的作用限定在满足民众基本需求方面。功能性国际组织是基于在特定领域的国家间政府协议建立而成,并获得必要的权力和资源,一旦建立,功能性国际组织的唯一目标就是实现在特定领域内的有效性和公正性。国家是功能性国际组织的主要参与者,在功能性国际组织的形成和发展过程中具有重要作用,只有国家主动向其参与的功能性国际组织让渡主权,功能性国际组织才会具有必要的权力和资源来满足人类的基本需求。功能性国际组织具有独特优势,"功能中立可以发生在那些政治中立无法实现的地方,功能是一种技术自决,功能可以直接说明达到目标所需要的实施范围和权力,这正是功能性国际组织能被人类广泛接受的主要原因之一"[③]。出于现实考虑,一方面,为了防止大国对于这些功能性国际组织的控制,米特兰尼拒绝一国一票制,接受一致同意原则,无论国家大小强

[①] A. J. R. Groom and Paul Taylor eds., "Functionalism: Theory and Practice in International Relationship," London: University of London Press, 1975, p. 67.

[②] [美] 肯尼思·W. 汤普森著,耿协峰译:《国际思想大师——20世纪主要理论家与世界危机》,北京大学出版社2003年版,第245页。

[③] David Mitrany, "The Functional Approach to World Organization," International Affairs, No. 3, 1948, p. 358.

弱，在执行机构中的代表权一律平等；另一方面，若要功能性国际组织的工作更为有效，除了倾听民众声音之外，米特兰尼支持将非政府组织引进功能性国际组织，因为非政府组织可以提供更为专业的信息和视角，在某些特定领域有利于功能性国际组织的工作。

　　为了进一步解释功能主义的施行，米特兰尼以国际运输、国际通信、国际生产等领域为例来说明。第一，功能性组织需要建立在铁路和航运等领域中，这些组织的成员需要将他们的忠诚或者对于任务管理有效性和公正性的认可放到这些功能性组织之中。第二，出于协调上述功能性组织的原因，需要建立超执行机构，超执行机构的功能性相同，解决问题技术手段则不同。第三，在这些功能性组织之中包含许多不同的利益集团，需要在这些利益集团之间设立协调机制，但并不需要对功能性组织的目标提前设定。第四，功能性组织需要国际计划机构的指导，不仅有助于经济效率最佳化，而且有助于缓解经济周期波动。例如，在指导船舶生产订单的分配方面。米特兰尼认为，第三点和第四点的区别并不明显，他进一步作出解释：第三点关注生产原料的分配问题，并提供解决问题和完成任务的技术方法；第四点关注根据需求而出现的生产问题，并根据需求和能力来提供计划。第五，在所有这些功能性组织上，需要成立永久性的政治机构，例如，国际联盟大会，它可以定期监督功能性组织的工作、讨论宏观政策和表达民众意愿，"在政策制定方面，为了避免同主权国家发生不必要的争吵，它无权制定具体政策"[1]。"如果在功能性组织之中出现要求对现存政策重新审议或制定新政策的情况，这个要求只能由理事会中的参与国来决定。"[2] 在这一点上，米特兰尼保留了主权国家的权威，并未彻底地否定主权国家体系，这与将主权国家视作合作初期的国际权威的想法是密不可分的。一方面，米特兰尼将主权国家视作国际合作的主要障碍；另一方面，米特兰尼又希望主权国家主动转移主权给功能性国际组织，在批判主权国家并寻找超越主权国家体系路径的过程中构建起功能主义。米特兰尼相信，"在权力政治向功能秩序的转变过程中，如果一种新型国际组织的

---

[1] David Mitrany, "A Working Peace System," Chicago: Quadrangle Books, 1966, p. 109.

[2] David Mitrany, "A Working Peace System," Chicago: Quadrangle Books, 1966, p. 109.

管理在每一个案例中都反映出某些价值,并经历和培养一种可以提供及时必要的纠正的新前景,我们对此将感到非常满意"[1]。米特兰尼给人类带来的不是实现一体化的理论路径,而是通过构建世界共同体来实现人类永久和平的理论路径。[2]

四、政治的未来

功能性合作将成为未来世界的政治常态。米特兰尼认为,民众对共同体的忠诚和归属感是建立在共同体可以满足民众基本物质利益需求的基础之上。现如今国家仍是提供物质福利和社会保障的共同体的主要形式,民众对于国家具有忠诚和归属感。如果国际合作可以满足民众的基本物质利益需求,民众就会将忠诚和归属感主动献与世界共同体。在不远的将来,随着功能主义的深入发展,国家终将会被无所不包且互联互通的功能性国际组织所替代。科技的迅猛发展为国际化提供了充分的物质基础,国际交往不断增多的直接后果首先是国家不再可能独善其身,一个国家的任何经济举措都将会影响到相关国家,这种不断增多的交往也会增强国家彼此之间的对抗乃至敌视。米特兰尼对于这种现象极为认同和向往,"毫无疑问,这种正在发生的潮流将推动世界形成一种全新的社会结构,有效的功能性合作将融入国家的文化自由之中"[3]。米特兰尼相信,"功能主义将促进国家间共同的目标和利益的增进,国家之间的界限则将变得愈发毫无意义,这些共同的目标和利益将引发必然的合作,并要求某种共管机构的建立"[4]。在这样的社会中,共同的目标和利益不仅将消除民族主义、法西斯主义等极端民族主义,而且将刺激国家间功能性合作的开展。功能性合作不仅将逐渐磨合国家之间的差异和分歧,而且将逐渐消除国家之间的政治和地理的界限,功能性合作将成为国家交往的常态。只有功能性合作,才

---

[1] David Mitrany, "A Working Peace System," Chicago: Quadrangle Books, 1966, p. 111.

[2] Per A. Hammarlund, "Liberal Internationalism and the Decline of the State," NY: Palgrave Macmillan, 2005, p. 127.

[3] David Mitrany, "The Progress of International Government," New Haven: Yale University Press, 1933, pp. 93–94.

[4] David Mitrany, "A Working Peace System," Chicago: Quadrangle Books, 1966, pp. 93–94.

第四章 米特兰尼功能主义国际关系理论的本质内涵

能带来经济繁荣和社会稳定,最终建立世界共同体。

理性的力量将不断推进和强化功能性合作。米特兰尼认为,当问题毫无遮挡地摆在民众面前,尤其是那些实际问题,民众具有的善意和良好的判断力足以使他们作出正确的选择而不致陷入教条之中。当民众对未来的真实性充满肯定时,这个未来也就不再遥不可及。换句话说,当民众充分认识到民族主义作为意识形态的实际局限性,离民族主义彻底失去生长土壤的日子也就不远了。米特兰尼对理性的力量充满了信心,"一旦民众接受功能性组织治理的观念,在地区和全球范围扩展的服务以及随之而来的权力将满足每一个案例的需要,绝不会因为分权的理由而遭到拒绝,更不会对治理的需要和意义产生故意的曲解"[1]。米特兰尼强调,如果将民众的理性选择功能性地放到提升通信和运输等方面,民众将会自然而然地构建起一个覆盖国家界限的共同体,在未来,日益扩展和增强的功能性合作必然构建起世界共同体。在理性力量的推动之下,为了推进和强化国家之间的功能性合作,民众会有意地规划共同的目标和需求。无论是民主国家,或是极端宗教和政治组织,它们之中的许多人反对任何形式的国家间合作。但随着民众对于福利要求的与日俱增,国家无意间已经走上了构建福利世界的道路——富国通过与穷国的国际合作来帮助穷国。理性的力量将激发起民众对于满足需求的理性选择和坚持——合作,合作又打开了另一扇门——从相互竞争和敌视的国家体系走向互帮互助的世界共同体。

回顾人类历史,民众不仅经历过世界大战所带来的精神剧痛,也体验过科技进步所带来的物质进步,"人类社会的每一阶段都包含着和谐与不和谐的因素,它们只不过是人类所作出的抉择并得以发展的结果"[2]。展望人类社会未来,"与古希腊时期相比较,人性在历经人类历史长河的洗礼之后并未发生任何的实质性改变"[3],但在经历了两次世界大战之后,民众

---

[1] David Mitrany, "The Progress of International Government," New Haven: Yale University Press, 1933, p. 128.

[2] David Mitrany, "The Functional Approach to World Organization," International Affairs, No. 3, 1948, p. 359.

[3] David Mitrany, "The Functional Approach to World Organization," International Affairs, No. 3, 1948, p. 533.

却发现了能够实现永久和平的理论路径——功能主义构建起超越国家体系的合作型世界共同体。在世界共同体中,"将引导民众逐渐建立起一个基于共同利益和目标的统一体,但它并不仅仅是一种政治联合"[1],功能性国际组织将获得必要权力来满足民众的物质需求和社会保障,功能秩序也将应运而生。米特兰尼功能主义不仅提供了通往实现人类永久和平之路,而且描绘出一幅超越主权国家体系之后的世界政治蓝图,激发起民众的智识探索和无限遐想。米特兰尼充满激情地相信,"无论我们曾经因战争、贫穷和失序而遭受的苦难有多少,人类社会都不会停止向前迈进的脚步"[2],最终将构建起有效和平体系。

---

[1] David Mitrany, "The Functional Approach to World Organization," International Affairs, No. 3, 1948, p. 356.

[2] Per A. Hammarlund, "Liberal Internationalism and the Decline of the State," NY: Palgrave Macmillan, 2005, p. 157.

第五章　米特兰尼功能主义国际关系理论的价值追求

实现永久和平是人类社会最为美好而永恒的共同价值追求，因为它最为美好，所以才会让全人类不懈追求甚至以最为激烈的战争方式来捍卫和平。在人类历史的发展过程中，无处不留下战争的痕迹，在某种意义上，人类的发展史就是一部从古至今的战争史。和平，是相对于战争的一种状态，通常是指没有战争或其他敌对暴力行为的状态，在当代国际社会中，和平也意味着同意和支持用文明协商的和解方法来解决人与人、集团与集团、民族与民族和国家与国家之间的分歧和矛盾。战争则也成为了人类处理和解决分歧与矛盾的主要手段，和平又不得不通过战争的方式来实现，战争使和平一次又一次成为了泡影。人类历史发展仿佛陷入一种无解的恶性循环之中。从战争产生之日起，人类就从未停止对战争与和平的思考，"对于人类社会来说，矛盾和冲突当然不可避免，并且在人类追求和平的道路上，战争可能也的确是不可避免的'恶'。这多少印证了黑格尔关于'恶'是历史进步的必要杠杆的见解。可是，无论如何，战争本身不仅是一种道德意义上的'恶'，它同样也是一种政治和政治哲学意义上的'恶'，因为战争本身毕竟给人类社会的秩序和包括人类生命权利本身在内的人类价值和财富造成了巨大的不可弥补的损失，而所有这一切都是无法仅仅靠诉诸'必要的道德之恶'来消除和辩解的"[1]。在政治哲学层面深入思考战争与和平的内在关联成为了政治学始终不变的研究主题，实现永久和平则成为人类历史中不断尝试和探究的研究主题和价值追求。

对实现永久和平的探究可回溯至在战争与和平的永恒冲突中近代欧洲

---

[1] 万俊人:《正义的和平如何可能？——康德〈永久和平论〉与罗尔斯〈万民法〉的批判性解读》,《江苏社会科学》2004年第5期，第2页。

先贤们对战争的否定和对和平的向往,从皮埃尔和卢梭,到边沁,再到康德,这些划时代的思想家基于他们所处的历史时期和思想积淀为探究永久和平书写出如史诗绝唱般的作品,不仅为解读人类的冲突和战争提供了丰富多样的理论视角,而且为实现人类社会的永久和平指明了独特各异的实践路径,构建起连续的探究永久和平的理论脉络。米特兰尼是在20世纪以其最为著名的功能主义来实现永久和平的卓越思想家,汤普森将米特兰尼列入《国际思想大师——20世纪主要理论家与世界危机》一书中的十八位国际思想大师行列,并盛赞米特兰尼为"'以功能主义超越政治学'的世界秩序理论家"。[①] 1943年米特兰尼发表《有效和平体系》,功能主义为刚从世界大战后中走出来的国际社会提供了独具特色的构建有效和平体系的理论路径,霎时间功能路径成为了民众谈论的话题,米特兰尼更是毫无遮掩地将实现永久和平界定为功能主义的价值追求。功能主义是米特兰尼为实现永久和平所提出的一种有关于方法和实践的理论,其理论主旨主要体现在关于为什么和如何实现永久和平的客观分析和理性选择上,其凝聚着人类为实现永久和平所作出的努力和探索。分析米特兰尼构建有效和平体系思想有助于深刻理解米特兰尼功能主义国际关系理论的价值追求。

第一节 构建有效和平体系思想的理论溯源

人类的历史发展始终笼罩在战争的阴影下,战争催生了民众对于和平的向往,也催生了许多具有划时代意义的永久和平思想家及其著作。从1713年皮埃尔的《欧洲永久和平计划书》、1761年卢梭的《永久和平计划》,到1786—1789年边沁的《国际法的原则》,再到1795年康德的《永久和平论》,近代欧洲先贤们为世人构想出诸多永久和平的实现路径。"事实上,永久和平一开始并不是一项哲学的规划,而是一种法律规范的构想。"[②] 一种基于法律规范的国际法律秩序油然而生,与以权力和力量为基

[①] [美] 肯尼思·W. 汤普森著,耿协峰译:《国际思想大师——20世纪主要理论家与世界危机》,北京大学出版社2003年版,第233页。

[②] 何俊毅:《论边沁的普遍永久和平计划》,《人大法律评论》2016年第1期,第413页。

本要素的国际政治秩序相比，国际法律秩序是和平哲学视阈下的"一种司法构造"，是在"作为维持和平的组织机构之上构造的，具有规范性特点"。① 回溯构建有效和平体系的思想渊源，分析不同历史时期的实现永久和平思想的理论特质，总结不同历史时期的实现永久和平思想的理论内涵，有助于加深理解米特兰尼构建有效和平体系思想的理论特质和当代价值。

一、皮埃尔的《欧洲永久和平计划书》和卢梭的《永久和平计划》

1713年皮埃尔撰写完成《欧洲永久和平计划书》，该书由两部分组成：一个是论证他永久和平计划的可行性及优势，另一个是他所希望建立的欧洲联邦政府的基本条款、核心条款和使用条款。皮埃尔生活的欧洲长期处于动乱中，但皮埃尔仍坚信欧洲人最伟大和最美好的向往就是实现各民族间的永恒和普遍的和平，而皮埃尔原本构想了一个囊括全世界所有国家的和平计划，可是出于可行性的考虑将范围限制在所有欧洲基督教国家之间。为了实现欧洲的永久和平，皮埃尔提出创建独立于各个国家的欧洲政府，欧洲各国就可以放弃处理国际矛盾和冲突的权利，甚至放弃对国家军队的掌控。但不幸的是，皮埃尔这一天真而又乐观的计划并没有得到欧洲君主们的认可和支持，没有哪个君主愿意放弃对其国家主权的掌控而加入到那个欧洲政府中，欧洲君主们始终将皮埃尔及其《欧洲永久和平计划书》视为笑柄。

18世纪50年代，卢梭承担起编辑和整理皮埃尔遗世作品的重任。在汲取和借鉴皮埃尔永久和平思想的基础上，卢梭撰写了《永久和平计划》，并在1761年完整发表。《永久和平计划》包括两个部分：一是《圣·皮埃尔的永久和平方案的摘要》（以下简称《摘要》），二是《对圣·皮埃尔的永久和平方案的评价》（以下简称《评价》）。在《摘要》中，卢梭重新阐释了皮埃尔的永久和平思想，并将法律放到了至高无上的地位。"如果有什么方法能够协调国家间危险的冲突的话，那就是建立起一个联邦政府，

---

① 牟文富、刘强：《现代国际法律秩序的思想基础——卢梭、康德和凯尔森之和平架构的比较分析》，《社会科学研究》2008年第2期，第103页。

就像通过一定纽带将个人连接成一个共同体一样将各民族连接起来，在法律的权威下，所有民族都是平等的。"①卢梭举例说明了欧洲建立联邦政府的有利条件，即均势在欧洲的持久稳定的存在、神圣罗马帝国的历史贡献和宗教，在这三方面条件的共同作用下，欧洲表现出了比世界其他地方更紧密的亲切感。卢梭不仅要将欧洲所有国家纳入相互依赖的状态中，而且要以法律的力量，建立一个有权约束所有成员的法律和条令的立法机构。在上述前提条件下，卢梭提出了通过国际法律秩序的确立——"欧洲联邦宪法"，建立能够真正实现永久和平的欧洲联邦，在这个联邦中国家间爆发战争的理由将不复存在，和平取代了战争。

卢梭没有全盘接受和认可皮埃尔的观点，在《评价》中也批判了皮埃尔的欧洲联邦思想。卢梭首先否定了皮埃尔的人的理性已完善的假设，对于欧洲君主而言，在个人理性下的选择，表面利益往往会掩盖真正利益，相对利益往往会超越绝对利益，战争成为君主牟利的主要手段，欧洲联邦就无法建立，永久和平就不会实现。卢梭强调，"如果这个计划没能实施，不是因为它是'乌托邦'的，而是因为人是疯狂的，因为在一个由疯狂的人组成的世界中保持理智本身就是一种疯狂的举动"。在卢梭的政治思想中，公意是它的核心概念，"公意只着眼于公共的利益，公意永远是公正的，而且永远以公共利益为依归；公意不是'众意'，后者着眼于私人的利益，只是个别意志的总和，除掉这些个别意志间正负相抵消的部分剩下的总和仍然是公意"，公意侧重于政治共同体及其各部分的保全和福祉。公意会被个人或小团体的意志所取代，一种是极富有权力而又善于伪装的个人，另一种是权势大于共同体中其他团体的小团体，战争常常会被他们的私利所误导。卢梭还限定公意是"属于特定共同体的，它是只有通过伟大的立法者提供的公民教育而培养出来的特定共和国的公民才能了解的"。②公意对本国的全体公民具有约束力，对他国人民则没有，当整个世界成为一个政治共同体，不同国家和民族只是它的个体部分，它们的公意对于整个政治共同体而言，不再是公意，只是个别意志，当世界政府建

---

① Stanley Hoffmann and David P. Fidler eds.，"Rousseau on International Relations," Oxford: Oxford University Press, 1991, pp. 54 – 55.
② 马德普、[加拿大]威尔·金里卡主编：《中西政治文化论丛》（第六辑），天津人民出版社2007年版，第357—383页。

立，国家公意势必与世界政府的公意相抵触，国家主权在国际社会中必将受损，公意与主权相互对立。在卢梭的政治思想中，国家主权是不可分割和不可转让的，世界政府根本是无法建立的。既然皮埃尔的世界政府无法真正实现永久和平，卢梭提出通过在全世界的每个国家中进行政治改革建立理想国，再由这些理想国家自然联合起来建立永久和平的理想国际社会。卢梭以彼时的日内瓦为参照物，从政治、经济、文化和军事四个方面对现有国家进行内部改革，构建起了其理想国家的全貌——民主、政治稳定、自给自足和专注于发展自身内部事务，理想国家永远不会侵略他国，也不会被任何外部力量所征服，而单独一个理想国家无法实现世界和平，若是全世界的所有国家都改革成理想国家，永久和平就指日可待。因此，卢梭不仅希望通过改革国内的方式解决国际关系不断冲突的问题，还试图解决战争状态下的个人问题。卢梭的永久和平之路既是第二意象的，也是第一意象的，它与国际政治的现状存在很大差异，却与古希腊对国内政治的看法接近，即要通过道德的城邦来实现和平。[1]

二、边沁的《国际法的原则》

实现永久和平作为一种法律规范的构建，萌芽于古罗马时期的万民法。在近代西方思想家中，功利主义创始人边沁在《国际法的原则》中充分阐述了他的永久和平的法律观念。1786—1789 年边沁潜心创作《国际法的原则》，正值法国大革命的前夜，此时的欧洲内部政治动荡、外部扩张加剧，边沁的永久和平思想深受卢梭永久和平思想的影响。在《国际法的原则》中边沁用大量篇幅阐述普遍的和永久的和平计划，充分表达了边沁的法哲学思想，但不幸的是，《国际法的原则》最终并没有完成出版。讨论边沁的永久和平思想首先要回归他的国际法思想，边沁首创的国际法一词是要代替万民法，其行为动机则是要应对英属北美殖民地的独立问题。边沁提出，法律是"由一个国家内的主权者所创制的、或者所采纳的、用以宣示其意志的符号的集合"，并依据"其行为系法律对象的人的政治性质"，将法律部门分为国内法和国际法，国际法主要处理主权国家之间的

---

[1] Stanley Hoffmann and David P. Fidler eds., "Rousseau on International Relations," Oxford: Oxford University Press, 1991, pp. 54–55.

事务。① 但缺乏裁决主权国家效力的国际法是真正意义上的法律吗？边沁认为，国际法可以通过道德性的和宗教性的制约力量实现裁决效力，"必须承认，道德性的和宗教性的制约力量的效用也几乎不会如同政治性制约力量的效用那么大……但要拒绝它们的所有效用，那就太矫枉过正了"②。这为边沁提出国际法院的概念奠定了思想基础。同时，边沁将功利主义最大的幸福延伸到非欧洲的殖民地。边沁认为，殖民地人民可以实现自己最大的幸福，反对欧洲宗主国对非欧洲殖民地的统治和不断对外扩张，呼吁殖民地的解放。

在国际法和解放殖民地思想的基础上，边沁提出了他的普遍的和永久的和平计划。在计划中，边沁认为，"将所有国家共同的、平等的利益和福祉设定为一部国际法典的最终目标"，因为"一个公正无私的世界公民，当他作为一名国际法的立法者时，应以所有国家的最大幸福为己任"。③ 以此观点为基石，边沁提出了永久和平的法律构想：一是削减和确定欧洲体系的各个国家的军备，二是解放各个国家遥远的殖民地。在边沁看来，如果彼时主导国际关系的英法两国能够赞同和执行这一计划，永久和平就会实现。边沁从实用主义和现实主义的角度，提出了具体建议。一是放弃殖民地。任何的海外殖民地不仅会增加宗主国的战争风险，而且会破坏宗主国的经济利益，因此，任何的殖民地都不符合英法两国的利益。二是签署永久和平的协议，以裁减和控制军备。战争不仅会给参战国带来巨大的危险，而且军备竞赛会破坏参战国的经济，放弃海外殖民地，签署永久和平的协议，通过国际法规范和制约国际社会，有利于避免欧洲国家间战争的再次爆发。三是建立国际法院，裁决和执行国际法院的决议，实现永久和平。国际法院是边沁的创举，边沁将国际法院放在国际社会的一个重要位置，有了国际法院，产生矛盾和分歧的国家就不会走向战争，国际法院可以裁决国家间的相关事务，有利于维护有争议的各方的利益和声望，维护

---

① ［英］杰里米·边沁著，毛国权译：《论一般法律》，上海三联书店2013年版，第49页。
② ［英］杰里米·边沁著，毛国权译：《论一般法律》，上海三联书店2013年版，第90页。
③ 何俊毅：《论边沁的普遍永久和平计划》，《人大法律评论》2016年第1期，第418页。

和平状态的长久。四是废除外交部的秘密行动。边沁认为，秘密外交是与自由和和平相矛盾的，秘密外交不仅容易引爆战争，而且容易导致领导人的权力过大，因此，对英国而言是不能被容忍且无用的。边沁普遍的和永久的和平计划既有法哲学思想的指导，又有现实主义和实用主义的应用，从英法两国现实的经济利益出发，呼吁解放殖民地、裁减军备、创建国际法院并赋予国际法院极大的国际法权限，其永久和平思想充满了实践性和现实性，继承和发展了卢梭的永久和平思想，也为康德的《永久和平论》提供了理论养分。

三、康德的《永久和平论》

康德是近代永久和平思想的集大成者。正是从康德开始，实现永久和平不仅作为一种法律规范的构想，而且升华为一项哲学的规划。康德以社会契约论为和平思想的起点，遵循了霍布斯关于人的自然状态的观点，即"人类早期的自然状态不是和平状态，而是野蛮、混乱且普遍敌对的状态，是没有法律和公共权威的状态"。[①] 社会中的个人为了保障自身的安全和权利就必须通过有意识地订立社会契约，以契约和法律作为解决人类冲突的方式，进而从自然状态转变为法治社会，契约不仅带来了和平，而且产生了保障和平的共同体——国家。对于国家的观点，"康德也认同卢梭的主张：国家是基于原始契约之上的道德人格，国家主权就是来源于公意的这一权力"[②]。国家主权必须得到积极的维护和尊重，任何国家不得使用武力干涉和破坏他国的国家主权。"多民族的存在以及它们之间的竞争与相容是大自然的要求，世界的和平正是建立在多样性的基础上的"，多民族的存在是国家间相互敌对和爆发战争的因素之一，多民族之间的竞争和相容却将国际社会逐渐引入一种竞争的平衡，并实现和平的谅解。因此，政治多元化成为康德构建以国家主权为基础的永久和平思想的理论前提。

1795年康德抱着对现实的疑惑创作《永久和平论》，"人类民众对和平总是充满无限的渴望，而政治领袖们却总是对战争有着无穷的乐趣。于

[①] 艾四林：《康德和平思想的当代意义——哈贝马斯、罗尔斯对康德和平思想的改造》，《复旦学报》（社会科学版）2004年第4期，第71页。
[②] 艾四林：《康德和平思想的当代意义——哈贝马斯、罗尔斯对康德和平思想的改造》，《复旦学报》（社会科学版）2004年第4期，第71页。

是在康德的心中，永久和平的问题一开始就成为了一个政治伦理或政治家的道德问题。因为它的关键几乎不在于人类是否存有和平的愿望？他们是否愿意为此作出和平的努力？而在于各国的政治领袖们是否愿意改变他们的'永远无厌'的战争兴趣，如果他们愿意，又当如何去改变其战争兴趣"？①《永久和平论》以和约条款形式分为两大部分：正文和附录。正文由实现永久和平的先决条款和正式条款组成。其中，先决条款共有六条："缔结和平的条约不得有任何隐含导致战争的内涵或内容；不得以任何方式——继承、交换、购买或赠送——将任何一个独立的国家转让给他国；各国应该逐步废除国家常备军；任何国家均不得因为对外争端而举国债，甚至举国债发动对外战争；任何国家均不得以武力干涉其他国家的体制和政权；任何国家在与他国发生战争时均不得以任何方式——如派遣暗杀者或放毒者、破坏降约、唆使交战国公民叛国投敌——增加有碍于实现未来交战双方乃至国际之和平的不信任程度。"②

基于这六条满足实现永久和平最基本底线要求的先决条款，康德又提出了三条正式条款。第一，每个国家的公民体制都应该是共和制。康德在国家政体上选择了共和制，"由一个民族全部合法的立法所必须依据的原始契约的观念而得出的唯一体制就是共和制"③，共和制能够满足人的自由原则、唯一共同的立法的依赖原则和国家公民的平等原则，在共和制中秉持自由、独立和平等原则的公民会对是否发动战争作出判断，出于人性的趋利避害和社会契约精神，战争就相对容易避免。第二，国际权利应该以自由国家的联盟制度为基础。国际权利是相对于国家参与国际条约的权利资格，康德不赞同建立世界政府，但国际权利的实施却需要相应国际政治制度的保障，康德将公民与建立自由国家的逻辑关系放到国际社会之中，自由国家间基于契约精神建立一个和平联盟，保障自由国家的国际权利，但康德拒绝将以具有强制性法律为基础的世界政府作为蓝图的国际联盟组

---

① 万俊人：《正义的和平如何可能？——康德〈永久和平论〉与罗尔斯〈万民法〉的批判性解读》，《江苏社会科学》2004年第5期，第2页。

② 万俊人：《正义的和平如何可能？——康德〈永久和平论〉与罗尔斯〈万民法〉的批判性解读》，《江苏社会科学》2004年第5期，第3页。

③ [德]伊曼努尔·康德著，何兆武译：《永久和平论》，上海人民出版社2005年版，第14页。

织架构，而是赞同基于正义的和平原则所建立的国际和平联盟。第三，世界公民权利应限于以普遍的友好为其条件。世界公民权利是康德永久和平思想的核心，也是"康德式"世界和平秩序的核心，普遍的友好被常常视作一种道德呼吁，康德却将普遍的友好视作一个权利问题，而不单是道德问题。康德的视角立足于全世界的普遍性，而不是个别国家，世界公民权利超越了国家和民族的界限，超越了经济利益和意识形态的界限，世界公民权利具有了国际政治伦理约束的意义，成为了实现世界和平的必要条件。康德的永久和平思想首创世界公民权利概念，并搭建起一个全新的公共权利关系网——国家权利、国际权利和世界公民权利，康德实现世界和平的路径不再仅仅是皮埃尔、卢梭和边沁式的法律规范的构想，而是道德哲学的规划，世界公民权利成为一项人的绝对义务，政治需要服从权利原则，世界公民权利的实现必将带来永久和平。

永久和平的理想是美好的，皮埃尔、卢梭、边沁和康德等具有划时代意义的近代欧洲思想家为世人积极谋划了各具特色的、实现永久和平的理论思想和实践路径。无论是法律规范的构想，还是道德哲学的规划，毫无疑问地开创并丰富了人类关于实现永久和平的思想。但皮埃尔、卢梭、边沁和康德等人的和平思想并没能阻止 20 世纪上半叶两次世界大战的爆发，两次世界大战给人类带来的前所未有的惨痛代价又激发起民众对于和平的向往和实现永久和平的构想。1943 年米特兰尼发表《有效和平体系》，提出功能主义，为即将从世界大战中走出来的民众提供了独具特色的构建有效和平体系的理论路径，霎时间功能路径成为了民众的讨论主题，实现永久和平也正是米特兰尼功能主义的价值追求和终极目标。

第二节　构建有效和平体系思想的理论特质

1943 年米特兰尼发表《有效和平体系》，正式提出以功能主义实现永久和平的理论主张。功能主义的理论假设是十分清晰的，即"同物质上的自给自足曾经为国内社会带来和平与安宁一样，如果所发展的联合单位的规模与人类的社会经济需要相称的话，也能够带来国际和平。正如家庭让位于国家一样，国家也必将让位于更大的国际实体，以满足迫切的经济社会需要"。① 基于对不同形态共同体的功能效果的考察，米特兰尼提出了人的理性将更倾向于功能路径，即建立功能性国际组织。功能性国际组织将能够更好地满足人类需求，主权国家将会逐渐消失，最终建立一种可以实现永久和平的功能性国际秩序。如果说卢梭和边沁的永久和平思想是一种法律规范的构想，康德的永久和平思想是一种道德哲学的规划，那么功能主义的理论特质决定了米特兰尼构建有效和平体系思想就是技术自决的理论路径。

一、个体平等

米特兰尼功能主义的理论特质之一是个体平等。米特兰尼以国内的平等——公民权和生存权的实质平等为理论基础，对国际社会与国内社会进行类比，将国内的平等性上升到国际层面——国际法所赋予的主权国家之间的形式平等，以国内社会发展经验来思考国际社会的发展可行性。米特兰尼认为，国家社会内部的矛盾主要集中在政治的、经济的和社会的问题之上，例如，在国家发展和转型的过程中，如何维护经济与社会的和谐发展，并使公民的个人权利不受到侵害。米特兰尼将这一观点放到更为广泛的国际社会中，明确了平等性具体体现在三个维度之上，即法治的、政治的和社会的，"这三个现代维度将国际社会进步之中的政府视为具有工具理性、善意表达和对个人人格尊严的尊重"②。米特兰尼强调，国际社会中国家之间的法治观念是伴随着主权观念的形成而产生的。欧洲多元主义把主权国家视作一种实用的联合，但是，发挥功能的国家也会被其他某种实用的联合所取代，这种功能就包括法治，或者说，国家的公共权力部门具有维护公平机制的功能，"公平机制基于一系列法律试验而启动，它的方法和措施的实施是用来保证共同体中所有成员的平等，而且，它们最终被用以保障公平普遍实现的目的"③。米特兰尼将这种公平机制放到国际社会

---

① ［美］肯尼思·W.汤普森著，耿协峰译：《国际思想大师——20世纪主要理论家与世界危机》，北京大学出版社2003年版，第245页。

② David Mitrany, "The Progress of International Government," New Haven: Yale University Press, 1933, p. 18.

③ David Mitrany, "The Progress of International Government," New Haven: Yale University Press, 1933, p. 147.

层面，塑造主权国家之间的形式平等。在现有国际秩序之下，基于不成文的国际宪法的国际法治观念正在逐渐形成。一方面，不仅增加了主权国家间的合作，而且维护了各主权国家的民族尊严和情感；另一方面，也渐进地削弱了国家的主权。例如，国际劳工组织对于法国农业法规的干预和法国的反抗，以及国际联盟宪章直接赋予少数民族个体权利。① 国家之间对主权的认可是国际法治观念的基础，国家主权的平等，国家主权不受侵犯和国家主权对内的至高无上的、排他性的政治权力是国际法治观念的共识，也代表着更高层次的法律规范正在形成。在此共识下国家间合作才成为可能，主权国家之间明确形式平等，国际社会也并非处于毫无秩序、极端混乱的无政府状态之下。但最终国际社会上的公平机制仍是回归到个人，米特兰尼汲取了康德的思想，他认同"国际社会的主要组成部分是个人，并最终实现人类的聚合"，② 这种国际法治观念正在塑造国际公民身份，并将国际公民而不是主权国家作为国际法治的主体，实现万民法内的个体平等。

基于国际公民观念，米特兰尼没有将实质平等限定在国家之间，而是限定在了个体之间。米特兰尼对于人性作出了合乎常理的判断，即人的社会倾向是基于人在社会中所形成的人格。米特兰尼遵循霍布豪斯的观点提出，"人只有在社会中才能实现发展，并在同他人的合作中实现自身的真正自由"。在人实现发展和真正自由的过程中，米特兰尼没有同无政府主义者和激进和平主义者一样抛弃国家，因为国家创造和保障了人的物质生活条件。③ 米特兰尼强调，"人的实质平等仅能通过社会的集体行动实现，而国家是组织和开展集体行动的唯一主体"，"国家是服务于人民，而不是人民服务于国家"④。米特兰尼认为，当代国际社会的主权国家不再是实现和保障民众的物质需求和人身安全的唯一政治共同体，虽然主权国家在第

---

① Jens Steffek, "The Cosmopolitanism of David Mitrany: Equality, Devolution and Functional Democracy beyond the State," International Relations, Vol. 29, No. 1, 2014, p. 8.
② David Mitrany, "The Progress of International Government," New Haven: Yale University Press, 1933, p. 80.
③ Jens Steffek, "The Cosmopolitanism of David Mitrany: Equality, Devolution and Functional Democracy beyond the State," International Relations, Vol. 29, No. 1, 2014, p. 8.
④ David Mitrany, "The Progress of International Government," New Haven: Yale University Press, 1933, p. 99.

二次世界大战后纷纷向全权国家转型，伴随着相互依赖的愈加强化，跨越国家地理界限的国际合作将更加有助于实现和保障民众的物质需求和人身安全，能够更好地服务于民众的功能性国际组织不断出现。长期维持明确的地域界限并怀有猜疑之心的世界政治组织（主权国家）阻碍了相互依赖的有效发展，并阻止了国际社会的进步。在未来的社会发展中，民众的物质需求和人身安全问题将变得更加国际化，例如，"国际联盟在经济大萧条中的贡献和国际劳动组织的世界性劳工标准"[1]。一系列经济和社会问题打破国家的地理界限，国家将不得不被功能性国际组织所取代，功能性国际组织将会更好地"实现个体的公民权和生存权，拓宽民众自由选择的范围"，[2] 在国际共同体内真正地实现个体之间的实质平等。

二、功能民主

功能主义的功能民主特质表现在主权国家之间的民主。米特兰尼功能主义既不是要组建世界议会，也不是要成立世界政府，而是要在国际社会中建立功能性秩序，功能民主则是其中的一个重要原则。米特兰尼将目光先是定格在国内层面，他汲取共和主义的观点，"民主同意的唯一原则就是，无论何时与何地，出于民众利益的考虑，只有当对于公共行动的需要是显而易见和可以接受的，公共行动才可以开展"[3]。米特兰尼没有给出民主的确切含义，但确立了民主同意与国家控制的公共行动之间的关系，明确了民主限制国家权力的功能。米特兰尼认同市民自治即民主的观点，他强调，随着全权国家的转型，代议制民主原则若要始终成为合理的民主形式，就必须应对全权国家的扩张性和复杂性。米特兰尼既期望社会政策的强化，又担心国家权力的过于集中，这使得米特兰尼的立场模糊不清。米特兰尼只能希望在全权国家导致官僚机构扩张和政府权力集中的同时，在

---

[1] Jens Steffek, "The Cosmopolitanism of David Mitrany: Equality, Devolution and Functional Democracy beyond the State," International Relations, Vol. 29, No. 1, 2014, pp. 7–9.

[2] David Mitrany, "The Progress of International Government," New Haven: Yale University Press, 1933, p. 93.

[3] David Mitrany, "The Progress of International Government," New Haven: Yale University Press, 1933, p. 48.

公共机构和压力集团之间出现一种协商的趋势。米特兰尼认为，国家机器的转型不可避免地要受到工作任务的复杂性以及国家规划和指导的必要性的影响，全权国家的形成和扩张则不仅将国家权力集中于行政机构，而且将工作任务赋予专门的独立机构，代议制议会逐渐失去监管力度，民主在全权国家中日趋微弱。米特兰尼借用了亚伯拉罕·林肯的话来描述这一现状——"民享的增多，民有的减少"。米特兰尼对议会持怀疑态度，他不仅没有赞同通过增强议会权力平衡行政权力的想法，而且提出议会和政党政治的实践和基本逻辑与国家及其事务的科学架构并不相符。米特兰尼对政党和政党政治是不信任的，"唯一可以接受的趋势就是通过公共行动迈向无阶级的市民社会，政党不再是政治和社会分歧的捍卫者，而成为保障权力的组织者"①。

米特兰尼对于民主的矛盾心理不仅表现在国内政治上，也表现在国家之间的民主关系上。米特兰尼认为，国家之间的民主意味着所有国家拥有相等的权力和相同的机会影响国际政治的发展。事实上，在现有全球治理体系中，每一个国家在参与和解决国际事务的过程中，所处的地位和发挥的功能都不尽相同，某些国家可能在某些国际事务上有着重要的利益关切，在参与和解决相关国际事务的过程中会投入更多的资源和关注。在国际社会中，并不是所有国家都具有相等的权力和相同的责任。结合对美国新政的研究，米特兰尼提出了功能民主的概念来解决这种矛盾，"在'青年走进华盛顿'运动的影响下，美国大学中的青年才俊不再将企业和大学里的职位视作最佳的选择，而是竞争政府公职，这就导致了公务员数量的迅速增加，随之而来的就是一系列公共部门的设立，它们稳定了美国的民主基石。……政府行动增加，批评和回击蜂拥而至。之所以会这样，也许是对政府产生了巨大的兴趣，而不是简单地将决策权和倡议权委托给政府。国内充满了论坛、圆桌会议、研究机构和各种民间组织，它们身处政党政治之外，但政府官员却频繁参与其中。这些民间组织不仅反馈了最真实的美国现状，而且持续提出了富有意义的'改革良方'，而这些'反馈'

---

① Jens Steffek, "The Cosmopolitanism of David Mitrany: Equality, Devolution and Functional Democracy beyond the State," International Relations, Vol. 29, No. 1, 2014, pp. 10–11.

和'改革良方'不是某种意识形态下的产物,而是以实际观察为依据的和实用的"①。米特兰尼首创的功能民主是实用主义的概念,平等参与和实际功效是这一概念的核心,功能民主将激发有效民主的发展,迫使选举民主逐渐退出政治舞台。米特兰尼将功能民主放置在构建功能性国际秩序之中,并提出功能转移来实现国际层面的功能民主。

三、功能转移

米特兰尼在功能主义之中创建了另一个概念——功能转移,功能转移则成为功能主义的理论特质之一。作为自由主义学者,米特兰尼同诸多自由主义和多元主义者一样,无时无刻不对国家抱有疑虑和批判。第二次世界大战后全权国家逐渐形成,米特兰尼对于政府过度集中国家权力及其潜在的威胁产生了极大的不信任感,米特兰尼讽刺国家已经变得"脆弱的已经无法保障人民的安全,但强大的却已经不再给予人民自由"。② 鉴于两次世界大战的惨痛历史教训,米特兰尼不仅批判极端民族主义是国家间冲突和战争以及世界分裂的根源,国家权力的过度集中往往会激发起民族主义的好战情绪,并将人为加深世界分裂的程度,而且否定极端民族主义宣扬的民族优越性,呼吁不同人种、民族、国家、文化和宗教之间的平等,推动世界大融合。米特兰尼提出"功能转移"来避免国家权力的过度集中和推进世界大融合。

功能转移是指权力的转移或下放,国内层面的功能转移具有两种表现形式:政治权力下放和文化权力下放。政治权力下放是指国家权力从中央向地方政府和社会组织的转移,增强地方自治权;文化权力下放是政治权力下放的补充,是指主权国家对少数(弱势)民族的保护,赋予少数民族自治权,保障民族多样性。功能转移的运行逻辑和实施目标与政治权力下放和文化权利下放是相同的,即从强势方向弱势方的权力转移和避免权力的过度集中。政治权力下放和文化权利下放是在国内社会中权力的垂直转移,米特兰尼则将功能转移更多地运用在国际层面,权力转移则是平行

---

① David Mitrany, "American Interpretations: Four Political Essays," London: Contact Publication, 1946, p. 23.

② David Mitrany, "American Interpretations: Four Political Essays," London: Contact Publication, 1946, p. 147.

第五章 米特兰尼功能主义国际关系理论的价值追求

的,功能转移意味着将权力从主权国家平行转移到功能性国际组织之中,避免主权国家对权力的过度集中,增强功能性国际组织的权力,将民众从主权国家的束缚中解放出来。米特兰尼认为,"功能转移创造了'世界宪法'中的一种权力转移制度,导致了全球性和区域性国际组织的多层次治理体系"[1]。这部世界宪法既不是由世界政府创制,也不是由世界帝国创制,世界政府太易凌驾于民众的自由,世界帝国又太难维持长期稳定的统治,而是由功能性国际组织之上的政治权威创制,在这一政治权威所构建的功能性世界秩序中,功能性国际组织只是实现全球范围内技术标准的一致化,功能性合作并没有抹杀合作者的多元性和多样性,而是增强合作者的独特性和灵活性,国家间的冲突和战争最终来决定全球范围内技术标准一致化的必要性,米特兰尼回归到技术自决的理论路径来构建有效和平体系。

第三节 构建有效和平体系思想的理论贡献

1943年米特兰尼发表《有效和平体系》,开创了一种全新的"国家与国际关系的历史社会理论"。[2] 摩根索对于米特兰尼功能主义的理论价值予以肯定,并为1966年《有效和平体系》再版写序"未来的文明世界将与国际组织的功能研究方法紧密相连"。[3] 20世纪90年代,伴随欧洲一体化新进展,在政治学界又掀起一波研究米特兰尼功能主义的热潮,政治学者们回归对米特兰尼功能主义渊源的探究,尝试从英国新自由主义、费边社会主义和美国实用主义等理论之中寻找米特兰尼功能主义的理论特质,还原米特兰尼功能主义的理论原貌,挖掘米特兰尼功能主义的当代价值。

---

[1] David Mitrany, "American Interpretations: Four Political Essays," London: Contact Publication, 1946, p. 135.

[2] John M. Hobson, "The State and International Relations," Cambridge: Cambridge University Press, 2000, p. 81.

[3] [美]肯尼思·W.汤普森著,耿协峰译:《国际思想大师——20世纪主要理论家与世界危机》,北京大学出版社2003年版,第234页。

一、欧洲一体化理论的产生

米特兰尼功能主义的终极目标不是要建立一个更大的欧洲主权国家，而是要构建有效和平体系。米特兰尼以其独特的理论术语为实现国家间合作和消除国家间战争提供了一种纲领性的理论路径，为"在低级政治领域中运行的、技术专家统领的、非政治的国际组织的蓝图提供了解释"。① 米特兰尼功能主义以人类基本需求为基础，提出了功能性合作和功能性组织的概念，谋划通过以功能和技术为核心的跨国合作和与外交谈判和争端调解的政治会谈完全不同的合作平台构建有效和平体系，不仅能够增加民众福利，而且能够阻止战争爆发。米特兰尼功能主义成为第二次世界大战末期民众讨论的重要议题，不仅为战后国际政治秩序的重构提供了理论指导，而且为功能主义学派的构建作出了重要贡献。国际关系理论中功能主义学派的建立并不是凭借米特兰尼的一己之力，但米特兰尼却是功能主义理论学派之中最为耀眼的那颗明星，他的光芒不可避免地遮盖住了与其同时代的其他功能主义学者，使得他们的思想并不为世人所熟知。"英国的伍尔夫和詹姆斯·亚瑟·索尔特设想了功能性国际合作；美国的皮特曼·波特和保罗·赖因施支持将功能性国际组织作为一种前进路径；意大利人朱塞佩·戴·米凯利斯在社会经济学领域将意大利的社团主义作为功能性的国际组织的蓝图。"② 米特兰尼认为，唯一能起作用的国际组织就是能促使国家产生国际合作的组织。与关注权力和现实政治的古典现实主义不同，米特兰尼首先将功能主义放置在易于合作的低级政治领域，启动并指导了非政治化的国际合作，这种国际组织的合作形式在功能主义学派内部却产生了分歧：赖因施的政府间组织、索尔特的跨政府组织和哈斯的超国家组织、米特兰尼功能主义倾向于跨国家的国际组织形式。米特兰尼强调，功能主义谋划通过在世界范围内的民众之间创造全新的连接和相互依赖来跨越国境解决全球性问题。无论国际组织采取哪种形式，任务才是决定国际合作的地理范围、国际组织的工作内容及其完成任务所需要的物质

---

① Jens Steffek, "The Cosmopolitanism of David Mitrany: Equality, Devolution and Functional Democracy beyond the State," International Relations, Vol. 29, No. 1, 2014, p. 1.
② Jens Steffek, "The Cosmopolitanism of David Mitrany: Equality, Devolution and Functional Democracy beyond the State," International Relations, Vol. 29, No. 1, 2014, p. 3.

第五章 米特兰尼功能主义国际关系理论的价值追求

和非物质的工具及资源的根本要素,这也突显出米特兰尼功能主义的实用主义色彩。

米特兰尼既未曾设想功能主义会成为早期欧洲一体化的指导思想,也未曾提出将功能主义国际合作的最终目标指向一体化。出乎米特兰尼的预料,基于功能主义对于早期欧洲一体化的影响,哈斯将功能主义的核心概念直接转化为一种国际合作和区域一体化的实证分析理论——新功能主义。新功能主义不仅同新(旧)现实主义和其他国际关系理论深化学科论战,而且继续服务于国际合作和欧洲一体化的实际发展。作为思想独立学者,一方面,米特兰尼对于新功能主义的批判进行了回应。米特兰尼认为,"科学化的要求将使功能主义原有的'共同需求'概念抽离,代之以可预测且范围明确的'利益',如此却可换来对经济整合的过度强调,而忽略其他议题合作的可能性讨论"[①]。米特兰尼也从未轻视政治家和政治意愿的重要性,他认为,国家参与国际合作本身就是一种政治意愿和政治行动的表达,对民族主义的批判并不是要否定现有国际社会中国家的根本作用,在现有国际社会中只有国家才真正具有开展国际合作的能力,功能性国际组织则是替代主权国家满足民众需求的最佳共同体形式。另一方面,米特兰尼对于新功能主义解释和推进欧洲一体化的观点进行了批判。米特兰尼认为,"那些区域整合主义者,将他们对欧盟发展的过程经验,以及所见所闻置入他们的理论模型当中,以求一个通则上的解释。实际上并不是他们的理论工作指导了区域整合的过程和具体形式,而是整合的进程给了他们理论上的灵感"[②]。在新功能主义指导下,欧洲共同体区域化合作的目标是要走向一体化,欧洲共同体区域化合作的导向具有明显的区域排他性。功能主义并不是要将国家主权转移给一个更大的联合的行政中心,而且米特兰尼也从来没有梦想过这样的东西,他担心不管怎样,现有条件下一个区域的一体化的最终结果一定会冲击主权国家的习性和发展方向,导致最终出现的不是国际社会的稳定,而是出现能够带来冲突与战争的、比现有主权国家更大的、权力更为集中的政治体。一体化的这一最终结果正

---

① John Hiatt Eastby, "David Mitrany's Approach to Politics: Functionalism in Theory and Practice," Lanham: America University Press, 1985, pp. 109–111.
② David Mitrany, "The Functional Theory of Politics," New York: St. Martin's Press, 1975, p. 34.

是米特兰尼强烈反对的,米特兰尼不禁对于欧洲一体化的未来发展产生了担忧。

二、世界政府理论的兴起

米特兰尼功能主义具有突出的实用性。恩尼斯·克劳德强调,"功能主义可以被实践检验,因为它不仅是一种可以被研究的配方,而且是一种可以被品尝的布丁"①。第二次世界大战后,联合国及其功能性国际组织的建立和欧洲煤钢共同体的启动都接受了功能主义的理论指导,联合国和欧洲煤钢共同体的官员更是奉米特兰尼功能主义为组织有效运行的说明书。米特兰尼终了一生,构建有效和平体系也未能实现,但这并未降低米特兰尼在政治学界的地位和弱化功能主义对当代世界的影响。全球化浪潮彻底打乱了人类传统生活及其秩序,全球性问题日益复杂凸显,例如南北问题、大气污染、环境恶化、资源短缺、人口爆炸、国际安全、跨国犯罪和恐怖主义等无时无刻不在威胁着人类的存在,尤其是核武器的诞生,让全世界瞬间进入了一个绝对恐怖的时代,全球治理变得愈发紧迫。全球治理被理解为政府间关系的互动结果,"当代全球秩序是日益成为由主权国家和非主权国家行为体共同塑造的多重的、连锁的跨国互动模式的结果"②。全球化强化了主权国家之间的相互依赖,导致当代任何一个主权国家都无法独善其身。全球治理现在必须被理解为包括非政府组织、公民运动、跨国公司和全球资本市场在内的多元国际行为体之间的关系,全球性大众媒体穿梭其中,并发挥越来越重要的影响力,主权国家不得不逐步适应这些新兴力量的出现,并充分利用它们的能力。人类社会彻底走进了一个全球范围内合作与竞争的时代,构建推进全球治理和实现永久和平的世界政府的呼声不断高涨,人类社会正在进入米特兰尼功能主义一直倡导和期望的阶段——构建永久性的政治权威协调、组织乃至统领主权国家、国际组织

---

① Inis Claude, "Swords into Plowshares: The Problems and Progress of International Organization," NY: Random House, 1964, p. 365.
② Will Banyan, "Outflanking the Nation-State: David Mitrany and the Origins of the 'Functional' Approach to the New World Order," Conspiracy Archive, March 13, 2015, https://www.conspiracyarchive.com/2015/03/13/outflanking-the-nation-state-david-mitrany-functionalism.

第五章 米特兰尼功能主义国际关系理论的价值追求

和一切现存国际政治行为体。构建永久性的政治权威是充满理想主义的观念，纵使米特兰尼功能主义对未来世界的期许充满无限美好，构建永久性的政治权威也终不会一蹴而就，人类社会秉持实用主义的观念将推进全球治理和实现永久和平的关键聚焦在联合国及其功能性国际组织之上——世界政府的雏形，希望依靠联合国将各自为政的主权国家结合到一起共同推进全球治理，深受米特兰尼功能主义影响而建立的联合国及其功能性国际组织正逐步走向推进全球治理的中央。

构建永久性的政治权威是漫长曲折的过程，而没有世界政府的全球治理才是当代现实。当代全球治理正在发生着深刻变化，其主要变化之一就是功能性国际组织在国际社会中广泛存在并发挥作用，"跨国公民社会发展在许多国家和地区得以深化……，但时至今日，国际社会依旧缺少一个有权威的世界政府，主权国家仍是国际社会的主要行为体，但它们需要与非政府组织——商业和劳工组织以及非政府组织共享权力。主权国家与这些非政府组织共同构成了扩大的机构网络，旨在满足广泛的人类需求。主权国家之间不仅相互协商，而且与国际或跨国组织的负责任的专家进行相互协商，这显而易见的是在米特兰尼功能主义指导之下——由专家管理、由民选政府的代表进行调解和监督"[①]。主权国家受到来自非政府组织越来越多的规制、压力和干扰，国际行为体的多元化正在形成一个没有单一模式或形式的治理——广泛的、动态的、复杂的互动决策过程，以期不断演变和适应不断变化的环境，这一互动决策过程作出的有效的全球性决策依赖并影响局部的、区域的和整体国家的决策。在这一现象背后，米特兰尼清晰的功能主义逻辑被发现深植其中，"一方面，各国政府不会承担全球治理的全部重任，但会与有能力取得治理成果的国家共同分担，这并不意味着世界政府或世界联邦的出现；另一方面，各国政府不得不承认在某些领域主权必须集体行使，特别是在全球共同利益方面。这仿佛是一个完全自然的过程，大量的国际机构、

[①] Will Banyan, "Outflanking the Nation–State: David Mitrany and the Origins of the 'Functional' Approach to the New World Order," Conspiracy Archive, March 13, 2015, https://www.conspiracyarchive.com/2015/03/13/outflanking–the–nation–state–david–mitrany–functionalism.

非政府组织和其他跨国组织似乎削弱了主权国家,而这需要一个解决方案"①。联合国及其功能性国际组织需要承担更多推进全球治理重任的要求应运而生,需要在全球政治、经济、安全、社会和文化等领域增强和拓展推进全球治理的能力。在第二次世界大战结束的半个多世纪后,米特兰尼功能主义再次成为了引导人类社会发展的实用性理论,不仅为推进全球治理中的联合国及其功能性国际组织指明了前进方向,而且为塑造全新的世界秩序创造了一种可能。

第四节 对构建有效和平体系思想的反思

构建有效和平体系思想的逻辑是非常清晰的。米特兰尼认为,如果功能性国际组织在低层政治,例如,交通、医疗、科技和通信等领域,能够满足民众的需求,这种功能的有效性可以实现主权国家间合作从低层政治向高层政治的转移,促使国家主权从主权国家向功能性国际组织转移,永久和平将可以实现。功能性国际组织不一定会囊括所有主权国家,民众需求具有全球性和普遍性,将促使功能性国际组织不断扩展至全球范围,并逐渐在主权国家之上构建功能性秩序。毫无疑问的是,米特兰尼是一位充满乌托邦色彩的自由主义国际思想家。一方面,他对于人性的乐观态度使他过分相信人的理性;另一方面,他对于战争的厌恶又使他过分否定暴力的作用,他相信人的理性终将会推动实现永久和平。这些观念充分体现在米特兰尼功能主义中,也完全暴露出米特兰尼功能主义的理论缺陷。

一、功能主义与联合国

第二次世界大战的爆发使当时的民众开始反思,国际联盟为什么没能有效地实现永久和平,联邦主义者的普遍结论是国际联盟没有获得充分的国家主权让渡来实现永久和平。对于国际组织而言,实现世界和平的必要条件就是在安全领域获得充分的国家主权让渡以至于单个主权国家不再具

---

① Will Banyan, "Outflanking the Nation‑State: David Mitrany and the Origins of the 'Functional' Approach to the New World Order," Conspiracy Archive, March 13, 2015, https://www.conspiracyarchive.com/2015/03/13/outflanking‑the‑nation‑state‑david‑mitrany‑functionalism.

第五章 米特兰尼功能主义国际关系理论的价值追求

有发动武力侵略的可能。这表明,在联邦主义看来,传统安全领域的国家主权让渡是实现永久和平的关键因素,国际组织对于国家军事权力控制的重要性俨然超越了对于国家其他领域的控制。第二次世界大战后的世界历史表明,联邦主义观点并没能得到实现。一方面,联合国的集体安全机制并没能成功获得国家主权让渡,尤其是联合国安理会的部分成员国不仅没有让渡国家主权,反而成为推动战争爆发的推手,例如,朝鲜战争和海湾战争等。另一方面,国际政治呈现两极格局,国际秩序回归到权力均势,美国和苏联控制下的军备竞赛不断升级,潜在的世界大战随时可能爆发。同时民众惊奇地发现,联合国中功能性国际组织的数量正在不断增加,作用正在不断增强,例如,联合国教科文组织和联合国经济及社会理事会在推进全球治理中所发挥的作用等。我们无法断定在联合国初创之时,创建者是否将这些低层政治领域的功能性国际组织视为是实现世界和平的创举,以及这些低层政治领域的功能性国际组织能否真正实现永久和平。联合国创建者们接受了米特兰尼功能主义的理论指导是肯定的,但也不禁对米特兰尼功能主义理论的合理性产生了质疑。

　　功能主义与联邦主义的国际思想不同,米特兰尼的目标是消除战争爆发的根源,而不是降低战争的数量。"米特兰尼没有直接思索'暴力的缺失是否能够实现和平的生活',而是相信'对和平的探索要通过共同体的发展'。"[①] 米特兰尼不信任集体安全能够充分且适当地阻止战争爆发,提出经济和社会手段比军事手段更能够有效地消除战争爆发的根源,功能性国际组织可以很好地施展经济和社会手段,由无数个功能性国际组织所叠加构建的世界共同体将会实现永久和平。从功能主义理论的逻辑合理性来说,其一,米特兰尼忽视了功能主义是一种解决政治问题的方案,抑或是解决社会问题的方案。功能主义作为政治方案可否解决社会问题,抑或是作为社会方案可否解决政治问题。米特兰尼没能回答到底是社会条件影响和改变了政治条件,还是政治条件影响和改变了社会条件的问题。其二,米特兰尼忽视了功能主义政治因果关系的发展。政治一体化是功能主义政治因果关系发展的症结。"是政治机构产生了共同体观念,抑或是共同体

---

① Andrew Wilson Green, "Review Article Mitrany Reread with the Help of Hass and Sewell," Journal of Common Market Studies, Vol. 8, No. 1, 1969, p. 55.

观念产生了政治机构"，米特兰尼同莫内一样，"即使如此清醒的莫内对哪一个是因和哪一个是果也在犹豫不决——人的观念的改变和人的机构的改变"①。米特兰尼功能主义理论的逻辑是功能性国际组织构建世界共同体，世界共同体实现永久和平，政治一体化在这一过程中只是中介，实现永久和平是目标和结果。在现实世界中，欧洲一体化的发展却将政治一体化视为最终目标和结果，功能主义理论的逻辑却与功能主义指导下欧洲一体化的实际发展形成矛盾。其三，米特兰尼忽视了世界共同体建立之后的国际状态。② 米特兰尼设想在世界共同体之上需要建立政治权威，这个政治权威是否是世界政府的雏形，米特兰尼不仅没有明确回答，也没有明确指出世界政府是否是功能主义的最终目标和结果，他只是草率地认为，"世界政府在世界共同体建立之前不会产生"③。

功能主义与古典现实主义的国际思想不同，米特兰尼对于人性的乐观和信心，使他相信人类社会冲突和无序的症结不在于人性，而在于社会组织。米特兰尼的人性观毫无掩饰地过于理想化，我们却很难用事实证明其观点的错误。基于米特兰尼对人性的乐观和信心，功能主义的理论假设就是人的理性决定了功能性合作成为可能。米特兰尼认为，通过功能性合作所建立的功能性国际组织能够不通过武力强迫就获得民众的自愿服从。功能性国际组织能够解决全球性问题的有效性获得民众的自愿服从，抑或是功能性国际组织表现出具有解决全球性问题的可能性使得民众对其自愿服从，功能主义作为技术自决的理论路径，前一种解释更符合功能主义的理论本质。从功能主义理论的内容合理性来说，米特兰尼没有对"政治的属性和运行作出合理的解释"。④ 主权国家将主权主动转移给功能性国际组织，随之功能性国际组织产生了权力和权威，"权力的理性运行意味着执政者既可以通过组织达到某种社会效应，也可以通过服从和支持来支配人

---

① Andrew Wilson Green, "Review Article Mitrany Reread with the Help of Hass and Sewell," Journal of Common Market Studies, Vol. 8, No. 1, 1969, p. 56.

② Andrew Wilson Green, "Review Article Mitrany Reread with the Help of Hass and Sewell," Journal of Common Market Studies, Vol. 8, No. 1, 1969, p. 55.

③ Andrew Wilson Green, "Review Article Mitrany Reread with the Help of Hass and Sewell," Journal of Common Market Studies, Vol. 8, No. 1, 1969, p. 55.

④ Andrew Wilson Green, "Review Article Mitrany Reread with the Help of Hass and Sewell," Journal of Common Market Studies, Vol. 8, No. 1, 1969, p. 57.

第五章　米特兰尼功能主义国际关系理论的价值追求

的行动"①。米特兰尼认为，服从源于恐惧和习惯，在功能主义中的服从则源于社会组织和社会机制，功能主义正在将改变人行动的力量从强制力转向服从，"如果米特兰尼宣称服从仅来源于恐惧，那么国际功能组织也就无法创造世界和平"②。米特兰尼强调，功能主义的服从源自于功能性国际组织的有效性，这种有效性是基于服从而不是强制力。但功能性国际组织的有效性在解决更为复杂和艰巨的社会和经济问题上既无法得到肯定，也无法确信有效地解决社会和经济问题可以消除政治分歧。即使功能性国际组织的有效性得到肯定，也无法确定能否得到民众的认可，即使确定得到民众的认可，也无法确定民众一定会听从功能性国际组织的权威。不难发现，米特兰尼对于人性的乐观和信心使得功能主义的理论内容明显缺乏合理性，他并没有合理解释为什么人类行为的改变要在明确的条件之下，也就是说，有效性并不一定会产生服从，尤其是缺乏强制力的服从，"米特兰尼功能主义在对于权威性质的形而上学的推测中并没有得到肯定和否定"③。

二、功能主义与欧洲一体化

20世纪50年代莫内和舒曼等早期欧洲一体化的主要倡导者接受了米特兰尼功能主义的指导，为第二次世界大战后的欧洲选择了一个特殊领域开展功能性国际合作——煤钢共同体。这些倡导者们清楚地意识到"欧洲建设不会立刻实现或按照单一计划实现，它将通过首先创立一种事实上的团结的具体成就来建设"。④ 莫内和舒曼等早期欧洲一体化的主要倡导者没有急于欧洲联合的一蹴而就，而是选择了分步实施——"第一级是关税同盟，第二级是经济同盟，第三级是政治同盟"⑤。这些设想也充

---

① Andrew Wilson Green, "Review Article Mitrany Reread with the Help of Hass and Sewell," Journal of Common Market Studies, Vol. 8, No. 1, 1969, p. 57.

② Andrew Wilson Green, "Review Article Mitrany Reread with the Help of Hass and Sewell," Journal of Common Market Studies, Vol. 8, No. 1, 1969, p. 57.

③ Andrew Wilson Green, "Review Article Mitrany Reread with the Help of Hass and Sewell," Journal of Common Market Studies, Vol. 8, No. 1, 1969, p. 58.

④ 房乐宪：《欧洲一体化理论中的功能主义》，《教学与研究》2000年第10期，第37页。

⑤ 房乐宪：《欧洲一体化理论中的功能主义》，《教学与研究》2000年第10期，第37页。

分体现出米特兰尼功能主义关于功能性国际合作有助于阻止战争和推进融合的思想，对于开启欧洲一体化进程具有重要影响。20世纪50年代，在煤钢共同体的实施框架中，西欧六国在煤炭、钢铁领域展开合作，不仅经济上受益匪浅，而且政治上维持了稳定，功能性国际合作给煤钢共同体的各成员国及其民众带来了实实在在的好处。米特兰尼功能主义成为20世纪50年代中后期建立的欧洲煤钢共同体、欧洲原子能共同体和欧洲经济共同体的指导思想。20世纪60年代，伴随欧洲共同体的新发展和新问题，米特兰尼功能主义已无法继续有效解释和指导欧洲一体化的发展，哈斯在对米特兰尼功能主义进行批判的基础上，提出了以外溢为核心概念的新功能主义理论，并对20世纪60年代以后的欧洲一体化发展进行了全新的解读和诠释。

　　哈斯在米特兰尼功能主义转移观念的基础上，提出新功能主义的核心概念——外溢。哈斯认为，"外溢是一体化'扩张逻辑'的必然产物"，这种扩张包含功能扩张和任务扩张。[①] 20世纪50—70年代的欧洲一体化进程表明，欧洲国家之间的合作从经济和技术等功能性领域正在逐渐外溢到政治性领域，这种扩展不是一个自动的过程，而是一个自觉的和能动的过程。扩展为什么会产生，米特兰尼设想了一个具有普世、共善的状态，在这一状态下人的理性认识到只有通过国际合作才能满足共同需求，现存国家已经无法满足这种共同需求，只有通过功能性国际组织才能实现，民众的共同需求成为扩展基础。哈斯认为，米特兰尼的观点既太过含糊也太难辨识——普世、共善的状态难以明确，个人理性与集体理性难以明确，共同需求难以明确。欧洲煤钢共同体、欧洲原子能共同体和欧洲经济共同体的建立证明，欧洲一体化不仅满足了西欧六国共同的安全需求，也实现了西欧六国的经济利益。"利益受外在结构限制，因个人认知而有所不同，彼此带有竞争性，因此没有所谓的'共同利益'或'普世利益'，只有外在环境结构制约下形成的不同个人或团体利益。"[②]

　　在对米特兰尼功能主义转移基础的批判之后，哈斯继续展开了对米特

---

　　① 宋新宁：《欧洲一体化理论：在实践中丰富与发展》，《中国人民大学学报》2014年第6期，第5页。
　　② 曾怡仁、吴政嵘：《米特兰尼功能主义国际关系理论——一种比较的观点》，《台湾国际研究季刊》2009年第4期，第158页。

第五章　米特兰尼功能主义国际关系理论的价值追求

兰尼功能主义分离命题的批判。哈斯认为，米特兰尼功能主义"将政治与福利分离，认为合作可以撇开高层政治的权力问题，而专注于低层政治的经济问题；将政府任务分离为权力领域（军事防御）和福利领域（经济议题）；将专家与政府官员分离，在合作过程中注重技术性专家，而忽略政府官员的态度往往才是关键；将民众对于国家与国际组织的忠诚分离为对立的选择"。① 新功能主义认为，功能主义将功能性国际组织的产生视作非政治性过程，合作在这个非政治性过程中是根据技术家们的技术标准而不是政府官员的政治标准来产生，米特兰尼功能主义将国家的社会、经济和福利领域非政治化了，米特兰尼功能主义的理论构想与国际社会的实际发展明显不符。在国际社会中，政治与经济功能的界限逐渐模糊，政治经济化和经济政治化的现象日益明显，米特兰尼功能主义将社会和经济任务与政治任务完全分割，过分重视技术家和技术自决（合作的操作性）而忽视政治家和政治意愿（合作的执行性），最终导致新功能主义对于功能主义解释和指导欧洲一体化的有效性产生了否定。"自第二次世界大战以来，西欧的一体化过程几乎没有什么东西可称为'非政治性的'。"② 哈斯将政治因素引入新功能主义之中，强调政治影响和政治压力在欧洲一体化过程中起着决定性作用，政治家和政治意愿才是决定欧洲一体化的关键因素。米特兰尼将功能主义视作实现永久和平的灵丹妙药，但灵丹妙药也具有缺陷——理论的合理性和有效性问题。米特兰尼提供了一种实现永久和平的技术自决的理论路径，激发起对和平与战争的深刻思考。我们不能轻易妄断米特兰尼功能主义的彻底失败，只能说米特兰尼最终未能将我们带入他所构想的那个有效和平体系之中。

---

① Ernst B. Haas, "Beyond the Nation-State: Functionalism and International Organization," California: Stanford University Press, 1964, pp. 21-22.
② [美] 詹姆斯·多尔蒂等著，阎学通等译：《争论中的国际关系理论》，世界知识出版社 2003 年版，第 491—492 页。

第六章 米特兰尼功能主义国际关系理论的当代价值

构建人类命运共同体是中国积极引领全人类建设一个互利合作、共享共赢的新世界的选择，也是中国主动担负起负责任大国重任的选择。构建人类命运共同体不可能是一蹴而就的，将是一个漫长艰难的前进过程，构建人类命运共同体的关键在于切实有效的行动。2013年习近平主席提出共建"一带一路"倡议作为推动构建人类命运共同体的具体行动和重要的实践平台。欧洲是共建"一带一路"倡议的重要沿线区域，也是共建"一带一路"倡议的终点。中国与欧洲对世界发展具有共同的利益、对中欧合作具有共同的诉求。2014年习近平主席访欧之际明确提出中国愿同欧洲一道打造中欧和平、增长、改革、文明四大伙伴关系，推动构建中欧命运共同体。欧洲作为区域一体化起步最早的地区，在区域合作上具有丰富经验。面对中欧关系的新发展新要求，中国可以借鉴欧洲区域合作的丰富经验，积极深化互利共赢的中欧全面战略伙伴关系，推动构建中欧命运共同体，为推动构建人类命运共同体提供切实有效的理论养分。

第一节 构建人类命运共同体思想的内涵

构建人类命运共同体思想是习近平关于深入思考建设一个什么样的世界、如何建设这个世界等关乎全人类发展命运的根本问题的重要阐述，也是习近平为促进全球治理体系变革、推进世界和平发展所提供的中国智慧和中国方案。党的十八大以来，中国特色社会主义进入了新时代，经济建设取得了越来越突出的成就，也获得了国际社会越来越多的关注和认可。

一、推动全球治理的中国方案

当今世界正经历百年未有之大变局,亟须全新的治理理念和科学的发展理念,构建更加公平合理的国际体系和秩序。面对这一重大且紧迫的时代课题,习近平指出:"从顺应历史潮流、增进人类福祉出发,我提出推动构建人类命运共同体的倡议,并同有关各方多次深入交换意见。我高兴地看到,这一倡议得到越来越多国家和人民欢迎和认同,并被写进了联合国重要文件。我希望,各国人民同心协力、携手前行,努力构建人类命运共同体,共创和平、安宁、繁荣、开放、美丽的亚洲和世界。"① 构建人类命运共同体是中国积极引领全人类建设一个互利合作、共享共赢的新世界的选择,也是中国主动担负起负责任大国重任的选择,但若仅凭中国一国之国力和仅谋中国一国之私利是无法实现的,必须要通过合作共赢来广泛调动起世界各国参与构建人类命运共同体的积极性和主动性。党的十八大报告指出:"合作共赢,就是要倡导人类命运共同体意识。"② 鉴于世界各国所处的不同发展阶段和不同利益诉求,构建人类命运共同体的核心就在于合作共赢,合作共赢既是构建人类命运共同体的行动准则,也是构建人类命运共同体的价值追求,其最终是要"在追求本国利益时兼顾他国合理关切,在谋求本国发展中促进各国共同发展,建立更加平等均衡的新型全球发展伙伴关系,同舟共济,权责共担,增进人类共同利益"③。

构建一个什么样的人类命运共同体是构建人类命运共同体的最基本问题,也是民众最关心和最应思考的问题,党的十九大报告对构建一个什么样的人类命运共同体作出了明确阐述:"建设持久和平、普遍安全、共同

---

① 习近平:《开放共创繁荣 创新引领未来——在博鳌亚洲论坛2018年年会开幕式上的主旨演讲》,博鳌亚洲论坛,2018年4月12日,http://www.boaoforum.org/newscenterothers/40253.jhtml。

② 胡锦涛:《坚定不移沿着中国特色社会主义道路前进 为全面建成小康社会而奋斗——在中国共产党第十八次全国代表大会上的报告》,新华网,2012年11月8日,http://cpc.people.com.cn/n/2012/1118/c64094-19612151.html。

③ 胡锦涛:《坚定不移沿着中国特色社会主义道路前进 为全面建成小康社会而奋斗——在中国共产党第十八次全国代表大会上的报告》,新华网,2012年11月8日,http://cpc.people.com.cn/n/2012/1118/c64094-19612151.html。

繁荣、开放包容、清洁美丽的世界。"① 具体涵盖五个方面。一是政治上，"要相互尊重、平等协商，坚决摒弃冷战思维和强权政治，走对话而不对抗、结伴而不结盟的国与国交往新路"。二是安全上，"要坚持以对话解决争端、以协商化解分歧，统筹应对传统和非传统安全威胁，反对一切形式的恐怖主义"。三是经济上，"要同舟共济，促进贸易和投资自由化便利化，推动经济全球化朝着更加开放、包容、普惠、平衡、共赢的方向发展"。四是文化上，"要尊重世界文明多样性，以文明交流超越文明隔阂、文明互鉴超越文明冲突、文明共存超越文明优越"。五是生态上，"要坚持环境友好，合作应对气候变化，保护好人类赖以生存的地球家园"②。

二、共建"一带一路"倡议与推动构建中欧命运共同体

构建人类命运共同体不可能是一蹴而就的，将是一个漫长艰难的前进过程，构建人类命运共同体的关键在于切实有效的行动。2013年习近平提出共建"一带一路"倡议作为推动构建人类命运共同体的具体行动和重要的实践平台，"在'一带一路'建设国际合作框架内，各方秉持共商、共建、共享原则，携手应对世界经济面临的挑战，开创发展新机遇，谋求发展新动力，拓展发展新空间，实现优势互补、互利共赢，不断朝着人类命运共同体方向迈进。这是我提出这一倡议的初衷，也是希望通过这一倡议实现的最高目标"③。2013年以来，共建"一带一路"倡议已从最初致力于实现中国与沿线国家合作共赢的理念，发展出实实在在的国际合作，并开拓出从构建沿线国家命运到构建区域命运共同体，再到构建人类命运共同体的特色发展路径。

中国和欧洲分处欧亚大陆东西两端，古丝绸之路曾将中国与欧洲连接

---

① 习近平：《决胜全面建成小康社会 夺取新时代中国特色社会主义伟大胜利——在中国共产党第十九次全国代表大会上的报告》，新华网，2017年10月18日，http://www.xinhuanet.com/politics/2017-10/27/c_1121867529.htm。

② 习近平：《决胜全面建成小康社会 夺取新时代中国特色社会主义伟大胜利——在中国共产党第十九次全国代表大会上的报告》，新华网，2017年10月18日，http://www.xinhuanet.com/politics/2017-10/27/c_1121867529.htm。

③ 习近平：《开辟合作新起点 谋求发展新动力——在"一带一路"国际合作高峰论坛圆桌峰会上的开幕辞》，新华网，2017年5月15日，http://www.xinhuanet.com/politics/2017-05/15/c_1120976082.htm。

贯通、互通有无，开启了中欧两大文明对话的先河。习近平指出，"作为最大的发展中国家和最大的发达国家联合体，中欧是维护世界和平的'两大力量'；作为世界上两个重要经济体，中欧是促进共同发展的'两大市场'；作为东西方文化的重要发祥地，中欧是推动人类进步的'两大文明'"①。共建"一带一路"倡议是对古丝绸之路的继承和复兴，欧盟驻华大使史伟认为，"对中国国家主席习近平提出的'一带一路'倡议，我们应当心存感激。因为该倡议的提出，不仅让人们更加深刻地认识到深化投资、加强互联互通的必要性，还推动了更加频繁的经贸、人文往来"②。欧洲身处欧亚大陆最西端，既是共建"一带一路"倡议的重要沿线区域，也是共建"一带一路"倡议的终点，共建"一带一路"倡议推进中欧互联互通，实现中欧合作共赢，对构建中欧命运共同体发挥重要作用。欧盟是欧洲一体化的产物，也是中国最重要的战略伙伴之一，1975 年中国与欧洲经济共同体建交，2004 年欧盟成为中国第一大贸易伙伴、中国成为欧盟第二大贸易伙伴，中欧关系经历了从建设性伙伴关系到全面伙伴关系，再到全面战略伙伴关系的稳步发展，尤其是 2014 年习近平在访欧期间提出，中国愿同欧洲一道打造中欧和平、增长、改革、文明四大伙伴关系。中欧对世界发展具有共同的利益、对中欧合作具有共同的诉求，这构成了构建中欧命运共同体的现实基础。但中欧意识形态分歧、价值观念差异、文明模式冲突和社会制度矛盾也构成了阻碍构建中欧命运共同体的现实障碍。因此，中国可以借鉴欧洲区域合作的丰富经验，积极深化互利共赢的中欧全面战略伙伴关系，推动构建中欧命运共同体，为推动构建人类命运共同体提供切实有效的理论养分。

第二节 功能主义与构建欧洲命运共同体

"《舒曼宣言》中提出，没有与所受威胁相称的创造性努力，就无法保

---

① 《习近平会见欧盟领导人：中欧都在走前人没有走过的路》，新华网，2013 年 11 月 20 日，http://www.xinhuanet.com/politics/2013-11/20/c_118225824.htm。

② 《中欧关系的新机遇（驻华大使话一带一路）——访欧盟驻华大使史伟》，人民网，2017 年 5 月 18 日，http://world.people.com.cn/n1/2017/0518/c1002-29282799.html。

障世界和平。"① 欧洲作为两次世界大战的发源地,饱受战争摧残,以莫内和舒曼为代表的欧洲有识之士,为了实现欧洲永久和平和重构欧洲命运共同体的宏伟蓝图,以建立欧洲煤钢共同体为起步,开启了以统一求和平,以统一求发展的欧洲一体化,这一起步受到米特兰尼功能主义的理论指导。

一、以功能性合作为起点

1943年米特兰尼发表《有效和平体系》,以其独特的理论术语为实现国际合作和避免世界战争提供了一种纲领性理论路径,为"在低层政治运行的、由技术专家统领的、非政治性国际组织的蓝图提供了解释"。② 米特兰尼并不是欧洲统一和欧洲一体化的倡导者和吹捧者,提出功能主义是为实现国际合作和避免世界战争,却出人意料地对开启欧洲一体化产生了直接影响,为构建欧洲命运共同体奠定了理论基础。与其说功能主义是欧洲一体化理论,不如说"功能主义理论深深影响了莫内和舒曼等早期欧洲一体化的主要倡导者和奠基人"。③ 功能主义将功能性合作作为国际行为体之间利益整合的起点。米特兰尼将社会建构的概念引入国际关系研究,政治化的主权国家首先在非政治化的低层政治进行功能性合作,功能性合作将解决社会和经济问题,满足民众的物质需求。"功能性合作具有'分叉'效应——功能性合作在某一领域的发展必将导致在其他领域的合作,在社会、经济和社会福利领域的合作将会扩展到政治领域,经济统一将为政治协议建构基础。因此,功能性合作的另一个重要作用就是使参与合作的个人和机构发生'忠诚转移'。伴随个人和机构不断加入各种功能性合作领域,跨国家的联系日益紧密,国家的作用不断下降,个人对国家的忠诚也将不断地转移,出现国家'淡出'并逐步走向消亡的情形。"④ 米特兰尼

---

① 张明:《中欧合作构建新型国际关系和人类命运共同体》,中青在线,2018年5月30日,http://news.cyol.com/yuanchuang/2018-05/30/content_17243108.htm.
② Jens Steffek, "The Cosmopolitanism of David Mitrany: Equality, Devolution and Functional Democracy beyond the State," International Relations, Vol. 29, No. 1, 2014, p. 1.
③ 房乐宪:《欧洲一体化理论中的功能主义》,《教学与研究》2000年第10期,第36页。
④ 宋新宁:《欧洲一体化理论:在实践中丰富与发展》,《中国人民大学学报》2014年第6期,第4页。

强调，功能性合作的目的"并不在于建立一个什么样的机构或状态，而是民众在追求福利的过程中，不断使社会的或经济的机构服务和满足民众正在兴起的、已经变化的或正在消失的需求"[1]。功能性国际组织作为功能性国际合作的载体，其作用被限定在满足民众基本需求方面，"功能性国际组织是基于在特定领域的国家间政府协议而建立，并获得必要的权力和资源"，一旦建立，功能性国际组织的"功能中立"就是保障在特定领域国际合作有效性和公正性的关键，"功能中立可以发生在那些政治中立无法实现的地方，功能是一种技术自决，功能可以直接说明达到目标所需要的实施范围和权力，这正是功能性国际组织能被广泛接受的主要原因之一"[2]。主权国家是功能性国际组织的主要成员，只有主权国家主动向其参与的功能性国际组织让渡主权，功能性国际组织才会具有必要的权力和资源来满足人类的基本需求。

  功能主义是要实现国际行为体之间的利益整合而不是要实现联邦体系的一体化。米特兰尼肯定国际社会的多元性和主权国家的差异化，"主权国家与功能性国际组织的结合是国家意志的自由选择，显然，并不是所有的国际行为体之间都具有共同利益。相反，共同利益在不同的国际行为体之间的重要性也不相等"[3]。"理解功能主义的关键是认识米特兰尼在新型国际社会的出现过程中对于政治—宪法性合作和技术—功能性合作所作出的区分。功能主义这种方法的独创性与国际关系中功能性概念的引入没有任何关系，而是在于功能主义的扩展方式涵盖了国际行为体之间的各种关系。"[4] 功能主义推动国际行为体之间相互依赖的网状结构的形成，"通过国际活动和功能性国际组织的自然发展推动国际行为体之间相互依赖的网状结构的形成来弥合政治分裂，让地理意义上的国界变得毫无

---

[1] 宋新宁：《欧洲一体化理论：在实践中丰富与发展》，《中国人民大学学报》2014年第6期，第4页。

[2] David Mitrany, "The Functional Approach to World Organization," International Affairs, No. 3, 1948, p. 358.

[3] David Mitrany, "The Functional Theory of Politics," New York: St. Martin's Press, 1975, p. 115.

[4] Mihai Alexandrescu, "David Mitrany: From Federalism to Functionalism," Transylvanian Review, No. 1, 2007, p. 25.

意义"①，拒绝和反对大陆的和意识形态的联盟——联邦体系一体化，它们不过是理性民族主义，"是从大国和国家联盟的敌对转变为整个大陆联邦的敌对"，对维护世界和平的作用是微不足道的，唯一希望是"通过持续的开拓和发展国际行为体的共同活动和共同利益使国际行为体之间的'政治界限'变得毫无意义，进而说明地理意义上'国界'的非必要性"。②米特兰尼强调，"我们当前的历史使命就是要将主权国家团结起来，而不是让它们和平地分裂"，"建立一种新型的全球性问题的共同治理体系，功能主义超越了现有的政治、意识形态、地理界限和种族的划分，在这个过程中不再培育主权国家之间新的区别和分裂"，不断推进国际行为体利益整合和国际社会大融合。③

二、推动欧洲区域合作

功能主义为构建全球治理体系提供了严谨且系统的实用主义框架。"米特兰尼强调，他并未设想过全球治理体系可以被一系列不协调的功能性国际组织永久统治，而是提出将功能性国际组织或所有人通过某种方式结合到一起的可行性方案。"④ 米特兰尼提出四阶段计划构建全球治理体系，"第一阶段，无论是为了技术目标，还是为了更广泛的功能目标，具有相同功能的功能性国际组织之间需要建立协调部门。第二阶段，如果发现有必要，在不同的功能性国际组织之间建立协调部门，但不需要任何预先合作模式的确定，当某种合作模式在某一领域取得成功就可以被复制到其他领域之中。第三阶段，在有效的协调部门之间建立'国际规划组织'作为咨询机构，如国际投资委员会或国际发展委员会。第四阶段，基于上

---

① David Mitrany, "A Working Peace System," Chicago: Quadrangle Books, 1966, pp. 99 – 104.

② David Mitrany, "A Working Peace System," Chicago: Quadrangle Books, 1966, pp. 99 – 104.

③ David Mitrany, "The Functional Approach in Historical Perspective," International Affairs, No. 3, 1971, p. 538.

④ Will Banyan, "Outflanking the Nation – State: David Mitrany and the Origins of the 'Functional' Approach to the New World Order," Conspiracy Archive, March 13, 2015, https: //www.conspiracyarchive.com/2015/03/13/outflanking – the – nation – state – david – mitrany – functionalism.

述三个阶段的完成，在上述建立的所有组织之上，需要建立'整体性政治权威'，它不是'世界政府'，它应是某种代议制产物，例如，国际联盟大会或是国际劳工组织的执行机构，即使事实上它很难建立"①。米特兰尼强调，"在民主秩序下，我们很难使某个主权国家接受国际政治权威对其经济主权的永久限制，并运用到整个战场"，即使在世界大战期间或结束初期。功能主义作为构建全球治理体系的没有灵魂的解决方案，主权国家愿意将主权转移给功能性国际组织，进行特定的精心策划的活动，因为功能主义与联邦主义推动构建单一世界不同，"功能主义没有被包装在更蓄谋已久的国际秩序计划的政治情感和意识形态之中"，而是提供了"潜在创造建立一个活跃的国际社会的因素"。②

米特兰尼既未曾设想功能主义会成为开启欧洲一体化的指导理论，也未曾提出功能主义的最终目标指向一体化。出乎米特兰尼的预料，欧洲煤钢共同体的建立和运行充分验证了功能主义的理论有效性和价值中立性。其一，"舒曼计划"将煤炭钢铁领域合作作为开启西欧区域合作的突破口，煤钢是影响西欧国计民生的重要领域，也是决定德国发动战争的力量来源，从煤炭钢铁产业部门联合走向欧洲共同体和欧洲统一市场，从高级机构走向欧盟委员会，从功能领域扩展到政治领域，这充分验证了功能性合作的有效性及其分叉效应。其二，"舒曼计划"建立欧洲煤钢共同体不是为了欧洲经济复兴，而是为了巩固法德和解。欧洲煤钢共同体基于政治目的而建立，它并没有发展成为政治组织，而是为了欧洲利益整合发展出第一个欧洲超国家的权力机构——欧洲煤钢共同体的高级机构，保障共同体内部的有效竞争和实质平等，这充分验证了功能主义的价值中立性，奠定了欧洲区域合作长期发展的基础。功能主义指导下的欧洲煤钢共同体，既是欧洲区域合作的开端，也是欧洲务实合作的开启。

---

① David Mitrany, "A Working Peace System," Chicago: Quadrangle Books, 1966, pp. 108 – 109.

② Will Banyan, "Outflanking the Nation – State: David Mitrany and the Origins of the 'Functional' Approach to the New World Order," Conspiracy Archive, March 13, 2015, https://www.conspiracyarchive.com/2015/03/13/outflanking – the – nation – state – david – mitrany – functionalism.

第三节　构建中欧命运共同体的全新样板

中国与中东欧国家合作是中欧合作框架下推进区域合作的重要平台，也是中欧合作框架下开展务实合作的重要平台。面对中国与中东欧国家合作的新发展新挑战，基于欧洲区域合作的成功经验，中国可以汲取功能主义的理论养分，积极深化中欧合作框架下的中国与中东欧国家合作，推动构建中欧命运共同体。

一、推进中国与中东欧国家合作

中东欧是一个地缘政治概念，其位于欧亚大陆的核心地带，是中欧陆路互联互通的必经之地，也是"一路"与"一带"的交汇处，具有重要的地缘政治地位。2012 年中国与中东欧国家领导人首次会晤，中国提出促进与中东欧国家务实合作的十二项举措，标志以中国为一方、以中东欧国家为另一方的中国与中东欧国家合作模式启动。[①] 2013 年第二次中国与中东欧国家领导人会晤，中国就推进与中东欧国家关系提出"三大原则"和六大领域，共同发表《中国—中东欧国家合作布加勒斯特纲要》。2014 年第三次中国与中东欧国家领导人会晤，共同发表的《中国—中东欧国家合作贝尔格莱德纲要》明确继续在投资经贸、金融、互联互通、科技创新环保能源、人文交流、地方合作六个领域不断创新合作形式，全面深化合作。2015 年第四次中国与中东欧国家领导人会晤，中国与中东欧国家共同决定将共建"一带一路"倡议纳入《中国—中东欧国家合作苏州纲要》和《中国—中东欧国家合作中期规划》（以下简称《中期规划》），并作出两个重要决策。一是将共建"一带一路"倡议与中国与中东欧国家合作对接。中东欧国家是共建"一带一路"倡议的重要沿线国家，在 60 多个沿线国家中，中东欧国家占 1/4，将共建"一带一路"倡议和中国与中东欧国家合作对接不仅增强中东欧国家对外开放合作的动力，而且填补中国与

---

① 中东欧国家包括波兰、捷克、斯洛伐克、匈牙利、罗马尼亚、希腊、塞尔维亚、黑山、克罗地亚、斯洛文尼亚、波黑、北马其顿、保加利亚、阿尔巴尼亚、拉脱维亚、爱沙尼亚、立陶宛。

中东欧国家合作的缺口,中国与中东欧国家合作成为中国推进共建"一带一路"倡议的全新支点。二是将中国与中东欧国家合作和中欧合作对接。中东欧是欧洲的重要组成部分,其中10国是欧盟成员国,中国与中东欧国家合作和中欧合作的对接不仅启动中欧合作的新引擎,而且拓展中欧合作的新领域,中国与中东欧国家合作成为推动构建中欧命运共同体的全新样板。

中国与中东欧国家领导人前五次会晤及其后续相关协议措施的实施推动中国与中东欧国家合作迈入快速发展阶段,特别是习近平主席在2016年出访中东欧,推动中国与中东欧国家合作加速进入全方位、宽领域、多层次的全新发展阶段,并呈现出四大亮点。其一,中国与中东欧国家合作意愿变得空前强烈。中东欧国家正面临经济结构调整和基础设施升级的强烈需求,与中国的优势产业高度互补,中国与中东欧国家合作不仅明确中国与中东欧国家在投资经贸、金融、互联互通、科技创新环保能源、人文交流、地方合作等领域的合作,而且将共建"一路一带"倡议纳入中国与中东欧国家合作,凸显中国与中东欧国家合作的广阔前景和强烈意愿。其二,中国与中东欧国家合作形式不断创新。基于中国与中东欧国家农业合作促进联合会对中国与中东欧国家在农林副业合作的突出贡献,《中期规划》明确提出"领域合作联合会是16+1领域合作的支柱。充分发挥现有联合会作用,鼓励条件成熟时组建新的领域合作平台"①。联合会的组织创新为中国与中东欧国家合作的稳健发展提供全新的组织保障,加速中国与中东欧国家合作的发展步伐。其三,中国与中东欧国家合作以多边方式推动地区内双边关系的发展。在中国与中东欧国家合作框架下,中国与中东欧国家的政界、商界和学界共同构建起高层次、宽领域、多轨道的多边合作平台——中国与中东欧国家高级别智库研讨会、中国与中东欧企业家洽谈会、中国与中东欧青年政治家论坛等,丰富地区内双边交流渠道。其四,中国与中东欧国家合作为中国"走出去"和"引进来"战略提供重要契机。基础设施建设是中国与中东欧国家合作的关键领域,贝尔格莱德跨多瑙河大桥、基切沃—奥赫里德和米拉蒂诺维奇—斯蒂普高速公路建设、波罗的海铁路、塞尔维亚E763高速公路、塞尔维亚科斯托拉茨电站和匈塞铁路等项目充分表明中国与中

---

① 《中国—中东欧国家合作中期规划》,新华网,2015年11月25日,http://news.xinhuanet.com/2015-11/25/c_128464366.htm。

东欧国家合作为中国"走出去"和"引进来"战略提供重要契机。

中国与中东欧国家合作被提升到深化中欧全面战略伙伴关系的重要组成部分和有益补充的重要战略高度，并加速进入全方位、宽领域、多层次的全新发展阶段。伴随中国与中东欧国家合作的全新发展，出现了制约发展的新挑战，阻碍中国与中东欧国家合作的深化发展。中国与中东欧国家合作是以经贸合作为起点和基础，中国与中东欧国家经贸合作并未呈现同速发展，尤其是与渐趋稳定的东南欧国家。① 中国历来重视与东南欧的关系，2004年中国与罗马尼亚建立全面友好合作伙伴关系，2009年中国与塞尔维亚签订战略伙伴关系协定。2012年以来中国与东南欧国家高层互访频繁，政治交往日益紧密，特别是习近平、李克强先后出访东南欧，中国与东南欧政治交往渐趋热络。但是，中国与东南欧的经贸合作却始终冷清，这不仅成为制约中国与中东欧国家合作深化发展的瓶颈，而且成为阻碍共建"一带一路"倡议快速推进的障碍。

二、推进中国与中东欧国家合作的现实问题

其一，中国与中东欧国家贸易不平衡问题突出。2012—2016年中国与东南欧进出口贸易额年均增长率4.1%，整体态势呈缓步增长，2012年103.3亿美元，2013年113亿美元，2015年113.3亿美元较2014年121.7亿美元有所回落，2016年120.4亿美元，2016年中国与东南欧的进出口贸易额仅占中国与中东欧进出口贸易额的20%。其中，中国自东南欧的进口增长缓慢，2012年25.7亿美元，2013年31.4亿美元，2014年34.2亿美元，2015年29.2亿美元、同比下降14.7%，2016年30.5亿美元、同比增长4.5%；中国对东南欧的出口缓步增长，2012年77.5亿美元，2013年81.6亿美元，2015年84.1亿美元较2014年87.4亿美元减少3.3亿美元，2016年89.8亿美元、同比增长6.8%；2012—2016年中国与东南欧的贸易顺差逐年增长，2012年51.8亿美元，2013年50.2亿美元，2014年53.2亿美元，2015年54.9亿美元，2016年59.3亿美元。中东欧国家中，波兰国家规模最大。2012—2016年波兰是中国在该地区的最大贸易伙伴。五年来，

---

① 东南欧国家包括罗马尼亚、塞尔维亚、黑山、克罗地亚、斯洛文尼亚、波黑、北马其顿、保加利亚、阿尔巴尼亚。

第六章 米特兰尼功能主义国际关系理论的当代价值

中国与波兰的进出口额增长明显，2012年143.8亿美元，2016年176.2亿美元，占同年该地区对华进出口额的30%。其中，2016年中国自波兰进口额25.3亿美元，占同年中国自中东欧进口额的16.9%，同中国自东南欧进口额相近；2016年中国对波兰出口额150.9亿美元，占同年中国对中东欧出口额的34.5%，高出中国对东南欧出口额近一倍。（见图1、图2、图3）

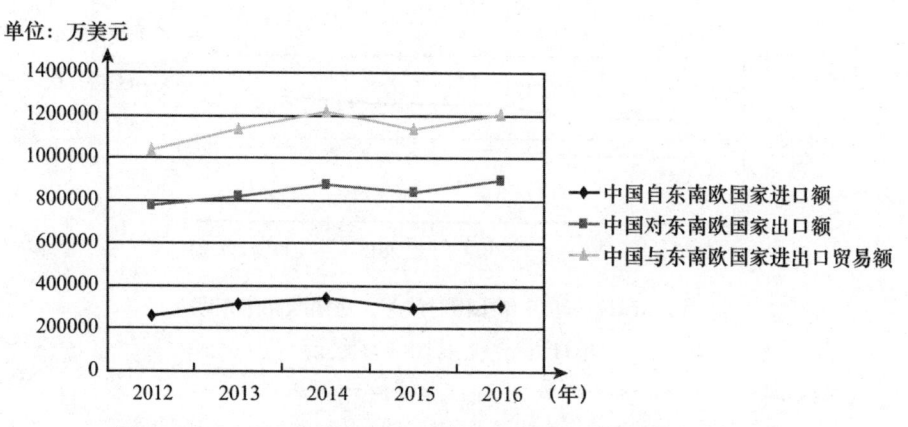

图1　2012—2016年中国与东南欧进出口贸易额趋势图（万美元）

数据来源：http://ozs.mofcom.gov.cn/article/zojmgx/。（图表自制）

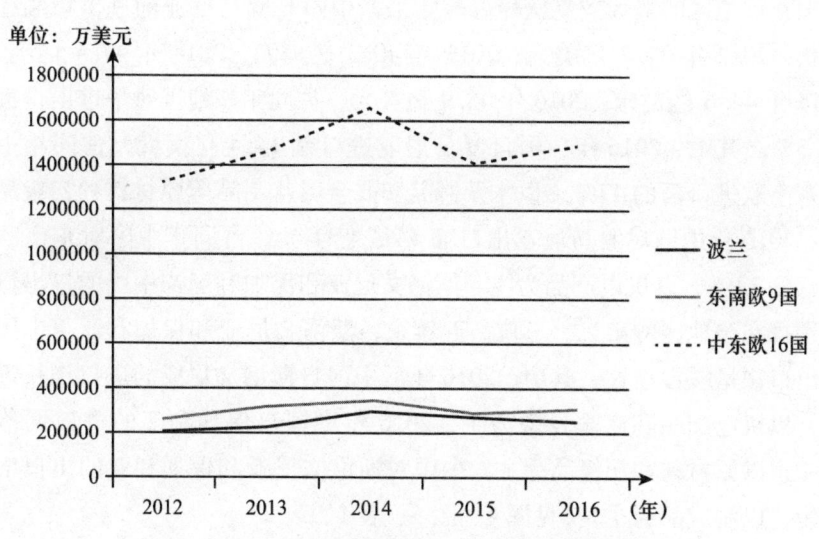

图2　2012—2016年中国自波兰、东南欧和中东欧进口贸易额趋势图（万美元）

数据来源：http://ozs.mofcom.gov.cn/article/zojmgx/。（图表自制）

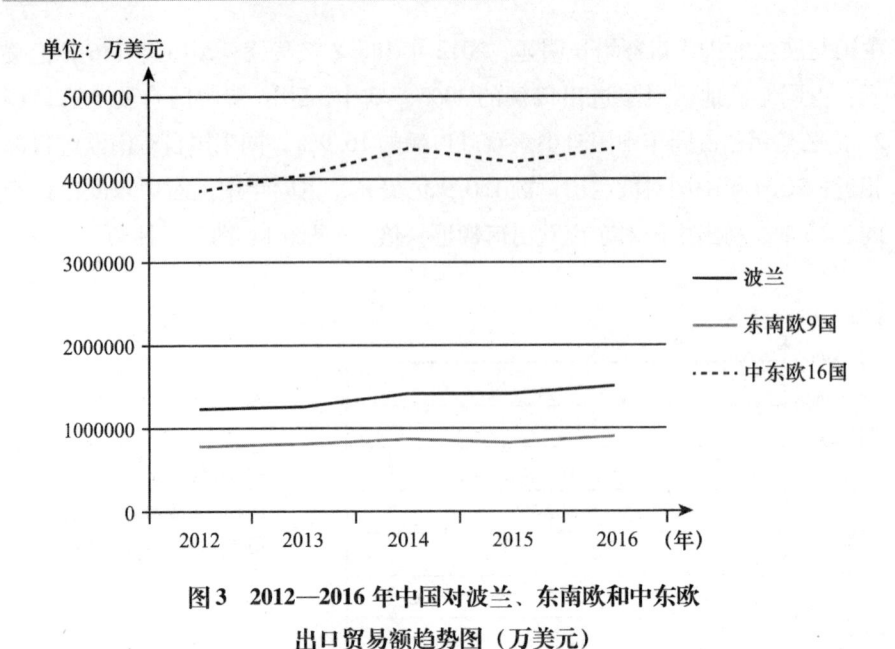

图3 2012—2016年中国对波兰、东南欧和中东欧
出口贸易额趋势图（万美元）

数据来源：http：//ozs.mofcom.gov.cn/article/zojmgx/。（图表自制）

  东南欧国家中，罗马尼亚国家规模最大。2012—2016年，罗马尼亚是中国在该地区的最大贸易伙伴。五年来，中国与罗马尼亚的进出口额逐年增长，2012年37.7亿美元；2013年40.3亿美元；2014年47.4亿美元；2015年44.6亿美元；2016年48.9亿美元，占同年该地区对华进出口额的42.5%。其中，2016年中国自罗马尼亚进口额14.4亿美元，占同年中国自东南欧进口额的47%，以木及制品和贱金属及制品等原材料和初级品为主；2016年中国对罗马尼亚出口额34.4亿美元，占同年中国对东南欧出口额的38%，以机电产品为主。斯洛文尼亚和保加利亚与中国的进出口额分别排在该地区的第二、三位。五年来，斯洛文尼亚和保加利亚与中国的进出口额呈缓慢增长。其中，2016年后中国自斯洛文尼亚的进口增长近两倍，以机电产品和运输设备为主，2016年中国自保加利亚的进口回落近20%，以原材料和初级品为主；中国对斯洛文尼亚和保加利亚的出口增长缓慢，以制成品为主。（见图4、图5、表1、表2）

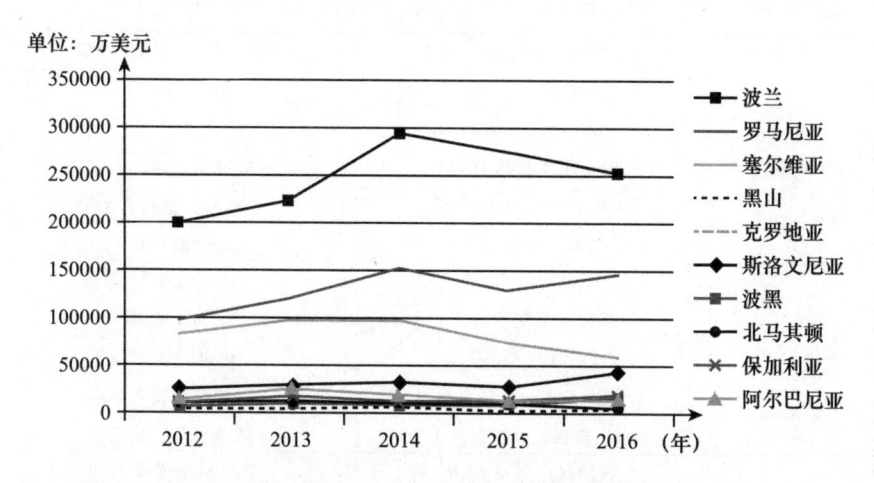

图4 2012—2016年中国自波兰和东南欧进口贸易额趋势图（万美元）

数据来源：http：//ozs.mofcom.gov.cn/article/zojmgx/。（图表自制）

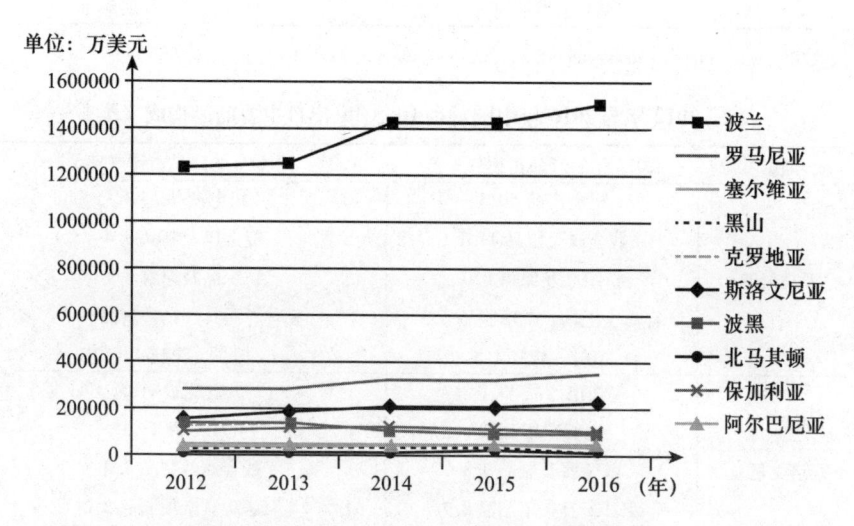

图5 2012—2016年中国对波兰和东南欧出口贸易额趋势图（万美元）

数据来源：http：//ozs.mofcom.gov.cn/article/zojmgx/。（图表自制）

表1　2012年与2016年中国自东南欧国家进口主要商品构成（类）

国家	2012年的产品占比（%）	2016年的产品占比（%）
罗马尼亚	机电产品 27.3 木及制品 19.5 贱金属及制品 16.7 矿产品 9.8 塑料、橡胶 7.3	机电产品 36.1 木及制品 19.3 贱金属及制品 7.7 塑料、橡胶 7.5 运输设备 6.4
斯洛文尼亚	机电产品 43.8 贱金属及制品 19.2 塑料橡胶 15.2 纤维素浆；纸张 4.5 家具、玩具、杂项制品 3.7	运输设备 28.3 纤维素浆；纸张 26.4 机电产品 20.3 塑料橡胶 9.0 贱金属及制品 5.7
保加利亚	贱金属及制品 79.9 矿产品 11.3 机电产品 2.9 化工产品 1.2 纤维素浆；纸张 1.1	贱金属及制品 54.9 矿产品 27.6 机电产品 9.4 化工产品 2.5 食品、饮料、烟草 1.4

数据来源：http://countryreport.mofcom.gov.cn/europe110209.asp。（图表自制）

表2　2012年与2016年中国对东南欧国家出口主要商品构成（类）

国家	2012年的产品占比（%）	2016年的产品占比（%）
罗马尼亚	机电产品 50.3 贱金属及制品 11.1 纺织品及原料 8.0 家具、玩具、杂项制品 6.3 塑料、橡胶 4.5	机电产品 54.6 贱金属及制品 8.4 纺织品及原料 8.1 家具、玩具、杂项制品 6.2 塑料、橡胶 4.5
斯洛文尼亚	机电产品 39.8 化工产品 14.8 贱金属及制品 9.8 家具玩具杂项制品 8.7 纺织品及原料 8.7	机电产品 44.3 化工产品 13.1 贱金属及制品 8.9 家居玩具杂项制品 8.2 纺织品及原料 6.6
保加利亚	机电产品 45.4 化工产品 9.2 家具、玩具、杂项制品 7.9 贱金属及制品 6.7 运输设备 6.6	机电产品 37.4 家具、玩具、杂项制品 11.4 化工产品 9.5 贱金属及制品 9.0 纺织品及原料 7.8

数据来源：http://countryreport.mofcom.gov.cn/europe110209.asp。（图表自制）

东南欧以小国居多，东南欧国家总的国土面积和人口数量要远大于波兰，各国国内生产总值（GDP）总和却达不到波兰一国的产值，其国家生产能力和消费能力整体也较弱，与华进出口总额尚不抵波兰，凸显中国与中东欧国家之间巨大的经贸差距。中国对东南欧国家出口以机电产品、运输设备为主，中国自东南欧国家进口以原材料和初级品为主，双方进出口集中在劳动密集型产品。中国需要提升商品科技含量和高附加值，也需要挖掘东南欧国家优势产业和特色产品，不仅关注波兰、匈牙利和捷克等中东欧传统大国，而且需要关注东南欧新兴市场，均衡发展与中东欧国家之间的经贸合作。

其二，中国对中东欧国家直接投资不足问题突出。2012—2016年中国对东南欧国家的直接投资流量和存量呈现明显的两极分化。一方面，中国持续增加对东南欧传统友好国家——罗马尼亚、塞尔维亚和保加利亚的直接投资。2012年以来，特别是共建"一带一路"倡议引入中国与中东欧国家合作之后，中国进一步加强对罗马尼亚、塞尔维亚和保加利亚的直接投资，并呈跳跃式增长，这些直接投资主要在核能开发、基础设施建设和机械制造等领域，有力支撑和刺激中国与罗马尼亚、塞尔维亚和保加利亚的经贸合作。另一方面，中国对黑山、克罗地亚、斯洛文尼亚、波黑、北马其顿和阿尔巴尼亚的直接投资流量处于较低水平。其中，中国对黑山、北马其顿、斯洛文尼亚和阿尔巴尼亚的直接投资流量处于停滞状态，对克罗地亚和波黑的直接投资流量处于半停滞状态，中国对黑山、克罗地亚、斯洛文尼亚、波黑、北马其顿和阿尔巴尼亚的直接投资存在较大空白，严重阻碍中国与东南欧国家的经贸合作。（见图6、图7）

进入21世纪，东南欧国家政局趋于平稳，国家建设方兴未艾，国外直接投资对东南欧国家建设和经济发展具有重要的现实意义。中国对东南欧国家的投资主要集中在塞尔维亚、罗马尼亚和保加利亚，对黑山的直接投资存量没有变化，对北马其顿、阿尔巴尼亚、斯洛文尼亚、克罗地亚和波黑的直接投资存量连续两三年没有明显变化。东南欧国家表示很期待能够获得中国投资，但重点在于中国银行提供贷款需要受贷国主权担保问题，东南欧的欧盟成员国无法提供这种担保，如果提供了，债务水平很容易超过3%，这是欧盟所不允许的。关于中国投资贷款，达成一个满足欧盟、中国和东南欧国家要求的方案是可能的，但尚需要多方耐心的沟通和谈

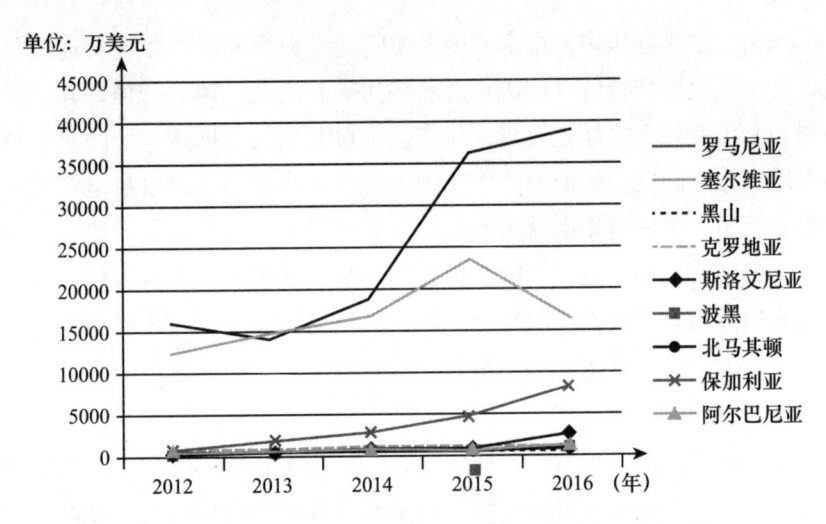

图6 2012—2016年中国对东南欧的直接投资存量情况表（万美元）

数据来源：2016年度中国对外直接投资统计公报。（图表自制）

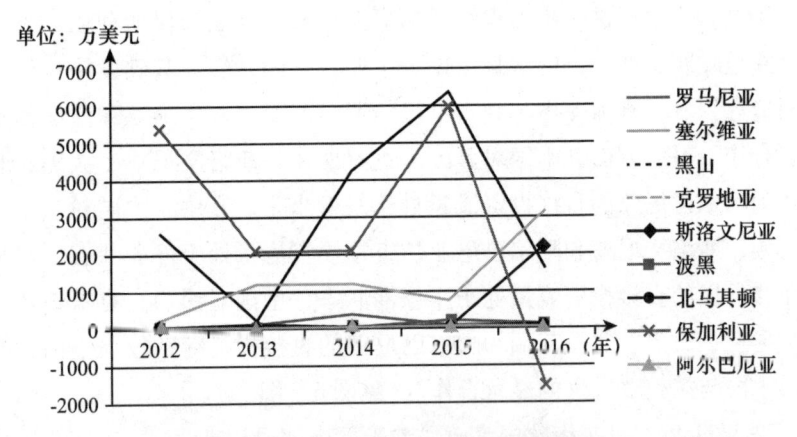

图7 2012—2016年中国对东南欧的直接投资流量情况表（万美元）

数据来源：2016年度中国对外直接投资统计公报。（图表自制）

判。上述说明，中国缺少对东南欧国家具有针对性和系统性的调查研究，缺乏对东南欧国家的投资信心。若是以东南欧国家的政局不稳或基础设施落后为理由放弃投资，则更加凸显中国缺少对东南欧国家具有针对性和系统性的调查研究而导致对东南欧投资信心的进一步缺失。因此，亟须强化中国对东南欧国家调查研究的智库支持，为中国投资东南欧国家提供保障。

其三,中国与中东欧国家长期合作稳定性问题突出。中国与中东欧国家合作是以经贸合作为基础和起点,特别是共建"一路一带"倡议纳入中国与中东欧国家合作之后,经贸合作对中国与中东欧关系的意义更加突出。冷战结束后,中东欧国家纷纷进行政治体制改革,建立与西方一致的政体,出于宗教信仰以及意识形态的差异及这些国家改革前期亲西方的政策影响,部分中东欧国家对华仍有偏见,不仅担心中国旨在进行战略扩张,而且对共建"一路一带"倡议的具体项目实践和自身实际获利存在质疑和担忧。例如,罗马尼亚与中国公司签署了"具有法律约束力和排他性"的合作协议,以修建两座核电站,但罗方仍担心中国投资缺乏透明度——让欧洲国家未来数十年背负沉重债务的投资合同没有明确的招标过程、没有公众可获知的可行性研究、对其长期可行性也缺乏评估。

东南欧以欧美为主要贸易伙伴,不断强化对欧美的依赖程度和经贸互补性。当前欧美经济复苏缓慢,对东南欧亟须进行的基础设施完善、产业振兴发展和民生改善等紧迫问题无力支持。例如,克罗地亚缺乏驱动经济发展的产业,且经济发展前景不好,持续衰退,失业率也比较高,政府不断换班,但仍然解决不了问题。克罗地亚缺少良好的实体产业,旅游经济又很脆弱,受外部环境影响较大,一直也未找到走出危机的办法。原希望加入欧盟后能解决这些问题,偏偏赶上欧盟内部危机不断。总的来说,克罗地亚缺乏充分的资金和技术解决基础设施完善、产业振兴发展和民生改善等紧迫问题。"中国具有完备的产业体系和有国际市场竞争力的装备制造业,工程设计、建设、设备供应及管理、融资等综合能力强",[①] 但中国对东南欧投资不可替代性较低,贸易互补性较弱,一旦欧美经济复苏,卷土重来,东南欧势必很难抵挡欧美的投资浪潮。同时,中国与东南欧没有领土接壤,也没有战略上的"利害冲突",在与东南欧国家社会制度、意识形态及宗教文化观念不同的前提下,除了经贸合作,很难发现彼此的其他战略需求。唯有强化高层政治交往,增强高层政治互信,才能夯实中国与东南欧长期合作稳定性的政治基础。

---

① 宁吉喆:《优势互补 互利互赢 推进中国—中东欧国家产能合作——在中国—中东欧国家(萨拉热窝)经贸论坛上的主旨演讲》,《中国经济导刊》2016年第15期,第8页。

第四节 功能主义对推动构建中欧命运共同体的实践价值

中国与中东欧国家合作是中国推动构建中欧命运共同体的全新样板,也是中国推动构建中欧命运共同体的现实缩影。2012年以来,中国与中东欧国家合作取得了长足发展,已进入全方位、宽领域、多层次的全新发展阶段,但合作机制仍不成熟,面临着深化合作的新挑战。基于欧洲区域合作的丰富经验,中国可以汲取功能主义的理论养分,助力中国与中东欧国家尝试合作新方式、创新合作新平台、开拓合作新思路,实现中国与中东欧国家合作的全方位、宽领域、多层次发展,深化互利共赢的中欧全面战略伙伴关系,推动构建中欧命运共同体。

一、强化中国与中东欧国家的功能性合作

突出和优先经贸领域的功能性合作,深入挖掘中国与中东欧国家经贸领域的功能性合作项目,改善中国与中东欧国家的经贸不平衡。合作的关键在于功能性——满足民众基本需求。中国—中东欧国家合作将重点聚集在投资经贸、金融、互联互通、科技创新环保能源、人文交流、地方合作等领域,尤其是共建"一带一路"倡议纳入中国与中东欧国家合作之后,中国与中东欧国家将互联互通放到首要位置,匈塞铁路、中欧陆海快线和中欧班列等项目获得了显著成功。[①] 中东欧国家具有明显的多样性和差异性,中国如何调动中东欧中小国家对华经贸合作的积极性和主动性,唯有将合作的关键置于功能性合作,即能够真正满足中东欧国家经济发展需要,并让双方的民众能从中受益,既要将过去和现在依旧靠提供贷款输出资本,靠提供资本输出技术的旧思路转换到靠功能性合作带来民众福祉,靠民众福祉带来合作项目的新思路上来,消除和避免被中东欧国家所厌恶的国大则恩重的观念,切实从关心和满足中东欧国家经济发展需要的角度深入挖掘经贸合作,也要强化中国外交官的市场意识和提升中国企业管理者的个人素质,

---

① 《中国—中东欧国家合作中期规划》,新华网,2015年11月25日,http://news.xinhuanet.com/2015-11/25/c_128464366.htm。

以积极乐观、平等开放、公正透明的态度欢迎和对待中东欧国家,强化合作的功能性,弱化合作的主导权,突出合作的市场化调节,避免合作的政府性指令,靠深获民心的经贸合作调动中东欧中小国家对华经贸合作的积极性和主动性,助力中国与中东欧国家尝试合作新方式。

二、合理建设中国与中东欧国家的合作平台

合理建设功能性与组织形式相结合的合作平台,为中国投资中东欧提供有效的智库支撑。鉴于中国与中东欧国家合作在平台上的新创新和新进展——中国与中东欧国家农业合作促进联合会及其当前取得的成果,《中期规划》明确提出"领域合作联合会是中国与中东欧国家合作领域的支柱",① "以双边和多边基础上推动中国与中东欧国家的企业、组织和协会之间的业务往来和业务合作",② 将成为实现中国与中东欧国家合作共赢的重要平台。功能决定形式是功能主义的敕令,"为解决任何一个国内特殊问题的任何一项特殊功能,都将需要一种特殊的制度形式"③。"这种思路却与组织理论为了达到对制度的某种可归纳性理解的目标相抵触。"在特殊的制度形式中,捆绑搭售现象会不可避免地发生,民族主义也会喧嚣其中。领域合作联合会会员国目前只是将有利于彼此国家利益的信息负责任地放置于合作联合会之内,而不是将本国主权放置于合作联合会之内彼此分享,在合作联合会的大国与中小国家不能也不愿意均等分享合作利益之时,合作联合会是否具有完善的机制来奖赏或者惩戒会员国,更进一步地说,合作联合会的未来发展目标将决定当下合作联合会的工作方向。因此,针对中国与中东欧国家合作,将这一核心概念修改为功能理应决定形式更为恰当。合理建设功能性与组织形式相结合的合作平台,既要避免捆绑搭售现象的发生,也要消除民族主义的喧嚣其中,为中国投资中东欧提供有效的智库支撑,助力构建中国与中东欧国家创新合作新平台。

---

① 《中国—中东欧国家合作中期规划》,新华网,2015 年 11 月 25 日,http://news.xinhuanet.com/2015-11/25/c_128464366.htm。

② 《中国与中东欧国家农业合作促进联合会》,保加利亚共和国农业和食品部,http://china2ceec.org/zh/Activity。

③ [美]肯尼思·W.汤普森著,耿协峰译:《国际思想大师——20 世纪主要理论家与世界危机》,北京大学出版社 2003 年版,第 239 页。

三、强化中国与中东欧国家的政治交往与互信

加强顶层设计，以政治交往反推经贸合作，推动中国与中东欧国家政府间主导的全方位、宽领域、多层次合作，夯实中国与中东欧长期合作的基础稳定性。在当代国际社会中，中国与中东欧国家合作存在着区别于其他地区合作的特殊性。一方面，中东欧国家本身没有组成区域合作组织，应该强调双方国家主导的政府间合作。中东欧国家虽不乏与中国合作的良好意愿，但没有一个常设机构和程序性安排来协调中东欧国家的立场和态度，也没有援助资金和协助机制来帮助和促进中东欧国家统一行动，无法作为一个整体对华开展活动。深化中国与中东欧国家合作，必须强调双方国家主导的政府间合作，通过中国与单一中东欧国家或中国与多个中东欧国家的政府间协议为前提，推动国家主导的全面合作。另一方面，中东欧是欧洲一体化制度空间的有机组成部分，《中国—中东欧国家合作苏州纲要》和《中期规划》明确了中国与中东欧国家合作和中欧合作对接，应该将中国与中东欧国家合作纳入中欧合作的大战略中整体谋划。北马其顿、黑山、阿尔巴尼亚和塞尔维亚为欧盟入盟候选国，波黑与欧盟已签署《稳定与联系协议》，并有望成为入盟候选国，其余11国均为欧盟成员国，中国与中东欧国家合作已成为中欧合作框架下重要的次区域合作平台。深化中国与中东欧国家合作，应该以中欧政府间合作为指导方向，强调双方国家主导的政府间合作，通过中国与中东欧国家的双边或多边的政府间协议为前提，推动国家主导合作，积极引进双方国家所有的跨国公司，抓住共建"一带一路"倡议契机，利用中国向沿线国家所提供的资金、技术、产能，以中国与中东欧国家双边或多边的政府间协议中的重点项目为点，不断铺开和发散政府间合作领域和范围，尽快形成线的合作规模，助力中国与中东欧国家开拓合作新思路。

相比具有严谨体系的理论而言，功能主义是一种对新兴世界秩序的研究路径。米特兰尼强调，"功能主义展示了功能经验比修辞和观念更易于促进国际合作，从而在某种程度上消除了民众对它的误会"[1]。中国与中东

---

[1] [美]肯尼思·W.汤普森著，耿协峰译：《国际思想大师——20世纪主要理论家与世界危机》，北京大学出版社2003年版，第241页。

欧国家合作以中国与中东欧国家的双边政府间协议为基础，以在投资经贸、金融、互联互通、科技创新环保能源、人文交流、地方合作等领域的功能性合作为突破口，以领域合作联合会为合作平台，拓展和深化中国与中东欧国家合作。《中国关于促进与中东欧国家友好合作的十二项举措》《中国—中东欧国家合作布加勒斯特纲要》《中国—中东欧国家合作贝尔格莱德纲要》《中期规划》和《中国—中东欧国家合作苏州纲要》中并未对中国与中东欧国家合作设置明确的政治合作目标。对于中国而言，中国与中东欧国家合作除了实现既有经济目标之外，更重要的是作为深化中欧全面战略伙伴关系的全新样板。对于中东欧国家而言，中东欧国家政治上倾向于欧盟，军事上倾向于北约，面对欧美经济增长整体疲软的现状，中国可以为中东欧国家经济发展提供强有力支撑。中国与中东欧国家的国家社会制度、意识形态及宗教文化观念差异巨大，中国与中东欧国家合作不会发展成为类似欧盟的高度分享国家主权的一体化组织，推动中国与中东欧国家合作发展成为中国与中东欧国家处理与欧盟战略关系和维护及保障国家利益的有效机制将更加具有吸引力。因此，中国可以借鉴欧洲区域合作的丰富经验，积极深化互利共赢的中欧全面战略伙伴关系，推动构建中欧命运共同体，为推动构建人类命运共同体提供切实有效的理论养分。

结　语

　　战争与和平是全人类所共同面对的一个攸关人类生死存亡的核心问题。在不同的历史时期和思想语境下，思想家以各自不同的方式对其进行着理论思考和实践尝试。米特兰尼就是其中一位以其最为著名的功能主义来实现永久和平的政治理论家。汤普森肯定了米特兰尼功能主义"为观察初级性社会经济地区的国际合作提供了一个有用的框架；对世界秩序问题和弥合国际无政府与世界共同体之间的鸿沟提供了一个合理的思路；为国际思想补充了一种新的思考维度，传统的国际思想局限于政治的、外交的和法律的问题之上"①，并盛赞米特兰尼为"'以功能主义超越政治学'的世界秩序理论家"。②

　　本书将米特兰尼功能主义国际关系理论作为研究对象，从米特兰尼功能主义国际关系理论的产生背景、思想渊源、逻辑起点、本质内涵、价值追求、当代价值六个主要方面对米特兰尼功能主义的哲学基础和规范价值进行了学理意义上的全面系统的阐释和分析，在政治哲学视阈下全新还原了功能主义生动形象的真实面貌，系统阐释了功能主义形成和发展的历史情境，深刻探究了功能主义的价值追求与人文关怀，深度挖掘了功能主义超越历史情境、经得起时间考验的理论遗产和实践价值。毫无疑问，米特兰尼凭借其丰富的人生阅历、广阔的知识储备和预知预判的能力等优势，塑造出具有独特的理论体系和理论价值的功能主义，不仅继承和延续了英国新自由主义政治哲学理论体系的理论特征，而且深化发展了英国新自由主义政治哲学理论体系的多样化和复杂性。因此，米特兰尼功能主义国际

---

① ［美］肯尼思·W. 汤普森著，耿协峰译：《国际思想大师——20世纪主要理论家与世界危机》，北京大学出版社2003年版，第235页。

② ［美］肯尼思·W. 汤普森著，耿协峰译：《国际思想大师——20世纪主要理论家与世界危机》，北京大学出版社2003年版，第233页。

结　语

关系理论研究既要挖掘出米特兰尼功能主义的哲学基础和规范价值，也要挖掘出米特兰尼功能主义的理论特质和当代价值。

世界主义是一种关于对世界上每一个人平等的道德关怀的学说，是伦理学，也是政治哲学。世界主义是由希腊文"Cosmos"（世界）和"Polis"（城市、人民、市民）两个词根所组成，"Cosmos"代表一种普遍秩序，即整个世界的和谐秩序；"Polis"代表地方性或区域性的城邦政治。世界主义既是普遍性的也是区域性的，是由普遍宇宙和地方性政体共同构成的概念。西方的世界主义思想最早可以追溯至古希腊的犬儒学派和斯多葛学派，历经早期基督教的发展，在启蒙运动时期出现了世界主义思想的集大成者——康德。1848年《共产党宣言》的诞生宣告了国际主义以马克思的世界主义的全新形式正式出现。19世纪中后期，人类社会开始迈进全球化时代，世界主义也不可避免地发生了新的变化。

1943年米特兰尼发表《有效和平体系》，功能主义基于米特兰尼对于人类社会发展逻辑的独特理解——"同物质上的自给自足曾经为国内社会带来和平与安宁一样，如果所发展的联合单位的规模与人类的社会经济需要相称的话，也能够带来国际和平。正如家庭让位于国家一样，国家也必将让位于更大的国际实体，以满足迫切的经济社会需要"[1]。米特兰尼从未将功能主义视作某种特殊意识形态下的产物，"在意识形态上，米特兰尼很难被界定，而他恰恰喜欢如此"[2]。米特兰尼功能主义不仅融合了英国新自由主义思想、英国费边社会主义思想和美国实用主义思想，也夹杂着美国社团主义思想、法国无政府主义思想，而且继承和发展了康德的世界主义。《有效和平体系》包含了"万民法的概念、全球性多层治理结构和跨国组织的功能性市民代表"，体系焦点不再是对主权国家的关注，而是对人的"终极关怀"，实现个体之间的实质平等，包容个体之间种族、文化、宗教信仰、民族和国籍的多样性。因此，米特兰尼功能主义也被称作"功

---

[1] [美]肯尼思·W.汤普森著，耿协峰译：《国际思想大师——20世纪主要理论家与世界危机》，北京大学出版社2003年版，第245页。

[2] J. Samuel Barkin eds., "Classics of International Relations," NY: Routledge, 2013, p. 9.

能性世界主义"。① 吉斯·斯蒂芬克认为,"与传统的道德和政治的世界主义相比较,米特兰尼功能主义是一种'弱的'世界主义"②。一方面,米特兰尼关注人的需求,但他没有诠释个体的义务和责任,也没有塑造全球公民或全球公民精神的概念,更没有打造全球公民社会。另一方面,米特兰尼既无法否定主权国家作为现实中实现国际合作的主要参与者,又无法否定主权国家在当代国际合作中的主体地位。米特兰尼功能主义不是要实现天下大同,而是要将"有效和平体系"逐渐塑造为全球风险共同体——满足民众需求、消除战争根源、实现永久和平,米特兰尼功能主义塑造了全新的世界主义——功能性世界主义,而这也正是全球化时代对米特兰尼功能主义重新诠释的创新性工作。

当代全球治理形势日益严峻,中国主动担负起大国重任,提出了构建人类命运共同体的主张,发展和延续了中国的世界主义思想。人类命运共同体是全人类命运和共同体的有机结合,构建人类命运共同体就是要中国引领全人类建设一个互利合作、共享共赢的新世界,充满着中国对建设新世界的美好期望,而构建人类命运共同体的关键在于切实有效的行动——践行共建"一带一路"倡议。共建"一带一路"倡议是中国全方位对外开放战略,致力于首先实现中国与沿线国家合作共赢,从构建沿线国家命运共同体到构建区域命运共同体,最终构建人类命运共同体。③ 其一,"它以中国为主导,以中国方案为引领,以提供中国的资金、技术、产能为支撑"。共建"一带一路"倡议以功能性合作为突破口,聚焦政策沟通、设施联通、贸易畅通、资金融通和民心相通五大合作重点,优先推进基础设施的互联互通,做好做实沿线国家的大型项目和重点工程,切实满足沿线国家经济发展需要。其二,"它不谋求建立任何形式的国际组织约束自己的行动"。共建"一带一路"倡议是开放式的合作共赢平台,坚持和谐包

---

① Jens Steffek, "The Cosmopolitanism of David Mitrany: Equality, Devolution and Functional Democracy beyond the State," International Relations, Vol. 29, No. 1, 2014, p. 1.

② Jens Steffek, "The Cosmopolitanism of David Mitrany: Equality, Devolution and Functional Democracy beyond the State," International Relations, Vol. 29, No. 1, 2014, pp. 13–16.

③ 李景治:《推动构建人类命运共同体的路径选择》,《新视野》2017年第6期,第10页。

容，通过一系列双边或多边的政府间协议联结起来，从未制定建立国际组织或地区组织的规划。共建"一带一路"倡议不需要框架制约但需要合作平台，中国与沿线国家建立的"合作促进联合会"成为共建"一带一路"倡议的一大创举，在平等协商的基础上，"合作促进联合会"成为共建"一带一路"倡议的合作平台。其三，"它以双边合作为基础，以双边或多边的企业合作为主体，以政府间协议为保障"。共建"一带一路"倡议尊重沿线国家的主权独立完整，不干涉、不参与沿线国家和地区的其他事务，坚持市场化导向，坚持自愿合作原则，注重合作共赢的实际行动，不吹捧、不追求不切实际的利益诉求。面对世界经济增长整体疲软的现实，中国紧紧抓住适应和满足沿线国家经济发展需求的关键，打造了以功能性合作为突破口、以"合作促进联合会"为协调平台、以政府间协议为保障的实践路径，推进践行共建"一带一路"倡议逐步走向繁荣兴旺。功能主义的功能性合作思想符合践行共建"一带一路"倡议的目标和要求，"相比具有严谨体系的理论而言，功能主义是一种对新兴世界秩序的研究路径，是有关合作、协调、分享与和平的"[①]。米特兰尼提出功能主义意在有效和平体系的构建和世界大战的避免重演，终其一生都未能实现，却出人意料地"深深影响了让·莫内和罗伯特·舒曼等早期欧洲一体化的主要倡导者和奠基人"，[②] 成为早期欧洲一体化的指导思想。汤普森强调，"无论功能主义有什么局限性，它都代表着研究新兴世界秩序的一种独特理论方法：'它既是对国际社会中问题或混乱状况的诊断，也为塑造更美好的世界提出了方法'"[③]。"功能主义展示了功能经验比修辞和观念更易于促进国际合作，从而在某种程度上消除了民众对它的误会。"[④]

米特兰尼功能主义国际关系理论研究是具有特殊的时代意义和突出的现实价值的学术探索：其时代意义的独特性是因为当前正处于英国脱欧的

[①] ［美］肯尼思·W. 汤普森著，耿协峰译：《国际思想大师——20世纪主要理论家与世界危机》，北京大学出版社2003年版，第245页。

[②] 房乐宪：《欧洲一体化理论中的功能主义》，《教学与研究》2000年第10期，第36页。

[③] ［美］肯尼思·W. 汤普森著，耿协峰译：《国际思想大师——20世纪主要理论家与世界危机》，北京大学出版社2003年版，第244页。

[④] ［美］肯尼思·W. 汤普森著，耿协峰译：《国际思想大师——20世纪主要理论家与世界危机》，北京大学出版社2003年版，第241页。

时代背景下；其现实价值的突出性是因为中国推动构建人类命运共同体正需要有益的理论养分。米特兰尼功能主义的举世闻名得益于其理论被莫内和舒曼汲取和借鉴作为开启欧洲一体化和塑造欧洲命运共同体的指导思想。历经60多年的发展，欧洲一体化再次遭遇到民族主义的回流，欧洲一体化的不断深化发展给欧盟及其成员国在应对和解决欧债危机、欧洲难民和欧洲安全等问题上增添了无法避免的成本和负担，质疑和否定功能主义及其有效性的声音开始发酵和不断蔓延。这种声音的发酵和蔓延正是因为在功能主义指导下的欧洲一体化的产物——欧盟并未能够彻底代替主权国家发挥其作用——"确保相当范围内的政治团结、维持福利国家的道德前提和共识的再生产"[1]。英国脱欧则是这种声音的充分释放和表达。批判主权国家的米特兰尼谋划构建以满足需求为核心的功能性国际组织替代主权国家来消除战争爆发的可能性，进而实现永久和平。构建功能性国际组织无法回避和脱离国家自愿的主权让渡。当现实中曾经的欧盟成员国——英国，在一体化发展过程中，因让渡主权而付出的成本明显高于其所获得的收益时，国家利益的相对性必然要开始将自愿让渡的国家主权回撤，英国脱欧则注定不可避免。虽然米特兰尼不支持，甚至担忧欧洲一体化及其产物——欧盟，但米特兰尼对功能与技术的推崇和对政治与权力的忽视在一定程度上促成欧盟当前所处的尴尬境地，也推动对欧洲一体化深化发展的反思。

功能主义在关注人类福祉、推崇多元化等方面有着理论进步性，但由于时间、空间的限制，米特兰尼在功能主义的理论构建和学说实践等方面仍旧存在着诸多的局限性，有待进一步完善。如果功能主义是米特兰尼为实现永久和平所提出的一种有关方法和实践的理论，其理论主旨主要体现在为什么和如何实现永久和平的客观分析和理性选择上，其凝聚着人类为实现永久和平所作出的探索和努力，那么米特兰尼功能主义国际关系理论研究则是在对米特兰尼探索实现永久和平基础上的总结、反思、提炼和升华所作出的哲学表达，是对米特兰尼探索实现永久和平这一哲学命题的具体表现、理性思考和本质探究，不仅要重新诠释功能主义的理论意义，

---

[1] 梁雪村：《欧盟为什么需要民族国家？——兼论欧洲一体化的理论误读》，《欧洲研究》2020年第1期，第3页。

而且要深入挖掘功能主义的实践价值，为推动构建人类命运共同体提供切实有效的理论养分。实用性是国际关系理论的本质属性，在政治哲学视域下，对米特兰尼功能主义国际关系理论进行全新解读，有助于推进中国借鉴功能主义指导塑造欧洲命运共同体的丰富经验。这不仅是本书的应有之义，而且是不断丰富和深化米特兰尼功能主义国际关系理论研究的未来发展方向。

参考文献

一、中文文献

1. ［英］爱德华·卡尔著，秦亚青译：《二十年危机（1919—1939）：国际关系研究导论》，世界知识出版社2005年版，第1—239页。

2. ［英］爱德华·卡尔著，徐蓝译：《两次世界大战之间的国际关系（1919—1939）》，商务印书馆2009年版，第1—249页。

3. ［英］阿克顿著，胡传胜等译：《自由史论》，译林出版社2001年版，第1—625页。

4. ［英］安东尼·阿巴拉斯特著，曹海军等译：《西方自由主义的兴衰》，吉林人民出版社2004年版，第1—494页。

5. ［英］迈克尔·欧克肖特著，张汝伦译：《政治中的理性主义》，上海译文出版社2003年版，第1—208页。

6. ［英］奥兰·扬著，陈玉刚等译：《世界事务中的治理》，上海人民出版社2007年版，第1—213页。

7. ［英］巴里·布赞、理查德·利特尔著，刘德斌译：《世界历史中的国际体系：国际关系研究的再构建》，高等教育出版社2004年版，第1—441页。

8. ［日］篠田英朗著，戚渊译：《重新审视主权从古典理论到全球时代》，商务印书馆2004年版，第1—284页。

9. ［美］布鲁斯·拉西特、哈维·斯塔尔著，王玉珍等译：《世界政治》，华夏出版社2001年版，第1—450页。

10. ［英］尚塔尔·墨菲著，王恒、臧佩洪译：《政治的回归》，江苏人民出版社2008年版，第1—208页。

11. 陈峰君、祁建华主编：《新地区主义与东亚合作》，中国经济出版社2007年版，第1—450页。

12. 陈乐民：《"欧洲观念"的历史哲学》，东方出版社 1988 年版，第 1—298 页。

13. 陈勇：《新区域主义与东亚经济一体化》，社会科学文献出版社 2006 年版，第 1—267 页。

14. 陈玉刚：《国家与超国家———欧洲一体化理论比较研究》，上海人民出版社 2001 年版，第 1—406 页。

15. ［美］大卫·鲍德温主编，肖欢容译：《新现实主义与新自由主义》，浙江人民出版社 2003 年版，第 1—387 页。

16. ［英］戴维·赫尔德著，胡伟等译：《民主与全球秩序：从现代国家到世界主义治理》，上海人民出版社 2003 年版，第 1—340 页。

17. ［德］菲迪南·腾尼斯著，林容远译：《共同体与社会：纯粹社会学的基本概念》，商务印书馆 1999 年版，第 1—346 页。

18. ［澳］菲利普·佩蒂特著，刘训练译：《共和主义：一种关于自由与政府的理论》，江苏人民出版社 2006 年版，第 1—442 页。

19. ［美］弗朗西斯·福山著，黄胜强等译：《历史的终结及最后之人》，中国社会科学出版社 2003 年版，第 1—401 页。

20. ［美］弗雷德里克·沃特金斯著，李丰斌译：《西方政治传统：近代自由主义之发展》，新星出版社 2006 年版，第 1—288 页。

21. ［荷兰］格劳秀斯著，何勤华等译：《战争与和平法》，上海人民出版社 2005 年版，第 1—500 页。

22. 顾肃：《自由主义基本理念》，中央编译出版社 2003 年版，第 1—334 页。

23. ［美］海斯著，帕米尔等译：《现代民族主义演进史》，华东师范大学出版社 2005 年版，第 1—252 页。

24. ［美］汉斯·摩根索著，卢明华等译：《国际纵横策论：争强权，求和平》，上海译文出版社 1995 年版，第 1—694 页。

25. ［美］汉斯·摩根索著，徐昕等译：《国家间政治——权力斗争与和平》，北京大学出版社 2006 年版，第 1—781 页。

26. ［英］赫得利·布尔著，张小明译：《无政府社会：世界政治秩序研究》，世界知识出版社 2003 年版，第 1—275 页。

27. 胡瑾等：《欧洲早期一体化思想与实践研究（1945—1967）》，山东人民出版社 2000 年版，第 1—286 页。

28. ［英］霍布豪斯著，朱曾汶译：《自由主义》，商务印书馆 2009 年版，第 1—128 页。

29. ［英］艾瑞克·霍布斯鲍姆著，郑明萱译：《极端的年代：1914—1991》，中信出版社 2017 年版，第 1—736 页。

30. ［英］霍布斯著，黎思复、黎廷弼译：《利维坦》，商务印书馆 2008 年版，第 1—580 页。

31. 金应忠、倪世雄：《国际关系理论比较研究》，中国社会科学出版社 1992 年版，第 1—451 页。

32. ［美］卡伦·明斯特、伊万·阿雷奎恩－托夫特著，潘忠岐译：《国际关系精要》（第五版），上海世纪出版集团 2012 年版，第 1—399 页。

33. ［德］伊曼努尔·康德著，何兆武译：《永久和平论》，上海世纪出版社 2005 年版，第 1—85 页。

34. ［美］肯尼思·华尔兹著，倪世雄等译：《人，国家与战争——一种理论分析》，上海译文出版社 1991 年版，第 1—201 页。

35. ［美］肯尼思·华尔兹著，信强译：《国际政治理论》，上海人民出版社 2003 年版，第 1—265 页。

36. ［美］肯尼思·汤普森著，耿协峰译：《国际思想大师——20 世纪主要理论家与世界危机》，北京大学出版社 2003 年版，第 1—272 页。

37. ［美］肯尼思·汤普森著，梅仁等译：《国际关系中的思想流派》，北京大学出版社 2003 年版，第 1—159 页。

38. ［美］肯尼思·汤普森著，谢峰译：《国际思想之父：政治理论的遗产》，北京大学出版社 2003 年版，第 1—177 页。

39. ［英］昆廷·斯金纳著，李宏图译：《自由主义之前的自由》，上海三联书店 2004 年版，第 1—156 页。

40. ［英］昆廷·斯金纳著，奚瑞森亚方译：《现代政治思想的基础》，凤凰出版传媒集团、译林出版社 2011 年版，第 1—827 页。

41. ［美］哈罗德·D. 拉斯韦尔著，杨昌裕译：《政治学：谁得到什么？何时和如何得到？》，商务印书馆 1992 年版，第 1—161 页。

42. 李宏图：《从"权力"走向"权利"——西欧近代自由主义思潮研究》，上海人民出版社 2007 年版，第 1—308 页。

43. 李宏图：《欧洲近代政治思想史论》，天津人民出版社 2012 年版，第 1—320 页。

44. 李强：《自由主义》，中国社会科学出版社 1998 年版，第 1—296 页。

45. 李巍、王学玉编：《欧洲一体化理论与历史文献选读》，山东人民出版社 2001 年版，第 1—366 页。

46. ［美］莉萨·马丁、贝思·西蒙斯编，黄仁伟等译：《国际制度》，上海人民出版社 2006 年版，第 1—533 页。

47. ［美］列奥·施特劳斯、约瑟夫·克罗波西主编，李洪润等译：《政治哲学史》（第三版），法律出版社 2009 年版，第 1—1155 页。

48. ［美］列奥·施特劳斯著，李世祥等译：《什么是政治哲学》，华夏出版社 2011 年版，第 1—323 页。

49. ［法］卢梭著，何兆武译：《社会契约论》，商务印书馆 1980 年版，第 1—202 页。

50. ［法］卢梭著，李平沤译：《论人与人之间不平等的起因和基础》，商务印书馆 2009 年版，第 1—184 页。

51. ［美］罗伯特·基欧汉、约瑟夫·奈著，门洪华译：《权力与相互依赖》，北京大学出版社 2002 年版，第 1—363 页。

52. ［美］罗伯特·基欧汉主编，郭树勇译：《新现实主义及其批判》，北京大学出版社 2002 年版，第 1—343 页。

53. ［美］罗伯特·基欧汉著，门洪华译：《局部全球化世界中的自由主义、权力与治理》，北京大学出版社 2004 年版，第 1—361 页。

54. ［美］罗伯特·基欧汉著，苏长和译：《霸权之后》，上海人民出版社 2001 年版，第 1—343 页。

55. ［美］罗伯特·吉尔平著，宋新宁等译：《世界政治中的战争与变革》，上海人民出版社 2007 年版，第 1—269 页。

56. ［美］罗伯特·吉尔平著，杨宇光、杨炯译：《全球政治经济学：解读国际经济秩序》（中文版），上海人民出版社 2003 年版，第 1—460 页。

57. ［美］罗伯特·吉尔平著，杨宇光等译：《国际关系政治经济学》，上海人民出版社 2006 年版，第 1—376 页。

58. ［美］约翰·罗尔斯著，万俊人译：《政治自由主义》，译林出版社 2000 年版，第 1—643 页。

59. ［美］约翰·罗尔斯著，张晓辉等译：《万民法》，吉林人民出版社 2001 年版，第 1—219 页。

60. ［英］约翰·洛克著，瞿菊农、叶启芳译：《政府论》，商务印书馆 1982 年版，第 1—138 页。

61. ［意大利］玛利娅·格拉齐娅·梅吉奥尼著，陈宝顺译：《欧洲统一贤哲之梦：欧洲统一思想史》，世界知识出版社 2004 年版，第 1—330 页。

62. ［美］迈克尔·桑德尔著，万俊人等译：《自由主义与正义的局限》，译林出版社 2001 年版，第 1—297 页。

63. ［美］迈克尔·沃尔泽著，褚松燕译：《正义诸领域：为多元主义与平等一辩》，译林出版社 2002 年版，第 1—397 页。

64. ［澳］菲利普·佩蒂特著，刘训练译：《共和主义———种关于自由与政府的理论》，江苏人民出版社 2006 年版，第 1—442 页。

65. ［法］皮埃尔·热尔贝著，丁一凡等译：《欧洲统一的历史与现实》，中国社会科学出版社 1989 年版，第 1—415 页。

66. ［美］皮尔士著，杜玉滨译：《实用主义要义》，载陈启伟主编《现代西方哲学论著选读》，北京大学出版社 1992 年版，第 122 页。

67. ［英］齐格蒙特·鲍曼著，欧阳景根译：《共同体：在一个不确定的世界中寻找安全》，江苏人民出版社 2007 年版，第 1—177 页。

68. ［英］译格蒙特·鲍曼著，杨光、蒋焕新译：《自由》，吉林人民出版社 2005 年版，第 1—133 页。

69. ［美］乔治·霍兰·萨拜因著，邓正来译：《政治学说史》，上海人民出版社 2008 年版，第 1—872 页。

70. 秦亚青主编：《理性与国际合作：自由主义国际关系理论研究》，世界知识出版社 2008 年版，第 1—315 页。

71. ［美］塞缪尔·亨廷顿著：《文明的冲突与世界秩序的重建》，新华出版社 1998 年版，第 1—345 页。

72. ［美］桑德尔著，万俊人译：《自由主义与正义的局限》，译林出版社 2001 年版，第 1—275 页。

73. ［美］斯蒂芬·沃尔特著，周丕启译：《联盟的起源》，北京大学出版社 2007 年版，第 1—326 页。

74. ［美］斯坦利·霍夫曼著，林伟成等译：《当代国际关系理论》，中国社会科学出版社 1990 年版，第 1—343 页。

75. 马德普、［加拿大］威尔·金里卡主编：《中西政治文化论丛》（第六辑），天津人民出版社 2007 年版，第 357—383 页。

76. ［英］亚当·斯威夫特著，佘江涛译：《政治哲学导论》，江苏人民出版社 2006 年版，第 1—167 页。

77. ［挪威］托布约尔·克努成著，余万里等译：《国际关系理论史导论》，天津人民出版社 2004 年版，第 1—424 页。

78. 王逸舟：《西方国际政治学：历史与理论》（第二版），上海人民出版社 2006 年版，第 1—609 页。

79. ［加拿大］威尔·金里卡著，刘莘译：《当代政治哲学》，上海三联书店 2005 年版，第 1—630 页。

80. ［美］威廉·詹姆斯著，李步楼译：《实用主义——某些旧思想方法的新名称》，商务印书馆 2009 年版，第 1—184 页。

81. ［美］小科尼利厄斯·F. 墨菲著，王起亮等译：《世界治理——一种观念史的研究》，世界知识出版社 2007 年版，第 1—229 页。

82. ［美］熊玠著，余逊达、张铁军译：《无政府状态与世界秩序》，浙江人民出版社 2001 年版，第 1—303 页。

83. 许纪霖主编：《共和、社群与公民》，江苏人民出版社 2004 年版，第 1—375 页。

84. ［古希腊］亚里士多德著，吴寿彭译：《政治学》，商务印书馆 1997 年版，第 1—526 页。

85. ［美］亚历山大·温特著，秦亚青译：《国际政治的社会理论》，上海人民出版社 2000 年版，第 1—544 页。

86. ［挪威］伊弗·B. 诺伊曼、［丹麦］奥勒·韦弗尔主编，肖锋、石泉译：《未来国际思想大师》，北京大学出版社 2003 年版，第 1—540 页。

87. ［美］伊曼纽尔·华勒斯坦等著，郝名玮等译：《自由主义的终结》，社会科学文献出版社 2002 年版，第 1—434 页。

88. ［英］约翰·格雷著，曹海军等译：《自由主义》，吉林人民出版社 2005 年版，第 1—149 页。

89. ［美］约瑟夫·奈、约翰·唐纳胡主编，王勇等译：《全球化世界的治理》，世界知识出版社2003年版，第1—307页。

90. ［美］约瑟夫·奈著，张小明译：《理解国际冲突：理论与历史》，上海人民出版社2002年版，第1—346页。

91. ［美］詹姆斯·多尔蒂、小罗伯特·普法尔茨格拉夫著，阎学通等译：《争论中的国际关系理论》（第五版），世界知识出版社2003年版，第1—843页。

92. ［美］詹姆斯·德·代元主编，秦治来译：《国际关系理论批判》，浙江人民出版社2003年版，第1—447页。

93. ［美］詹姆斯·罗西瑙主编，张胜军等译：《没有政府的治理》，江西人民出版社2001年版，第1—351页。

94. 张健雄编著：《列国志：欧洲联盟》，社会科学文献出版社2006年版，第1—528页。

95. ［美］理查德·罗蒂，张金言译：《实用主义：过去与现在》，《国外社会科学》2000年第4期，第18—24页。

96. 艾四林：《康德和平思想的当代意义——哈贝马斯、罗尔斯对康德和平思想的改造》，《复旦学报》（社会科学版）2004年第4期，第71—75页。

97. ［英］巴里·布赞等，任东波等译：《东亚共同体笔谈——"国际共同体"意味着什么?》，《史学集刊》2005年第2期，第1—6页。

98. 白云真：《康德与国际关系理论》，《国际论坛》2006年第5期，第7—12页。

99. 白云真：《论欧洲国际关系研究的进展——以〈欧洲国际关系〉（1997—2006年）为例的文本考察》，《世界经济与政治》2007年第3期，第26—34页。

100. 包仕国：《西方国际关系理论的后现代主义阐释》，《理论与现代化》2005年第5期，第11—15页。

101. 陈颖谊：《国际一体化理论中的功能主义与新功能主义的比较分析》，《温州职业技术学院学报》2004年第4期，第76—78页。

102. 陈东英：《马克思的共同体思想的主要来源和发展阶段》，《哲学动态》2010年第5期，第5—13页。

103. 陈华森：《马克思恩格斯"真实共同体"思想的民主价值》，《前沿》2010 年第 7 期，第 16—19 页。

104. 陈锐：《功利、逻辑与现代性：对边沁法哲学的另类诠释》，《人大法律评论》2014 年第 2 期，第 115—148 页。

105. 陈卫：《国际关系理论研究中的新自由制度主义》，《国际观察》1999 年第 4 期，第 6—9 页。

106. 陈晓晨：《国际政治长周期与体系进化——莫德尔斯基长周期理论再解读》，《现代国际关系》2004 年第 12 期，第 56—61 页。

107. 陈玉刚：《区域合作的国际道义与大国责任》，《世界经济与政治》2010 年第 8 期，第 63—76 页。

108. 陈玉刚：《自由主义的崛起之路》，《世界经济与政治》2003 年第 3 期，第 34—36 页。

109. 崔守军：《相互依赖与国际合作的相关性考察》，《国际安全研究》2002 年第 5 期，第 13—18 页。

110. 代兵、程晓燕：《论威尔逊国际政治思想的理论源泉》，《世界经济与政治》2004 年第 2 期，第 31—35 页。

111. 房广顺、张雷：《中国对马克思主义世界和平观的继承与发展》，《人民论坛》2014 年第 32 期，第 23—25 页。

112. 房乐宪：《历史制度主义及其对欧洲一体化的解释》，《教学与研究》2010 年第 6 期，第 57—62 页。

113. 房乐宪：《联邦主义与欧洲一体化》，《教学与研究》2002 年第 1 期，第 64—69 页。

114. 房乐宪：《欧洲一体化的理性选择制度主义分析》，《教学与研究》2012 年第 4 期，第 81—87 页。

115. 房乐宪：《欧洲一体化理论中的功能主义》，《教学与研究》2000 年第 10 期，第 34—38 页。

116. 房乐宪：《新功能主义理论与欧洲一体化》，《欧洲研究》2001 年第 1 期，第 13—20 页。

117. 高奇琦：《民族区域与共通体：欧洲转型的两个阶段》，《欧洲研究》2014 年第 5 期，第 33—50 页。

118. 高奇琦：《西方马克思主义视阈下的欧洲一体化》，《国际政治研究》2013 年第 1 期，第 156—174 页。

119. 耿协峰：《"新地区主义"研究——不同视角的评析》，《世界经济与政治》2001 年第 1 期，第 118—123 页。

120. 郭海峰：《功能主义与东南欧：欧洲一体化的开端》，《国别和区域研究》2020 年第 2 期，第 51—63 页。

121. 郭海峰、崔文奎：《以功能主义超越权力政治——兼论比较政治视域下的米特兰尼永久和平思想》，《比较政治学研究》2019 年第 2 期，第 154—176 页。

122. 郭海峰、崔文奎：《功能主义与永久和平：试析戴维·米特兰尼的世界共同体思想》，《国际论坛》2017 年第 2 期，第 53—57 页。

123. 郭海峰、刘华：《构建中欧命运共同体的路径探索——以"16＋1 合作"为例》，《复旦国际关系评论》2019 年第 2 期，第 184—204 页。

124. 郭台辉：《共同体：一种想象出来的安全感——鲍曼对共同体主义的批评》，《现代哲学》2007 年第 5 期，第 105—110 页。

125. 韩慧莉：《康德欧洲联合思想剖析》，《浙江师范大学学报》（社会科学版）2001 年第 6 期，第 48—51 页。

126. 韩慧莉：《库登霍夫——卡勒吉"泛欧思想"评析》，《湖州职业技术学院学报》2004 年第 3 期，第 20—23 页。

127. ［荷兰］汉斯·莫尔、郎平：《地区主义和全球主义：相互矛盾还是相互推动的进程?》，《世界经济与政治》2000 年第 9 期，第 68—71 页。

128. 何怀宏：《战争、政治与道德——国际关系伦理思考之二》，《世界经济与政治》2005 年第 1 期，第 13—22 页。

129. 何俊毅：《论边沁的普遍永久和平计划》，《人大法律评论》2016 年第 1 期，第 412—428 页。

130. 洪邮生：《中国与国际体系的变革：西方学者的视角评析》，《现代国际关系》2010 年第 12 期，第 1—9 页。

131. 黄正柏：《战后欧洲联合中"联邦主义"思潮的初步考察》，《世界历史》2000 年第 5 期，第 2—12、128 页。

132. 贾丹：《政治、道德与永久和平——马基雅维里国际关系伦理思想述评》，《广东外语外贸大学学报》2007 年第 6 期，第 82—87 页。

133. 贾烈英：《国际体系、国际联盟与集体安全》，《中共中央党校学报》2010年第5期，第101—105页。

134. 贾文华：《从资本逻辑到生产逻辑——西方马克思主义关于欧洲一体化的理论解释》，《世界经济与政治》2009年第7期，第44—55页。

135. 姜晓磊：《马克思恩格斯"真正的共同体"思想及其当代意义——基于人与自然关系的视角》，《学习与探索》2016年第9期，第21—25页。

136. 蒋利龙：《新功能主义视角下的东亚区域合作》，《理论观察》2016年第2期，第57—59页。

137. 金灿荣、刘世强：《延续与变革中的国际体系探析》，《当代世界与社会主义》2010年第4期，第120—123页。

138. 康健：《共同体主义的兴起及其意义》，《理论前沿》1997年第22期，第21—23页。

139. 孔凡建、包琨：《共同体视域中的个人及其与共同体的关系》，《长安大学学报》（社会科学版）2013年第4期，第85—90页。

140. 孔庆茵：《国际体系变革与新秩序的特征》，《首都师范大学学报》（社会科学版）2007年第5期，第128—131页。

141. 李景治：《推动构建人类命运共同体的路径选择》，《新视野》2017年第6期，第5—12页。

142. 李明明：《后功能主义理论与欧洲一体化》，《欧洲研究》2009年第4期，第33—50页。

143. 李少军：《怎样认识国际体系？》，《世界经济与政治》2009年第6期，第13—23页。

144. 李维：《第一次世界大战与"泛欧"运动的兴起》，《历史教学》（下半月刊）2014年第3期，第14—21页。

145. 李长山、邢斯文：《浅析欧洲一体化进程中的文化因素》，《国外理论动态》2011年第6期，第86—89页。

146. 李政鸿、曾怡仁：《马克思主义视角下的欧洲一体化》，《世界经济与政治》2011年第11期，第77—98、158—159页。

147. 刘传春：《从反帝国主义到自由国际主义——1898—1918年美国民主党的外交思想》，《武汉大学学报》（哲学社会科学版）2005年第5期，第702—707页。

148. 刘华：《欧洲一体化理论研究》，《国际安全研究》2004 年第 1 期，第 8—12 页。

149. 刘胜湘：《西方自由主义国际安全理论及其批评》，《太平洋学报》2005 年第 9 期，第 21—28 页。

150. 刘万文、郑丹丹：《论国际体系的若干问题》，《太平洋学报》2011 年第 5 期，第 26—32 页。

151. 刘文秀：《欧盟国家主权让渡的特点、影响及理论思考》，《世界经济与政治》2003 年第 5 期，第 23—28、78 页。

152. 刘险得：《欧洲一体化理论：新旧功能主义评析》，《华中师范大学研究生学报》2006 年第 4 期，第 25—28 页。

153. 梁雪村：《欧盟为什么需要民族国家？——兼论欧洲一体化的理论误读》，《欧洲研究》2020 年第 1 期，第 1—26、169 页。

154. 刘艳：《让·莫内欧洲一体化思想探源》，《湖州师范学院学报》2005 年第 5 期，第 69—72 页。

155. 刘仲敬：《威尔逊主义与世界秩序》，《新世纪周刊》2015 年第 2 期，第 73 页。

156. 卢光盛：《国际关系理论中的地区主义》，《东南亚研究》2005 年第 4 期，第 63—68 页。

157. ［美］马丁·休伊森、蒂莫西·辛克莱，张胜军编译：《全球治理理论的兴起》，《马克思主义与现实》2002 年第 1 期，第 43—50 页。

158. 马俊峰、杨晓东：《政治哲学视域中共同体概念的嬗变》，《华北电力大学学报》（社会科学版）2012 年第 2 期，第 71—76 页。

159. 马俊峰：《政治哲学视阈中的共同体》，《大连海事大学学报》（社会科学版）2012 年第 3 期，第 78—81 页。

160. 门洪华：《关于世界秩序蓝图的思考——兼评〈自由主义与世界政治〉》，《世界经济与政治》2004 年第 7 期，第 35—36 页。

161. 门洪华：《罗伯特·基欧汉学术思想述评》，《美国研究》2004 年第 4 期，第 103—118 页。

162. 牟文富、刘强：《现代国际法律秩序的思想基础——卢梭、康德和凯尔森之和平架构的比较分析》，《社会科学研究》2008 年第 2 期，第 103—108 页。

163. 潘忠岐：《新功能主义扩溢理论及其批判》，《上海交通大学学报》（哲学社会科学版）2003 年第 5 期，第 8—13 页。

164. 庞中英、卜永光：《欧盟的扩张迷思与发展模式困境》，《人民论坛·学术前沿》2013 年第 14 期，第 77—85 页。

165. 庞中英、彭萍萍：《关于地区主义的若干问题》，《当代世界与社会主义》2006 年第 1 期，第 11—15 页。

166. 庞中英：《地区主义与民族主义》，《欧洲研究》1999 年第 2 期，第 40—46 页。

167. 秦龙：《马克思"资本共同体"思想的文本解读》，《福建论坛》（人文社会科学版）2010 年第 9 期，第 41—44 页。

168. 秦龙：《马克思从"共同体"视角看人的发展思想探析》，《求实》2007 年第 9 期，第 11—15 页。

169. 秦亚青：《国际体系的延续与变革》，《外交评论》2010 年第 1 期，第 1—13 页。

170. 秦亚青：《国际制度与国际合作——反思新自由制度主义》，《外交学院学报》1998 年第 1 期，第 41—48 页。

171. 秦亚青：《西方国际关系学：知识谱系与理论发展》，《外交学院学报》2003 年第 3 期，第 9—14 页。

172. 施爱国、陈文雅：《试论欧盟发展的溢出效应》，《社科纵横》2009 年第 9 期，第 58—60 页。

173. 石斌：《相互依赖·国际制度·全球治理——罗伯特·基欧汉的世界政治思想》，《国际政治研究》2005 年第 4 期，第 31—49 页。

174. 石贤泽：《英美国际关系学的知识关系演变及阐释》，《欧洲研究》2013 年第 3 期，第 99—116 页。

175. 时殷弘、叶凤丽：《现实主义·理性主义·革命主义——国际关系思想传统及其当代典型表现》，《欧洲》1995 年第 3 期，第 4—16 页。

176. 宋斌、闫星宇：《杜威实用主义哲学的现实审视》，《求索》2013 年第 6 期，第 92—95 页。

177. 宋全成：《论欧洲近代早期一体化理论中的邦联与联邦主义思想》，《文史哲》1999 年第 3 期，第 105—111 页。

178. 宋新宁：《欧洲一体化理论：在实践中丰富与发展》，《中国人民大学学报》2014年第6期，第2—9页。

179. 苏长和：《重新定义国际制度》，《欧洲研究》1999年第6期，第22—27页。

180. 苏长和：《自由主义与世界政治——自由主义国际关系理论的启示》，《世界经济与政治》2004年第7期，第15—20页。

181. 田烨：《欧洲一体化：区域民族主义与国家民族主义的交织》，《世界民族》2011年第2期，第1—8页。

182. 万俊人：《正义的和平如何可能？——康德〈永久和平论〉与罗尔斯〈万民法〉的批判性解读》，《江苏社会科学》2004年第5期，第1—14页。

183. 万俊人：《政治如何进入哲学》，《中国社会科学》2008年第2期，第16—28页。

184. 汪波、吴仪：《新－新功能主义：对功能主义理论的重新审视》，《武汉大学学报》（哲学社会科学版）2004年第3期，第328—332页。

185. 王存刚、桑修成：《布赞的国际体系理论析论》，《同济大学学报》（社会科学版）2010年第4期，第54—63页。

186. 王丽萍：《欧洲联邦主义：传统与理念》，《政治学研究》2007年第4期，第71—82页。

187. 王学东：《新制度主义的欧洲一体化理论述评》，《欧洲研究》2003年第5期，第81—98页。

188. 王学玉：《论地区主义及其对国际关系的影响》，《现代国际关系》2002年第8期，第29—35页。

189. 王岩：《从"美国精神"到实用主义——兼论当代美国人的价值观》，《南京大学学报》（哲学·人文科学·社会科学版）1998年第2期，第34—40页。

190. 文丰：《马克斯·韦伯"政治共同体"思想浅析》，《考试周刊》2015年第34期，第26页。

191. 吴文勤：《共同体的消解：现代性成长的缺憾及其困境》，《中共南京市委党校学报》2011年第2期，第44—48页。

192. 吴晓林：《国外政治整合研究：理论主张与研究路径》，《南京社会科学》2009年第9期，第65—71页。

193. 吴泽林：《近五年中国国际政治学界欧洲一体化研究综述》，《现代国际关系》2015 年第 7 期，第 50—58 页。

194. 吴征宇：《马丁·怀特与国际关系理论三大思想传统——兼论对构建中国国际关系理论的启示》，《世界经济与政治》2011 年第 5 期，第 4—17 页。

195. 伍贻康、张海冰：《论主权的让渡——对"论主权的'不可分割性'"一文的论辩》，《欧洲研究》2003 年第 6 期，第 63—72 页。

196. 夏安凌、封帅：《国际政治研究中的"国际体系"与"国际格局"》，《国际论坛》2008 年第 5 期，第 44—48 页。

197. 肖欢容：《地区主义及其当代发展》，《世界经济与政治》2000 年第 2 期，第 58—62 页。

198. 肖欢容：《新地区主义的特点与成因》，《东南亚研究》2003 年第 1 期，第 60—63 页。

199. 薛力、邢悦：《新自由制度主义含义辨析——兼谈范式问题》，《世界经济与政治》2005 年第 11 期，第 29—34 页。

200. 郇庆治、胡瑾：《联邦主义与功能主义之争：欧洲早期政治一体化理论》，《欧洲研究》1999 年第 6 期，第 4—12 页。

201. 严骁骁：《从结构化理论看功能主义欧洲一体化理论》，《安徽工业大学学报》（社会科学版）2009 年第 5 期，第 165—167 页。

202. 姚大志：《正义与罗尔斯的共同体》，《思想战线》2010 年第 4 期，第 51—55 页。

203. 叶隽：《制度欧盟与文化欧洲的悖论》，《欧洲研究》2013 年第 4 期，第 138—151 页。

204. 于文杰：《欧洲民族共和思想探源》，《史学月刊》2007 年第 4 期，第 63—70 页。

205. 余万里：《相互依赖研究述评》，《欧洲》2003 年第 4 期，第 11 页。

206. 张福昌：《欧洲政治一体化的发展与前瞻》，《欧洲研究》2012 年第 3 期，第 39—53 页。

207. 张海冰：《全球化时代国家主权的再认识》，《世界经济与政治论坛》2003 年第 3 期，第 56—59 页。

208. 张茂明：《欧洲一体化理论中的政府间主义》，《欧洲研究》2001年第6期，第45—54页。

209. 张涛华：《欧洲民族主义聚合性趋势与欧洲一体化前景》，《教学与研究》2010年第10期，第71—79页。

210. 张旺：《超越国界的分配正义——世界主义分配正义论的哲学基础与现实可能》，《世界经济与政治》2007年第11期，第14—21页。

211. 张云雷：《权力、道德与永久和平——汉斯·摩根索国际政治思想再阐释》，《世界经济与政治》2012年第2期，第22—37页。

212. 张云燕：《从功能主义到建构主义——国际区域经济合作研究的三种范式》，《世界经济与政治》2005年第4期，第33—34页。

213. 张振江：《米特兰尼的国际合作思想及其对东亚合作的启示》，《外交评论》2009年第2期，第67—79页。

214. 张志旻等：《共同体的界定、内涵及其生成——共同体研究综述》，《科学学与科学技术管理》2010年第10期，第14—20页。

215. 赵广成：《国际体系核心问题的嬗变》，《社会科学家》2013年第1期，第39—44页。

216. 赵俊：《国际关系中的共同体与共同体主义》，《世界经济与政治》2008年第12期，第54—61页。

217. 曾怡仁、吴政嵘：《米特兰尼的功能主义国际关系理论——一种比较的观点》，《台湾国际研究季刊》2009年第4期，第143—167页。

218. 郑安光：《自由主义国际关系理论的源流》，《历史教学问题》2004年第6期，第40—47页。

219. 周穗明：《当代西方政治哲学、定义、概况与意义》，《国外社会科学》2015年第2期，第37—44页。

220. 周雷：《欧洲一体化的理论发展及现实困境》，《理论学习》2001年第8期，第60—62页。

221. 朱贵昌：《从"共同体方法"到"联盟方法"：欧盟治理的新发展》，《国际论坛》2014年第5期，第29—34页。

222. 朱立群：《欧洲一体化理论：研究问题、路径与特点》，《国际政治研究》2008年第4期，第1—18页。

二、英文文献

1. A. J. R. Groom and Paul Taylor eds., "Functionalism: Theory and Practice in International Relationship," London: University of London Press, 1975, pp. 1-354.

2. Alex Warleigh, "Flexible Integration: Which Model for the European Union?" Sheffield: Sheffield Academic Press, 2002, pp. 1-144.

3. Andrew Linklater, "The Transformation of Political Community," Cambridge: Polity Press, 2013, pp. 1-274.

4. Ashorth L. M. and Long D., "New Perspectives on International Functionalism," London: Palgrave Macmillan, 1999, pp. 1-195.

5. Atilla Ágh, Tamás Kaiser, Koller Boglarka eds., "Europeanization of the Danube Region: The Blue Ribbon Project," Budapest: Blue Ribbon Research Centre, King Sigismund College, 2011, pp. 1-24.

6. Atilla Ágh, Tamás Kaiser, Koller Boglarka eds., "The New Horizons of the Cohesion Policy in the European Union: The Challenge of the Danube Strategy," Budapest: Blue Ribbon Research Centre, King Sigismund College, 2011, p. 230.

7. Ben Rosamond, "Theories of European Integration," London: Palgrave Macmillan, 2000, pp. 1-240.

8. Benedict Anderson, "Imagined Communities, Reflections on the Origin and Spread of Nationalism," London/NY: VERSO, 2016, pp. 1-256.

9. Brinkley D. and Hackett C., "Jean Monnet: The Path to European Unity," London: Palgrave Macmillan, 1991, pp. 1-248.

10. Bryant R. C., "International Coordination and National Stabilization Policies," Washington, D. C.: The Brookings Institution, 1995, pp. 1-189.

11. Camilleri Joseph A. and Falk Jim, "The End of Sovereignty? The Politics of a Shrinking and Fragmenting World," Aldershot: Edward Elgar Publishing, 1992, pp. 1-320.

12. Charles Pentland, "International Theory and European Integration," New York: Free Press, 1973, pp. 1-283.

13. Chryssochoou D. and Tsinisizelis M., "Theory and Reform in the European Union," Manchester: Manchester University Press, 2003, pp. 1 – 208.

14. Craig N. Murphy, "Global Institutions, Marginalization, and Development," London: Routledge, 2005, pp. 1 – 234.

15. Dani Rodrik, "Has Globalization Gone Too Far?" Washington, D. C.: Peterson Institute for International Economics, 1997, pp. 1 – 108.

16. Daniele Archibugi, "The Global Commonwealth of Citizens: Toward Cosmopolitan Democracy," Princeton: Princeton University Press, 2015, pp. 1 – 320.

17. Daniele Archibugi, David Held and Martin Köhler eds., "Re – imagining Political Community: Studies in Cosmopolitan Democracy," Stanford: Stanford University Press, 1998, pp. 355 – 376.

18. David Mitrany, "A Working Peace System," Chicago: Quadrangle Books, 1966, pp. 93 – 113.

19. David Mitrany, "American Interpretations: Four Political Essays," London: Contact Publication, 1946, pp. 1 – 115.

20. David Mitrany, "The Effects of the War in South Eastern Europe," New Haven: Yale University Press, 1936, pp. 1 – 280.

21. David Mitrany, "The Functional Theory of Politics," New York: St. Martin's Press, 1975, pp. 1 – 294.

22. David Mitrany, "The Land and the Peasant in Rumania: The War and Agrarian Reform (1917 – 1921)," London: Humprey Milford & Oxford University Press, 1930, pp. 1 – 627.

23. David Mitrany, "The Progress of International Government," New Haven: Yale University Press, 1933, pp. 1 – 176.

24. David Mitrany, "The Road to Security, Peace Aims Pamphlet 29," London: National Peace Council, 1944, pp. 15 – 20.

25. David Mitrany, "World Unity and the Nations," London: National Peace Council, 1950, pp. 1 – 15.

26. David Long and Peter Wilson eds., "Thinkers of the Twenty Years' Crisis: Inter – War Idealism Reassessed," Oxford: Clarendon Press, 1995,

pp. 122 – 160.

27. Daniele Archibugi eds. , "Debating Cosmopolitics," London/NY: VERSO, 2003, pp. 67 – 85.

28. Dedman M. J. , "He Origins & Development of the European Union 1945 – 2008: A History of European Integration," London: Routledge, 2009, pp. 1 – 226.

29. Dimitris N. Chryssochoou, Michael J. Tsinisizelis, Stelinos Stavridis and Kostas Ifantis, "Theory and Reform in the European Union," Manchester: Manchester University Press, 2003, pp. 1 – 208.

30. Dinan D. , "Ever Closer Union: An Introduction to European Integration," NY: Red Globe Press, 2010, pp. 1 – 636.

31. Edward Hallett Carr, "What is History?" London: Palgrave Macmillan, 2001, pp. 1 – 240.

32. Elvire Fabry, "The Contributions of 16 European Think Thanks to the Polish, Danish and Cypriot Presidency of the European Union," Notre Europe, 2011, pp. 169 – 174, https://www.bruegel.org/sites/default/files/wp – content/uploads/imported/publications/TGAE2011.pdf.

33. Ernst B. Haas, "Beyond the Nation – state: Functionalism and International Organization," Stanford: Stanford University Press, 1964, pp. 1 – 608.

34. Ernst B. Haas, "The Uniting of Europe: Political, Social and Economic Forces, 1950 – 1957," IN: University of Notre Dame Press, 1958, pp. 1 – 600.

35. Ernst – Otto Czempiel and James N. Rosenau, eds. , "Global Changes and Theoretical Challenges: Approaches to World Politics for the 1990's," Mass: Lexington Books, 1989, p. 198.

36. Follett M P, "The New State: Group Organization the Solution of Popular Government," Pennsylvania: Pennsylvania State University Press, 1998, pp1 – 448.

37. Gillingham J. , "European Integration, 1950 – 200: Superstate or New Market Economy?" Cambridge: Cambridge University Press, 2003, pp. 1 – 608.

38. Groom A. J. R. and P. Taylor, "Frameworks for International Cooperation," London: Pinter, 1990, pp. 1 – 293.

39. Guido de Ruggiero, "The History of European Liberalism," Oxford: Oxford University Press, 1927, pp. 1 – 476.

40. Harry G. Gelber, "Sovereignty through Interdependence," London: Kluwer Law International, 1997, pp. 1 – 360.

41. Held David, "Democracy and the Global Order: From the Modern State to Cosmopolitan Governance," Cambridge: Polity Press, 1995, pp. 1 – 330.

42. Henrik Bliddal, Casper Sylvest and Peter Wilson, "Classics of International Relations," London: Routledge, 2013, p. 60.

43. Hooghe Liesbet and Marks Gary, "Multi – level Governance and European Integration," Oxford: Rowman and Littlefield Publishers, 2002, pp. 1 – 272.

44. Horsman Mathew and Andrew Marshall, "After the Nation – state: Citizens, Tribalism and the New World Disorder," London: Harper Collins Publishers, 1994, pp. 1 – 300.

45. Inis Claude, "Swards into Plowshares: The Problems and Progress of International Organization," London: Hodder & Stoughton, 1965, pp. 1 – 458.

46. James Patrick Sewell, "Functionalism and World Politics: A Study Based on United Nations Programs Financing Economic Development," Princeton: Princeton University Press, 1966, pp. 1 – 359.

47. Jeremy Richardson and Sonia Mazey, eds., "European Union: Power and Policy – making," NY: Routledge, 2001, p. 19.

48. John Hiatt Eastby, "David Mitrany's Approach to Politics: Functionalism in Theory and Practice," Lanham: America University Press, 1985, pp. 109 – 111.

49. John M. Hobson, "The State and International Relations," Cambridge: Cambridge University Press, 2000, pp. 15 – 174.

50. Kahler M, "International Institutions and the Political Economy of Integration," Washington, D. C.: The Brookings Institution, 1995, pp. 1 – 187.

51. Kahler Miles and David A. Lake, "Governance in a Global Economy: Political Authority in Transition," Princeton: Princeton University Press, 2021, pp. 1 – 516.

52. Robert. O Keohane and Hoffman Stanley, "The New European Community: Decision Making and Institutional Change," NY: Routledge, 1991, pp. 1 – 208.

53. Kuper Andrew, "Democracy beyond Borders: Justice and Representation in Global Institutions," Oxford: Oxford University Press, 2006, pp. 1 – 230.

54. Laski. H. J, "The State in Theory and Practice," NY: Routledge, 2009, pp. 108 – 109.

55. Leonard Woolf, "International Government, Two Reports," London: George Allen & Unwin Ltd, 1916, pp. 1 – 272.

56. Linda Weiss, "The Myth of the Powerless State," NY: Cornell University Press, 1999, pp. 1 – 240.

57. Lindberg L. N, Scheingold S. A., "Europe's Would – Be Polity: Patterns of Change in the European Community," Englewood Cliffs: Prentice Hall, 1970, pp. 1 – 310.

58. Lucian Ashworth and David Long, "New Perspectives on International Functionalism," London: Palgrave Macmillan, 1999, pp. 1 – 195.

59. Lucian M. Ashworth, "Creating International Studies: Angell, Mitrany and the Liberal Tradition," London: Routledge, 2017, pp. 1 – 206.

60. Luis Cabrera, "Political Theory of Global Justice: A Cosmopolitan Case for the World State," London: Routledge, 2004, pp. 1 – 180.

61. Marks G., Scharpf F., Schmitter P. and Streeck W., "Governance in the European Union," London: Sage, 1996, pp. 40 – 63.

62. Martin Griffiths, "Fifty Key Thinkers in International Relations," London: Routledge, 2009, pp. 1 – 410.

63. Martin J. Wiener, "Between Two Worlds: The Political Thought of Graham Wallas," Oxford: Clarendon University Press, 1971, pp. 1 – 225.

64. Martin Wight, "International Theory: The Three Traditions," Leicester & London: Leicester University Press for the Royal Institute of International Affairs, 1996, pp. 1 – 280.

65. Max Haller, "European Integration as an Elite Process, the Failure of a Dream?" NY: Routledge, 2008, pp. 1 – 460.

66. McCormick J., "Understanding the European Union: A Concise Introduction," London: Bloomsbury Academic, 2020, pp. 1 – 251.

67. Michael Burgess, "Federalism and European Union: The Building of Europe, 1950 – 2000," London: Routledge, 2000, pp. 1 – 308.

68. Michael O. Neill, "The Politics of European Integration: A Reader," NY: Routledge, 1996, pp. 1 – 355.

69. Misha Glenny, "The Balkans, 1804 – 1999: Nationalism, War and the Great Powers," London: Granta, 1999, pp. 1 – 748.

70. Norman Mackenzie and Jeanne Mackenzie eds., "H. G. Wells: A Biography," NY: Simon&Schuster, 1987, pp. 1 – 480.

71. Nugent N., "The Government and Politics of the European Union," Durham and London: Duke University Press, 2006, pp. 1 – 521.

72. Oran R. Young, "The International Political Economy and International Institutions," Cheltenham: Edward Elgar Publishing, 1996, pp. 21 – 101.

73. Per A. Hammarlund, "Liberal Internationalism and the Decline of the State: The Thought of Richard Cobden, David Mitrany, and Kenichi Ohmae," London: Palgrave Macmillan, 2005, pp. 1 – 160.

74. Peter Colin Wilson, "The International Theory of Leonard Woolf: An Exposition, Analysis, and Assessment in the Light of His Reputation as a Utopian," London School of Economics and Politics Science, 1997, pp. 87 – 165, https://etheses.lse.ac.uk/1453/.

75. Pierre Jon and B. Guy Peters, "Governance, Politics and the State," NY: St. Martin's Press, 2000, pp. 1 – 250.

76. Rosamond B., "Theories of European Integration," London: Macmillan Press, 2000, pp. 1 – 65.

77. Schmitt H. A., "The Path to European Union: From the Marshall Plan to the Common Market," LA: Louisiana State University Press, 1963, pp. 1 – 265.

78. Simon Hix, "The Political System of the European Union," London: Palgrave Macmillan, 2004, pp. 1 – 660.

79. Stephen Hobden, "International Relations and Historical Sociology:

Breaking Down Boundaries," London: Routledge, 1998, pp. 1 – 280.

80. Suganami Hidemi, "The Domestic Analogy and World Order Proposals," Cambridge: Cambridge University Press, 1989, pp. 1 – 229.

81. Wallace W., "The Dynamics of European Integration," London: Royal Institute of International Affairs, 1990, pp. 1 – 300.

82. Wiener A. and Diez T., "European Integration Theory," Oxford: OUP, 2004, pp. 5 – 25.

83. William C. Olson and A. J. R. Groom, "International Relations then and Now: Rigins and Trends in Interpretation," London: Routledge, 1991, pp. 1 – 345.

84. W. Friedmann, "The Crisis of the National State," London: Palgrave Macmillan, 1943, pp. 1 – 278.

85. Adrian Claudiu Popoviciu, "David Mitrany and Functionalism: The Beginnings of Functionalism," Revista Română de Geografie Politică, No. 1, May 2010, pp. 162 – 172.

86. Andrew Dobson, "Thick Cosmopolitanism," Political Studies, Vol. 54, No. 1, 2006, pp. 165 – 185.

87. Andrew McMullen, "Intergovernmental Functionalism? The Council of Europe in European Integration," Journal of European Integration, Vol. 26, No. 4, 2004, pp. 405 – 429.

88. A. J. Miller, "Doomsday Politics: Prospects for International Cooperation," International Journal, Vol. 28, No. 1, 1972/1973, pp. 118 – 140.

89. Andersen S. S and Sitter N., "Differentiated Integration: What Is It and How Much Can the EU Accommodate?" Journal of European Integration, Vol. 28, No. 4, 2006, pp. 313 – 330.

90. Andrew Wilson Green, "Review Article Mitrany Reread with the Help of Hass and Sewell," Journal of Common Market Studies, Vol. 8, No. 1, 1969, pp. 50 – 69.

91. Arnold A. Rogow, "Graham Walls," International Encyclopedia of the Social Sciences, April 15, 2024, http://www.encyclopedia.com/people/social – sciences – and – law/political – science – biographies/graham – wallas.

92. Ben Rosamond, "The Uniting of Europe and the Foundation of EU Studies: Revisiting the Neofunctionalism of Ernst B. Haas," Journal of European Public Policy, Vol. 12, No. 2, 2005, pp. 1 – 27, http://dx.doi.org/10.1080/13501760500043928.

93. Bialasiewicz Luiza, "Upper Silesia: Rebirth of a Regional Identity in Poland," Regional & Federal Studies, Vol. 12, No. 2, 2002, pp. 111 – 132.

94. Börzel A. T., "Mind the Gap! European integration between Level and Scope," Journal of European Public Policy, Vol. 12, No. 2, 2005, pp. 217 – 236.

95. Bottici Chiara, "The Domestic Analogy and the Kantian Project of Perpetual Peace," The Journal of Political Philosophy, Vol. 11, No. 4, 2003, pp. 392 – 410.

96. Caney Simon, "Cosmopolitanism and the Law of Peoples," The Journal of Political Philosophy, Vol. 10, No. 1, 2002, pp. 219 – 239.

97. Caparaso J., "Regional Integration Theory: Understanding Our Past and Anticipating Our Future," Journal of European Public Policy, Vol. 5, No. 1, 1998, pp. 1 – 16.

98. Claude Jr., Inis L., "Myths about the State," Review of International Studies, Vol. 12, 1986, pp. 1 – 11.

99. David Long, "International Functionalism and the Politics of Forgetting," International Journal, Vol. 48, No. 2, 1993, pp. 355 – 379.

100. David Mitrany, "International Consequences of National Planning," The Yale Review, Vol. 37, No. 1, 1947, pp. 18 – 31.

101. David Mitrany, "Mental Health Address," Proceedings of the International Conference on Mental Hygiene, London: H. K. Lewis, 1948, pp. 77 – 80.

102. David Mitrany, "Parliamentary Democracy and Poll Democracy," Parliamentary Affairs, Vol. 9, No. 1, 1955 – 1956, p. 20.

103. David Mitrany, "The Functional Approach in Historical Perspective," International Affairs, No. 3, 1971, p. 538.

104. David Mitrany, "The Functional Approach to World Organization,"

International Affairs, July 1948, p. 352.

105. David Mitrany, "The Political Consequences of Economic Planning," The Sociological Review, Vol. 26, 1934, p. 321.

106. De Neve, Jan‐Emmanuel, "The European Union? How Differentiated Integration Is Reshaping the EU?" European Integration, Vol. 29, No. 4, 2007, pp. 503–521.

107. Dorothy Anderson, "David Mitrany (1888–1975): An Appreciation of His Life and Work," Review of International Studies, Vol. 24, 1988, pp. 577–592.

108. Eckersley Robyn, "From Cosmopolitan Nationalism to Cosmopolitan Democracy," Review of International Studies, Vol. 33, No. 4, 2007, pp. 675–692.

109. Frederick Pedler, "Mitrany in Unilever," Millennium Journal of International Studies, Vol. 5, No. 2, 1976, pp. 196–199.

110. F. R. Flournoy, "British Liberal Theories of International Relations (1848–1898)," Journal of the History of Ideas, Vol. 7, 1946, pp. 195–217.

111. Gerhard Michael Ambrosi, "Keynes and Mitrany as Instigators of European Governance," Research Gate, February 2004, https://www.researchgate.net/publication/228927385.

112. Glenn H. Snyder, "Book Reviews: Theory and the International System," The Journal of Politics, Vol. 29, No. 1, 1967, pp. 232–233.

113. Haas Ernst B, "Turbulent Field and the Theory of Regional Integration," International Organization, 1976, pp. 173–212.

114. Held David, Anthony McGrew, "The End of the Old Order? Globalization and the Prospects for World Order," Review of International Studies, Vol. 24, No. 5, 1998, pp. 219–245

115. J. Martin Rochester, "The Rise and Fall of International Organization as a Field of Study," International Organization, Vol. 40, No. 4, 1986, pp. 777–813.

116. Jens Steffek, "The Cosmopolitanism of David Mitrany: Equality, Devolution and Functional Democracy beyond the State," International Rela-

tions, July 2014, pp. 23 – 44.

117. John Gerard Ruggie, "Territoriality and beyond: Problematizing Modernity in International Relations," International Organization, Vol. 47, 1993, pp. 139 – 174.

118. Kenichi Ohmae, "Borderless Economy Calls for New Politics," Los Angeles Times, March 26, 1990, https://www.latimes.com/archives/la – xpm – 1990 – 03 – 26 – me – 52 – story.html.

119. Koller Boglarka, "The Takeoff after Lisbon: The Practical and Theoretical Implications of Differentiated Integration," World Political Science Review, Vol. 8, No. 1, 2012, https://doi.org/10.1515/1935 – 6226.1111.

120. Kolliker Alkuin, "Bringing together or Driving apart the Union? Towards a Theory of Differentiated Integration," West European Politics, Vol. 24, No. 4, 2001, http://hdl.handle.net/10419/85101.

121. Levy Jacob T. Federalism, "Liberalism, and the Separation of Loyalties," American Political Science Review, Vol. 101, No. 3, 2007, pp. 459 – 477.

122. Lucian M. Ashworth, "David Mitrany and South – East Europe: The Balkan Key to World Peace," The Historical Review, Vol. 2, 2005, pp. 203 – 219.

123. Lucian M. Ashworth, "Where Are the Idealists in Inter – War International Relations?" Review of International Studies, Vol. 32, No. 2, 2006, pp. 291 – 308.

124. Mark F Imber, "Re – Reading Mitrany: A Pragmatic Assessment of Sovereignty," Review of International Studies, Vol. 10, No. 2, 1984, pp. 103 – 123.

125. Marks G., "European Integration from the 1980s: State – Centric v. Multi – Level Governance," Journal of Common Market Studies, Vol. 34, No. 3, 1996, pp. 341 – 378.

126. Martin D. Dubin, "Transgovernmental Processes in the League of Nations," International Organization, Vol. 37, No. 3, 1983, pp. 469 – 493.

127. Mclaren, Robert I., "Mitranian Functionalism: Possible or Impossi-

ble?" Review of International Studies, Vol. 11, No. 2, 1985, pp. 139 – 152.

128. McNeill Donald, Tewdwr – Jones Mark, "Architecture, Banal Nationalism and Re – territorialization," International Journal of Urban and Regional Research, Vol. 27, 2003, pp. 738 – 743.

129. Mihai Alexandrescu, "David Mitrany: From Federalism to Functionalism," Transylvanian Review, No. 1, 2007, pp. 20 – 33.

130. Molly Cochran, "A Democratic Critique of Cosmopolitan Democracy: Pragmatism from the Bottom – up," European Journal of International Relations, Vol. 8, No. 4, 2002, pp. 517 – 548.

131. Moore D. , B. Kimmerling, "Individual Strategies of Adopting Collective Identities: The Israeli Case," International Sociology, Vol. 10, No. 4, 1995, pp. 387 – 407.

132. Moravcsik A, "Preferences in Power in the European Community: A liberal Intergovernmentalist Approach," Journal of Common Market Studies, Vol. 31, No. 4, 1993, pp. 473 – 524.

133. Moravcsik A, "The European Constitutional Compromise and the Neofunctionalist Legacy," Journal of European Public Policy, Vol. 12, No. 2, 2005, pp. 349 – 386.

134. Moreno Luis, "Local and global: Mesogovernments and Territorial Identities," Nationalism and Ethnic Politics, Vol. 5, No. 3, 1999, pp. 1 – 21.

135. Nagano Takeshi, "A Critique of Held's Cosmopolitan Democracy," Contemporary Political Theory, Vol. 5, No. 1, 2006, pp. 33 – 51.

136. Nardin Terry, "International Pluralism and the Rule of Law," Review of International Studies, Vol. 26, No. 5, 2000, pp. 95 – 110.

137. Or Rosenboim, "From the Private to the Public and Back again: The International Thought of David Mitrany1940 – 1949," Les Cahiers Europeens de Sciences Po, n°02, 2013, pp. 1 – 25.

138. Paul S. Reinsch, "International Unions and Their Administration," American Journal of International Law, Vol. 1, No. 3, 1907, pp. 579 – 623.

139. Philippart Eric, Edwards Geoffrey, "The Provisions of Closer Cooperation in the Treaty of Amsterdam: The Politics of Flexibility in the European U-

nion," Journal of Common Market Studies, Vol. 37, No. 1, 1999, pp. 87 – 108.

140. Philippe C. Schmitter, "A Revised Theory of Regional Integration," International Organization, Vol. 24, No. 4, 1970, pp. 836 – 868.

141. Pitman B. Potter, "Note on the Distinction between Political and Technical Questions," Political Science Quarterly, Vol. 50, No. 2, 1935, pp. 264 – 271.

142. Pogge Thomas W, "Cosmopolitanism and Sovereignty," Ethics, Vol. 103, No. 1, 1992, pp. 48 – 75.

143. Richard N. Gardner, "The Hard Road to World Order," Foreign Affairs, Vol. 52, No. 3, 1974, pp. 556 – 576.

144. Risse Thomas, "Neo – Functionalism, European Identity and the Puzzles of European Integration," Journal of European Public Policy, 2005, pp. 1 – 20.

145. Robert W. Cox, "On Thinking about Future World Order," World Politics, Vol. 28, Issue 2, 1976, pp. 175 – 196.

146. Schmitter P. C, Haas Ernst B, "The Legacy of Neofunctionalism," Journal of European Public Policy, Vol. 12, No. 2, 2005, pp. 255 – 272.

147. Schmitter P. C, "A Revised Theory of Regional Integration," International Organization, Vol. 24, No. 4, 1970, pp. 836 – 868.

148. Stubb Alexander C – G, "A Categorization of Differentiated Integration," Journal of Common Market Studies, 1996, pp. 283 – 295.

149. Thomas G. Weiss, "The Tradition of Philosophical Anarchism and Future Directions in World Policy," Journal of Peace Research, Vol. 12, No. 1, 1975, pp. 1 – 17.

150. Thomas. G. Weiss, "International Bureaucracy: The Myth and Reality of the International Civil Service," International Affairs, Vol. 58, No. 2, 1982, pp. 287 – 306.

151. Tooze R., "The Progress of International Functionalism," British Journal of International Studies, Vol. 3, No. 2, 1977, pp. 210 – 217.

152. Ulrich Beck, "Cosmopolitanism as Imagined Communities of Global

Risk," American Behavioral Scientist, Vol. 55, No. 10, 2001, pp. 1346 - 1361.

153. Ümit Kurt, "Europe of Monnet, Schumann and Mitrany: A Historical Glance to the EU from the Functionalist Perspective," European Journal of Economic and Political Studies, Vol. 2, No. 2, 2009, pp. 41 - 60.

154. Voskopoulos G, "The EU as an Agent of Social and Institutional Changes: The Greek Fiscal Crisis as a Case Study," Proceedings, Vol. 50, No. 5.2, pp. 7 - 10.

155. Desmond Dinan, "Encyclopedia of the European Union," Boulder: Lynne Rienner Publishers, 2000, pp. 1 - 566.

156. Wallace William, "Europe as a Confederation: The Community and the Nation - State," Journal of Common Market Studies, Vol. 21, Issue 1/2, 1982, pp. 57 - 68.

157. Weiner Myron, "Political Integration and Political Development," The Annals of the American Academy of Political and Social Science, Vol. 358, Issue 1, 1965, pp. 52 - 64.

158. Will Banyan, "Fabian, Fellow Traveler or Free Agent? The Strange Case of David Mitrany," Conspiracy Archive, April 19, 2015, https://www.conspiracyarchive.com/2015/04/19/fabian - fellow - traveller - or - free - agent - the - strange - case - of - david - mitrany.

159. Will Banyan, "Outflanking the Nation - State: David Mitrany and the Origins of the 'Functional' Approach to the New World Order," Conspiracy Archive, March 13, 2015, https://www.conspiracyarchive.com/2015/03/13/outflanking - the - nation - state - david - mitrany - functionalism.

160. Zabalo Julen, "Basque Nationalism's Changing Discourse on the Nation," Social Identities, Vol. 14, No. 6, 2008, pp. 795 - 811.

后　记

　　《戴维·米特兰尼功能主义国际关系理论研究》一书是我在博士毕业论文的基础上，结合近年来我的理论研究成果修改完成的。独立创作学术专著是一项特别艰辛的科研工作，在攻读博士学位时，我就已经有很深的体会。在经历了四年的高校教学科研工作后，我更是发自内心的崇敬和向往成为一名优秀的科研人员，这本专著的出版也见证着我为成为一名优秀的科研人员所作出的努力。

　　在努力成长为一名优秀的科研人员的过程中，我曾因写不出让自己满意的论文而感到非常沮丧，也曾因多次投稿被反复退稿而感到非常失落，还曾因撰写博士论文达不到导师的要求而感到非常彷徨，这些沮丧、失落和彷徨曾让我反复思考自己是否适合从事科研工作。坦白地讲，我曾想过放弃，但当我面对师长和家人的时候，从他们的眼神和言语中感受到了他们对我的殷切期盼，让我明白了自己所肩负的责任。我感激他们的理解与信任，正因为他们的鼓励与支持，我的学术专著才得以付梓出版，我要向他们表达最诚挚地感谢！

　　首先，我要诚挚地感谢我的博士生导师崔文奎教授！崔文奎教授学识渊博、治学严谨、认真负责，我在学术上的成长和进步离不开崔文奎教授的悉心指导和严格要求，他是我终生学习的榜样。

　　其次，我要诚挚地感谢我的硕士生导师刘华副教授！本书的出版离不开刘华副教授的大力支持和帮助。博士毕业后，刘华副教授对我的工作和生活依旧很关心。他为我提供参加学术会议的机会，为我提供参与重点科研项目的机会，还为我提供赴海外学府交流学习的机会。刘华副教授待人和善、对我关怀备至，在我心中，他是我的恩师，更似我的家人。

　　再次，我要诚挚地感谢山西大学的李路曲教授、王志连教授、王臻荣教授、董江爱教授、张守夫教授、王毅教授、朱丽君教授、郭翠萍副教授、李若晶副教授、刘思超老师和张文英老师等。从2006年考入山西大学读本科到2020年获得博士学位，我在学习、生活上的成长进步都离不开他们的谆谆教导和热心帮助，他们不仅是我在专业学习上的启蒙导师，而且是我在生活上的人生导师。我永远不会忘记他们对我的谆谆教导和热心帮助。

最后，我要诚挚地感谢我的家人！北望故乡，我的家人无时无刻不在牵挂着我。他们的爱是我面对挫折鼓起勇气的动力来源，他们是我最坚强的后盾。我在外求学、工作已有十八年，身处远方，无法照顾家人，常以不孝子自惭，仅能以个人的努力奋斗来回报家人，让远方的家人获得一丝慰藉和满足。

时间飞逝，我入职太原理工大学已有四年。本书的出版，离不开学院领导的关怀与支持，在此表示诚挚地感谢；同时也诚挚地感谢时事出版社王基建社长及编辑老师所付出的辛苦努力。囿于知识所限，书中难免谬误，恳请读者谅解并批评指正。

郭海峰
2024年4月27日于太原理工大学

图书在版编目（CIP）数据

戴维·米特兰尼功能主义国际关系理论研究／郭海峰著． -- 北京：时事出版社，2024.12． -- ISBN 978-7-5195-0633-9

Ⅰ．D80

中国国家版本馆 CIP 数据核字第 20243U2L02 号

出 版 发 行：时事出版社
地　　　　址：北京市海淀区彰化路 138 号西荣阁 B 座 G2 层
邮　　　　编：100097
发 行 热 线：(010) 88869831　88869832
传　　　　真：(010) 88869875
电 子 邮 箱：shishichubanshe@sina.com
印　　　　刷：北京良义印刷科技有限公司

开本：787×1092　1/16　印张：13.25　字数：210 千字
2024 年 12 月第 1 版　2024 年 12 月第 1 次印刷
定价：128.00 元

（如有印装质量问题，请与本社发行部联系调换）